Was ist der Gegenwert des Geldes in der Prostitution? Der Einkauf sexueller Dienste verspricht den Kunden wohl vor allem, *Phantasien* verwirklichen zu können – vielgestaltige Phantasien, die nicht zuletzt vom kollektiven Umgang mit Heimlichkeiten stimuliert sind. Dieses Spiel mit den Heimlichkeiten hat eine Geschichte; deshalb geht dieses Lesebuch zurück in die Zeit der Jahrhundertwende, als die Prostitution zum beliebten Objekt weltanschaulicher Betrachtungen wurde, als mancher im Bordell den Kurtisanen der Weltliteratur zu begegnen hoffte. Gekaufte, »gebuchte« Lust ist eine Lust, wie sie im Buche steht.

Vorwiegend literarische, aber auch soziologische, medizinische und kulturkritische Stimmen kommen in der Sammlung zu Wort, geben dem Tauschhandel der Prostitution merkwürdige und abseitige, geläufige und unbekannte Bedeutungen und beleuchten seine unterschiedlichen Facetten.

Dietmar Schmidt, geboren 1964, studierte Germanistik und Geschichte in Bochum, Hamburg und München. Promotion über Literarisierung weiblicher Prostitution in der Moderne. Zur Zeit Stipendiat am kulturwissenschaftlichen Graduiertenkolleg der Europa-Universität Viadrina in Frankfurt an der Oder.

Gebuchte Lust

Texte zur Prostitution

Herausgegeben von Dietmar Schmidt

RECLAM VERLAG LEIPZIG

Mit 7 Abbildungen

ISBN 3-379-01571-7

© Reclam Verlag Leipzig 1996

Reclam-Bibliothek Band 1571
1. Auflage, 1996
Reihengestaltung: Hans Peter Willberg
Umschlaggestaltung: Matthias Gubig unter Verwendung einer
Werbegrafik aus der Zeitschrift »Jugend«, 1910
Gesetzt aus Stempel Garamond
Satz: XYZ-Satzstudio, Naumburg
Druck und Bindung: Ebner Ulm
Printed in Germany

Inhalt

5 »Lebendes Geld«
Prostitution und Ökonomie

6 »Ordnung muß sein!«
Reglementierungen der Prostitution

7 »Zivilisation ist Syphilisation«
Die Gefahr der Geschlechtskrankheiten

1 »Das älteste Gewerbe«
Weltgeschichtliche Betrachtungen der Prostitution um die Jahrhundertwende

IWAN BLOCH

Die Prostitution

Der Gegenstand dieses Werkes, die Prostitution, ist ein Problem, dessen Kern sich auf eine sehr einfache und einleuchtende Formel bringen und in einem anschaulichen Bilde darstellen läßt. Wenn man in das innerste Wesen dieser komplizierten Erscheinung völlig eindringen, wenn man ihre jahrtausendlange Dauer, die Aussichtslosigkeit der bisher üblichen Methoden ihrer Bekämpfung und die Notwendigkeit, neue zu finden, von Grund aus verstehen lernen will, dann muß man sich vergegenwärtigen, daß die Prostitution ein *Januskopf* ist, dessen eines Antlitz auf die *Natur*, dessen anderes auf die *Kultur* hinweist.

Der unleugbare innige Zusammenhang der Prostitution als einer sozialen Erscheinung mit der Kultur und der Zivilisation, der auch dem oberflächlichsten Beobachter sich aufdrängt, vermag doch die Tatsache nicht aus der Welt zu schaffen, daß ihr Wesen von allen den gewaltigen Wandlungen und Fortschritten dieser selben Kultur so gut wie unberührt geblieben ist und daß dieses durch die Jahrtausende *unveränderte Primitive* an ihr der Kultur im Grunde wie etwas Fremdes und Feindliches gegenübersteht, jedenfalls sich ihr nicht organisch assimiliert hat. Es ist die Frage, ob diese *biologische* Wurzel der Prostitution nicht allein ausreicht, um ihre Zähigkeit und die Fruchtlosigkeit der Bekämpfung zu erklären.

Wer die Prostitution als bloßes Produkt des Mißverhältnisses zwischen Geschlechtstrieb und Heiratsmöglichkeit betrachtet, bleibt an der Oberfläche des Problems oder sieht nur eine Seite desselben. Richtiger wird man diesen biologischen Faktor in der Prostitution bezeichnen, wenn man sie als eine *Reaktion* gegen die Unterdrückung der Triebe eines freieren geschlechtlichen Instinktlebens der Urzeit durch die Kultur auffaßt, als letzten sichtbaren *Ueberrest* primitiver Sexualität, nachdem die fortschreitende Kulturentwicklung auf dem Wege der Energieumwandlung den größten Teil in Form der »sexuellen Aequivalente« *(Bloch)* absorbiert und für ihre Zwecke verwertet hat.

Auf der anderen Seite müssen wir die Tatsache, daß die Prostitution ein spezifisch *menschliches* Phänomen darstellt und eine analoge Erscheinung bei den Tieren nicht vorkommt, dahin deuten, daß sie ein ureigenstes Produkt der Kultur, speziell der besonderen Gestaltung des gesellschaftlichen Lebens und der damit zusammenhängenden geschlechtlichen Ordnung ist. Auch diese *soziale* Wurzel der Prostitution läßt sich sehr weit zurückverfolgen, bis in die frühesten Anfänge gesellschaftlicher Gruppenbildungen.

Während aber die biologischen Ursachen der Prostitution einfacher und elementarer Natur sind und ihren primitiven Charakter bis heute bewahrt haben, sind die sozialen mit der fortschreitenden Differenzierung der Kultur und des Gesellschaftslebens ebenfalls mannigfaltiger und komplizierter geworden, woraus sich die Schwierigkeit einer wirklich wissenschaftlichen Aetiologie der Prostitution erklärt. Die begünstigenden Faktoren der Genesis der modernen Prostitution bilden einen integrierenden Bestandteil dessen, was man als *soziale Frage* bezeichnet hat. Die soziale Frage schließt die sexuelle in sich ein, d.h. die sozialen Erscheinungsformen und die soziale Regelung des Geschlechtstriebes. Und die Prostitution steht so recht im *Mittelpunkte* der ganzen sexuellen Frage. Sie ist ihr Zentralproblem. Man denke nur daran, daß die Geschlechtskrankheiten sich zum größten Teile auf die Prostitution als den Hauptherd der venerischen Ansteckung zurückführen lassen.

Wenn also auch die Prostitution in ihrem tiefsten Wesen mit uralten primitiven biologischen Instinkten zusammenhängt, so ist sie doch in sozialer Beziehung eine durchaus *dysteleologische* Erscheinung des Volkslebens, ein Krankheitsprozeß der Gesellschaft von durchaus *antisozialem und antihygienischem* Charakter, ein »negatives soziales Phänomen« *(Stammler)*, kurz, ein böses Uebel, das man aber mit Unrecht als ein notwendiges bezeichnet hat. Der tiefer eindringenden Forschung, wie sie in dem vorliegenden Werke niedergelegt ist, ergibt sich eine grundsätzliche Verschiedenheit der in dem Ausdrucke »notwendiges Uebel« enthaltenen beiden Faktoren der Prostitution. Denn das »*Notwendige*«, d. h. der mit ursprünglicher, zwingender Gewalt sich geltend machende primitive Instinkt ist nicht durch Naturnotwendigkeit mit der Prostitution verknüpft und könnte auch ohne sie befriedigt werden, während das eigentliche Uebel der Prostitution, d. h. ihre böse, destruktive Seite sich bei näherem Studium als ein bloßes *Ueberbleibsel* der antiken Kultur erweist, das sich mit der unsrigen in keiner Weise mehr verträgt, wie ein Fremdkörper in ihr wirkt und in dem Augenblicke verschwinden wird, wo die neue, heute erst in ihren ersten Anfängen sichtbare Kultur des modernen Menschen sich gänzlich von der antik-mittelalterlichen Kultur emanzipiert haben wird. Um es kurz auszudrücken, ist bei diesem »notwendigen Uebel« das Notwendige nicht vom Uebel und das Uebel nicht notwendig. Das ist unser Thema und unsere These.

1912

ALFRED JARRY

Messalina

In dieser Nacht stieg sie, wie in so vielen Nächten, von ihrem Palast auf dem Palatin herab, um das Glück aufzusuchen.

Ist es wirklich Messalina, die Kaiserin, die ihren geschmeidigen Körper dem seiden- und perlenglänzenden Prunkbett Claudius Caesars entzogen hat und jetzt leise, wie eine Wölfin, durch die obszöne Straße Suburas streunt?

Es wäre nicht so ungeheuerlich gewesen, hätte die Wölfin aus Erz selber, das niedrige, langgestreckte etruskische

Standbild mit seinem heuchlerisch verdrehten Hals, Ahnin der Stadt, Hüterin der Stadt am Fuß des Palatins gegenüber der *Ficus Ruminalis*, wo Romulus und Remus gestrandet waren, die vorgestülpten Lippen der königlichen Zwillinge von ihren fühllosen Zitzen abgeschüttelt, wie man auf eine goldene Krone verzichtet, und mit einem Satz von ihrem Podest herab einen Weg ihrer Wahl unter die Krallen genommen, die wie die Schleppe eines bombastischen Kleides zwischen den vorstädtischen Müllhaufen dahinschleifen.

Diese Gestalt, die mit raschelnder Schleppe, mit schabenden Krallen umherirrt, ist in der Tat eine Art läufiges Tier, aber ohne die abscheuliche Witterung der Wölfin.

Hat man jemals die Brunft einer Statue gerochen?

Doch was da zu seiner Höhle zurückkehrt ist ein infameres, unbefriedigteres und schöneres Ungeheuer als das Tierweibchen aus Metall: die einzige Frau, die ganz das Wort verkörpert; das man lange vor Gründung der Stadt, seit überhaupt Lateinisch gesprochen wird, den Prostituierten wie einen Auswurf oder einen Kuß ins Gesicht schleudert: *Lupa*, und diese lebendige Abstraktion ist ein schlimmeres Wunder, als wenn ein Bildwerk auf seinem Sockel zum Leben erwachte.

Latiums ältester Mythos wird wiedergeboren in diesem dreiundzwanzigjährigen Fleisch: Die Wölfin, Amme der Zwillinge, ist nur ein Symbol der tellurischen Göttin Acca Larentia, der Mutter der Laren, der Leben gebärenden Erde, der Gemahlin Pans, der in Gestalt eines Wolfes verehrt wird, der Prostitution, die Rom bevölkert hat.

Münzen, die älter sind als die Wölfin, lassen eine reinere Prägung erkennen: die Quadranten des 5. Jahrhunderts tragen ein Mutterschwein zur Schau.

Doch immer noch herrscht jene Wölfin, die Stadtgründerin, über die Stadt.

Und da eilt Messalina der Tür entgegen, hinter der sie sich mehr Kaiserin fühlt als in ihrem Palast auf dem Palatin, der Tür des Bordells, dem Haus des Glückes.

Das Glück nistet, so sagt man, in einer der übelsten Spelunken Suburas unter sechs Stockwerken im Erdgeschoß zusammengedrängt, wie die Scham sich unter einem massigen Körper duckt. Vor der Schwelle stehen Kotkübel, und rechts und links zerfallen die Häuser des Schlächters und des Henkers.

Der Laden – denn es ist ein Laden – unterscheidet sich von den benachbarten nur durch sein Aushängeschild: Am Fenster des Henkers trocknet eine blutige Peitsche; der Schlächter hat sich einen Lindwurm auf die geschlossenen Fensterladen malen lassen, um die pissenden Kinderrudel und die bettelnden Würsteangler abzuschrecken.

Zwischen den fließenden Kurven der Peitsche, die die Flucht des Nachtwindes stört, und den bunten Schlangenwindungen reckt sich über der Tür des Glückes eine Art Stange, die im Gegensatz zu dieser Bewegtheit noch aufrechter wirkt, aber etwas dicker ist als eine Stange, als wäre ein Fahnentuch um sie gerollt.

In den Augen eines Passanten von heute böte die Fassade den Anblick einer ganz gewöhnlichen Landgendarmerie an Werktagen.

Doch das Ding da ist monströser, ungewöhnlicher und verlockender als eine Fahne, denn es bedeutet etwas.

Füllt denn das Glück, das einer Inschrift in roten Lettern zufolge hier wohnt, seine Bleibe derart aus, daß seine überschüssige Kraft sich zu diesem Vorsprung über der Tür auftürmt?

Das animalisch-göttliche Emblem, der große Phallus aus Feigenholz, ist an den Türsturz genagelt wie ein Nachtvogel an die Scheune oder ein Gott an den Giebel eines Tempels. Seine Flügel sind zwei gelbe, blasenförmige Laternen. Sein Kopf ist wie das Gesicht des Jupiter Capitolinus zinnoberrot geschminkt.

Das Spruchband des leinenen Aushängeschildes, das man im Laternenlicht entziffern kann, würde im Wind schlagen, wenn es der steife Gott nicht zwischen sich und der Mauer, seinem Bauch, festklemmte.

Angesichts des aufgehängten *Tieres* wirkt die Erhabene Hure, Fleisch und Blut göttlicher Kaiser, unkenntlich in ihrem düster wallenden Purpurmantel, dessen einzelne

Falten Traufen der Finsternis sind, und im Schwarz ihrer Kapuze, in der ihre blonde Perücke (Messalina ist dunkelhaarig) einen Stern entzündet, göttlicher noch als Larentia, wie die durch den pfeifenden Ruf ihres sterbenden Käuzchens vom Himmel herabbeschworene Nacht selber.

Doch dann ist es nur eine Frau, die gemerkt hat, daß ihr Gatte eingeschlafen ist.

Claudius Caesar ist durch die Macht der Venus eingeschlummert, aber...

Ist es dem Gatten der Messalina erlaubt, jemals zu schlafen?

Man ist Messalinas Gemahl für den Augenblick der Liebe, und man ist es auch weiterhin, sofern man ununterbrochen Augenblicke der Liebe leben kann.

Nur wer nicht schläft, ist ihr Gatte, und Messalina ist in der wilden Tracht der Kurtisanen, in ihren Schnürstiefelchen, die so scharlachrot sind, als sei sie, nachdem die Kraft des Claudius erschöpft war, durch eine blutige Furt gewatet, dem entgegengeeilt, der nicht schläft, dem Tier-Gott, dem Mann, der immer steht, dem zur Rechten und zur Linken die beiden Laternen wachen.

Sie hat nur eine Begleiterin, die hervorragende gewerbsmäßige Prostituierte, von der sie in einem Liebesduell, das einen Tag und eine Nacht währte, übertroffen worden war, und zwar um einen Punkt, den 25. Mann, den jene auf sich nahm.

Die Kaiserin hat befunden, sie bringe ihrer Bezwingerin nach Art eines besiegten Gladiators eine hinreichend demütige Huldigung dar, wenn diese ihr als Sklavin die Schleppe tragen dürfe.

Sie zwängen sich durch die niedrige Tür des Bordells, die warm ist wie eine Vulva.

Drinnen das trübe Flimmern der blakenden Lampen.

Strenger Saum eines Korridors; die Zellen, die beiden Mauern entlang, sind geschlossen, bewohnt.

Das Glück, von dem das Haus, dem Aushängeschild zufolge, überquillt, wird, wenn die Preisetiketts der Zellen nicht trügen, in jedem dieser Fächer in kleineren Parzellen verkauft.

Es gibt hinter jeder Trennwand ein Maß dieses Glückes, eine Frau, einen Jüngling, einen Hermaphroditen, einen Esel oder einen Eunuchen, je nach der Stärke der Dosis, die ein gewöhnlicher Mann zu genießen vermag.

Und es gibt eine Schar wartender Männer; und sowie sie ein Etikett gewählt haben, wird es von den Prostituierten in Augenschein genommen und rundet sich zu der Münze, dem Sesterz oder Denar, mit dem jene ihre Begierde rechtfertigen.

Der Schatz ihrer Sesterzien und Begierden wird in einem kreisrunden Atrium niedergelegt, und jenseits der Mauer, die dieses von den Logen trennt, brodelt der Schmelzofen eines Bienenkorbes.

Eine einzige Zelle ist leer, der Bienenkönigin vorbehalten, mit der die *Augusta*, hier als Lycisca eingetragen, einige Ähnlichkeit hat – ganz nackt jetzt, mit vergoldeten Brüsten, ohne daß ein einziges ihrer schwarzen Haare sich außerhalb des kleinen Helmes aus falschen blonden Zöpfen, der einheitlichen Farbe der Kurtisanen, hätte sehen lassen.

Zuweilen spann über ihre Brüste ein goldenes Netz seine schwere Zärtlichkeit; in dieser Nacht wogten sie frei, die Höfe mit Goldbalsam geschminkt.

Die Zelle, winziger als die unbequemste moderne Badekabine, ist mehr als mit irgend etwas anderem mit der Ausstattung eines Wasserklosetts zu vergleichen: als einziges Möbelstück eine breite Steinbank, die nicht einmal so lang ist wie ein ausgestreckter Körper und sich unter einer roten Matratze von der einen zur anderen Mauer erstreckt.

Darauf ließ Messalina sich nieder, und der erste Mann kam, und sie legte sich auf die linke Seite, die Knie zusammen und angewinkelt, und die behaarten Beine des Mannes, die schwer waren, weil er Nagelschuhe trug, schmiegten sich in die Mulde ihrer Kniekehlen, und als er sie in den Nacken biß und zwischen ihren Zähnen nach ihrer Zunge bohrte, wandte sie den Kopf nach rechts.

Erst jetzt betrachtete sie sein Gesicht und seine Schultern.

Es war ein Soldat in Lederkleidung, und Messalina war es, als ergösse sich in sie ein lebendiger Bocksfellschlauch.

Ein bißchen benommen, drängte sie diesen ersten Liebhaber zum Aufbruch, denn plötzlich schütterte, letztes Echo des Tamburins der Bacchantinnen, die Zellentür, der Brodem des Bordells dröhnte in ihrer dunstigen Öffnung, und als rollte ein blutroter Pfau seine Glotzaugen, schoß, wobei er sich als weniger schön entpuppte, ein mit Bimsstein polierter Athlet – Rache des Marmors, der sich zum Bildhauer aufwerfen möchte – unter seinem mit der gewohnten Geste des Netzfechters abgeworfenen Federkleid, seiner Purpurendromis, hervor.

Doch einzig die Lampe blinzelte, und die schwarzen Augen der blonden Kurtisane überdauerten, unzerstörbare Weintrauben, die Kelter des Steinbettes und der Männerbrust.

Und wenn sie sich in der Lust schlossen, während ihre harten Schenkel den über ihr kauernden Ringer umklammerten, wachten dafür, unvergänglicher, die wahren Kurtisanenaugen, die vergoldeten Spitzen ihrer Brüste, mit unermüdlicher Glut.

Dann verbrannte sich ein Wagenlenker von der Partei der Frösche an ihrem Leuchtfeuer; Messalina stieß, wie die vergoldete Schranke des Circus unter einem unwiderstehlichen Rad splittert, mit ihrem Haar rücklings gegen die Mauer, und die Frau schrie auf, als die Elfenbeindeichsel des Viergespanns ihren Schoß zutiefst zermalmte.

Und es kamen Männer, Männer und Männer.

Bis zur Morgendämmerung, wo der *leno* seine Jungfrauen entließ.

Sie schloß ihre Zelle als letzte, sogar nach ihrer Begleiterin, doch die Begierde verzehrte sie noch immer.

Draußen wendet sich Messalina um und wirft einen Blick des Abschieds dorthin, wo sie eine kurze Weile glücklich war.

Das aus Feigenholz gefertigte Bildnis des Zeugungsgottes, des obersten Gottes der Antike, von dem selbst der Göttervater abhing, war er doch nur von seinen Gnaden *Vater*: das Emblem des allumfassenden Lebens, der Sonnengott, funkelt noch immer am Giebel seines Tempels.

Und Messalina läßt, angesichts des Idols, den ewigen

Mythos vom liebevollen Widerstreit zwischen der *Wölfin* und der *Ficus Ruminalis*, dem Baum der Fruchtbarkeit, wiederaufleben.

Doch das Haus ist geschlossen, das plumpe Bild des Glücks scheint ihr über seiner Schwelle zuzuwinken, ihr einen anderen Weg zu weisen, denn dies sei nicht sein eigentlicher Wohnsitz. Sein Zyklopenauge auf die unendlichen Sterne gerichtet, die verbleichen, als entfernten sie sich immer mehr – hat es sie eben mit seinem Mund, der Blick zugleich ist, durchbohrt? –, reckt sich das Glück, der scharlachrote Glatzkopf, zum Absoluten hin.

Wie ein großer Vogel den Hals reckt, bevor er losfliegt.

Messalina wich nicht von der Stelle, bis der Nachthimmel, wie nach einem triumphalen Purpuropfer, seine morgendämmrige Prätexta wieder umhing und das Stierfett der Zwillingslaterne knisternd erlosch.

Knisternd: Messalina nahm deutlich die Flucht des Gottes, das schrille Flirren aufgespannter Flügel wahr. Das aus Feigenholz geschnitzte Bild des steifen Gottes der Gärten, der seine Priesterin, seinen Tempel in Subura im Stich ließ, hatte sich verflüchtigt, war zweifellos zu den höchsten olympischen Sitzen entschwunden, als hätte dieser Unsterbliche, der noch darüber errötete, und nicht nur durch sein rituell-obszönes Zinnoberrot, daß er sich von allen Göttern am meisten als Mensch erwiesen, seine Apotheose erneuern müssen.

Da, wo er sich wieder niederlassen würde, war gewiß der ständige Wohnsitz des Glückes.

Und wieder zurück im Bett des Caesars, für dessen Erwachen sie diese Nacht die Konkubinen vom Dienst vorsorglich abbestellt hatte, da sie begierig war, noch einmal mehr besessen zu werden, und zwar vom einzigen Mann, der das Recht hatte, sie *am nacktesten* zu lieben, warf Messalina mit Genuß – nicht ohne Bedauern, daß sie den Schmuck ablegen mußte, doch ihre Wangen waren so köstlich befleckt von all den stinkenden Bordelldünsten – das Dekorum ihrer goldenen Perücke beiseite.

1901

EDUARD FUCHS

Im Frauengäßchen

Der auffallende Unterschied in der Stellung der Prostitution in der Renaissance im Vergleich zu anderen Zeiten charakterisiert sich durch zwei Momente: durch den Umfang der Prostitution, durch die große Zahl der Dirnen und durch die einzigartige Rolle, die die Dirne damals im öffentlichen Leben spielen durfte und auch spielte.

Was den tatsächlichen Umfang betrifft, so kann dieser freilich weder positiv noch relativ durch genaue und zuverlässige Zahlen belegt werden. Statistische Bureaus gab es damals noch nicht. Und wenn man aus irgendeiner besonderen Ursache einmal eine Zählung vornahm, so geschah dies mit so primitiven Mitteln, daß die Ergebnisse keinen allzu hohen wissenschaftlichen Wert für sich beanspruchen durften. Auch darf man nicht außer Betracht lassen, daß nirgends so gern übertrieben wurde wie auf diesem Gebiet. Aber dessenungeachtet haben wir eine Reihe Anhaltspunkte, die uns sehr wohl zu haltbaren Anschauungen verhelfen. Wenn man an der Hand dieser Anhaltspunkte Vergleiche anstellt, so muß man nicht nur einen relativ ganz außerordentlichen Umfang der Prostitution annehmen, sondern man kommt auch zu der festen Überzeugung, daß jene Zeiten sogar unsere vielverlästerte Gegenwart tief in den Schatten stellen.

Eine der augenfälligsten Erscheinungen war, daß damals selbst das kleinste Städtchen sein offizielles Frauenhaus, wie man es nannte, hatte, wenn nicht gar zwei. War eine Stadt aber größer, so gab es in ihr ganze Dirnenstraßen, und handelte es sich gar um Großstädte oder um Hafenplätze, so gab es ganze, zum Teil sehr ausgedehnte Quartiere, die einzig von der Prostitution bevölkert waren, und in denen die »gelüstigen Fräuleins« teils zu größerer Zahl vereinigt in Frauenhäusern wohnten, teils einzeln Haus an Haus. Ihrem Gewerbe ging die Dirne nicht nur auf der Straße nach, noch wartete sie nur im Frauenhaus auf die Kunden, sondern noch an zahlreichen anderen Orten. So waren die Wirtshäuser früher häufig gleichbedeutend mit Bordellen, und noch viel mehr gilt das von zahlreichen Badehäusern. Die letzteren zählten in vielen Städten zu den beliebtesten Tummelplätzen der Dirnen. Und wo die besuchenden Frauen keine Dirnen waren, da waren es wenigstens die Bademägde. Denn »zur Bedienung« eines männlichen Badegastes gehörte es, daß die stramme Magd nachher auch zu ihm aufs Lager stieg, wenn er sich vom Bad ausruhte.

Um den Umfang der Prostitution in einigen Städten im einzelnen aufzuführen, verweisen wir auf die folgenden Notizen, die sich in Chroniken und sonstigen zeitgenössischen Aufzeichnungen finden.

Von London wird berichtet, daß es schon zu den frühesten Zeiten »eine unglaubliche Menge Bordelle« hatte. Ein Schriftsteller schreibt:

»Zu Richards II. Zeiten (1377–1400) hielt der Lordmajor Häuser, wo die lockeren Herrn mit den von ihm eingeführten flandrischen Schönen ihren Handel treiben konnten. Heinrich VII. (1442) gab 12 dieser Häuser Freiheits-Briefe, und an den Mauern gemalte Zeichen unterschieden sie von den übrigen und luden den Vorübergehenden ein.«

Ihre Bestätigung findet diese Nachricht in der Tatsache, daß man in England bereits im 12. Jahrhundert auf eine Bordellverordnung stößt. Ein anderer Schriftsteller berichtet über Southwark in England:

»Nicht weit von der Thierhetze war das Bordell oder die (Stews)Bäder, die von der Regierung geduldet, ja unter gewissen Einschränkungen öffentlich privilegiert wurden. Sie waren gewöhnlich verpachtet. Selbst ein Lordmajor, der große Sir William Walworth (1400), hielt es nicht unter seiner Würde, sie zu übernehmen, und vermietete sie an die Froes, d.i. an die flandrischen Kupplerinnen.«

Ähnliche Mitteilungen und nachprüfbare Dokumente haben wir über Paris. Daß in Paris bereits im 13. Jahrhundert die Zahl der Bordelle außerordentlich groß war, belegt uns eine umfangreiche Lokalschilderung, die aus einer gereimten Aufzählung von Pariser Straßen besteht und von einem gewissen Guillot herrührt. Diese Dichtung galt immer als die wichtigste, weil älteste Quelle für die Pariser Topographie. Aber auch nur darin fand man ihren Wert. Es hat sehr lange gebraucht, bis man endlich darauf kam, daß die vielen Straßen, die Guillot in seinen dreihundert Versen beschreibt, nicht einen Katalog von Straßen überhaupt darstellen, sondern daß es sich ausnahmslos um Dirnenstraßen handelt. In dieser Dichtung haben wir also eine einzigartige Topographie der Prostitution, sozusagen einen gereimten Amüsierkatalog für die Lebewelt des 13. Jahrhunderts. Die folgenden Jahrhunderte brachten eine weitere Vermehrung.

Wien besaß ebenfalls schon im 13. Jahrhundert zahlreiche Bordelle. Für Berlin wird aus dem Jahre 1410 ein privilegiertes Bordell verzeichnet, das von einem Jungfernknecht beaufsichtigt wurde. Hügel schreibt in seiner Geschichte der Prostitution: »Die zahlreichen Badehäuser, welche sich im 14. Jahrhundert in Berlin befanden, waren gleichfalls Bordelle. Die Bordelldirnen nannte man Stadtjungfern.« In dem benachbarten Kölln an der Spree entstand um 1400 das erste Frauenhaus.

Am tollsten müssen jedoch die Verhältnisse in Rom gewesen sein. Hier zählten die Dirnen ununterbrochen nach vielen Tausenden. Und zwar allein die »ehrlichen Huren«, die »honestae meretrices«: jene, die ihre Firma gar nicht kachierten. Der inhonestae oder der Bönhäsinnen, wie man in Deutschland die heimlichen Huren nannte, hat es sicher ebensoviele gegeben, wenn nicht noch mehr. Denn es waren doch, wie im vorigen Kapitel schon dargelegt, gerade in Rom besonders viele Nonnenklöster die betriebsamsten Freudenorte der irdischen Liebe. […]

Diese Zustände haben freilich in der besonderen historischen Situation Roms ihre volle Erklärung. Abgesehen von den Gesichtspunkten, die wir bereits im letzten Kapitel anführten, ist noch in Betracht zu ziehen, daß nirgends in der Welt die Bedingungen sich so häuften, die immer unbedingt zur Prostitution führen, und daß diese Bedingungen in Rom nicht nur überhaupt einzigartig waren, sondern auch einzigartig geblieben sind. Ähnliche Bedingnisse kehrten niemals in der mitteleuropäischen Kulturgeschichte wieder: Rom beherbergte in jenen Jahrhunderten ständig den größten Prozentsatz Eheloser, und zwar männliche wie weibliche. In Rom strömten jahraus, jahrein Zehntausende von Klerikern zusammen, und jeder von diesen hielt sich wochen-, ja monatelang in Rom auf. Aber so groß dieses Heer eheloser Kleriker auch war, so verschwand es gegenüber den endlosen Zügen der Pilger aus aller Herren Länder, die täglich nach Rom kamen und von denen sicher die größere Hälfte wenigstens momentan »unbeweibt und unbemannt« waren. Rom beherbergte also ständig die größte Fremdenzahl. Es war die Fremdenstadt par excellence von damals. Der gangbarste und gekaufteste Artikel in jeder Fremdenstadt ist aber zu allen Zeiten die Liebe. Dabei darf man eine andere Erscheinung nicht übersehen daß nämlich damals unter den weiblichen Pilgern selbst ein großer Teil der Prostitution oblag. Zahlreiche Pilgerinnen, denen die Mittel auf der Reise ausgegangen waren, haben sich durch irdischen Liebeshandel ihren Unterhalt verschafft. Und viele waren in Rom im Lieben gleich eifrig wie im Beten. Naturgemäß. Hier hatten sie ja die leichtesten Möglichkeiten, auf diese Weise die Mittel zu verdienen, deren sie zur Rückkehr bedurften. Die Erscheinung der mit Liebe handelnden Pilgerin war derart auffällig und allgemein, daß sie sich sogar in entsprechenden Karikaturen spiegelte. So primitiv verschiedene dieser Karikaturen sind, ebenso unzweideutig ist ihr Sinn: Die Pilgerin ist nur ein wandelndes Werkzeug der Liebe, natürlich der irdischen.

Eine überaus deutliche Vorstellung von der großen Zahl der Dirnen in der Renaissance erhält man weiter aus den Chroniken über die Reichstage, Konzile usw. Die Dirnen sind immer wie die Schmeißfliegen: wo es Aas gibt, da fliegen sie hin. Und so strömte zu allen Zeiten auf den Konzilien und Reichstagen eine große Menge von Dirnen zusammen. Die meisten Mitteilungen hat man über das Konzil von Konstanz. Die wichtigsten unter diesen verdanken wir Eberhard Dacher, dem Generalquartiermeister des Herzogs

Rudolf von Sachsen, der von seinem Herrn den ausdrücklichen Befehl erhalten hatte, die Zahl der zu dem Konzil herbeigeströmten Kurtisanen zu zählen. Dachers Bericht lautete:

»Also ritten wir von einer Frawen Hauß zu dem andern, die solch Frawen enthieltend, und funden in einem Hauß etwa 30, in einem minder, in dem andern mehr, ohne die in den Stellen lagen und Badestuben, und funden also gemeyner Frauen bey 700. Da wolt ich ihr nicht mehr suchen. Da wir die Zahl für unsern Herrn brachten, so sprach er, wir sollten ihm die heimlichen Frauen auch erfahren. Da antwortet ich ihm, das seine Gnade das thete, ich were es nicht mechtig zu thun, ich würde vielleicht um die Sach ertödtet und möchte auch finden des ich nicht gerne hette. Da sprach mein Herr, ich hette Recht. Und das bestund also.«

Ein anderer Konzilbesucher, von der Hardt, zählte gar fünfzehnhundert Dirnen in Konstanz. Auf dem Konzil von Trient waren allein dreihundert honestae meretrices anwesend; aber wie viel inhonestae es erst gewesen sein mögen, das weiß man ebenfalls nicht. Zu den inhonestae zählten in allen diesen Fällen natürlich auch die biederen Bürgersfrauen und -töchter, die gegenüber dem Liebeswerben eines Kirchenfürsten nicht spröde taten. Und die Zahl solcher ehrsamen Frauen war nicht gering, die gar stolz darob waren, die geile Neugier ihrer frommen Gäste erfreuen und ihnen im verschwiegenen Gastbette erweisen zu können, daß man sich in ihren Armen, die sie nur um Gottes, der Kirche und der eigenen Geilheit willen hurten, mindestens ebensogut zu amüsieren vermag, als in den brokatenen Betten rechnender Kurtisanen. Welch uneingeschränktes Verständnis die hohe Geistlichkeit in den Bürgerbetten bei solchen Gelegenheiten für ihr irdisches Liebesbedürfnis mitunter gefunden hat, belegt ein zynisches Wort des Kardinals Hugo de St. Oaro. Papst Innozenz IV. hielt von 1241–51 zu Lyon hof; als er die Stadt verließ, sagte der betreffende Kardinal zu den Bürgern der Stadt:

»Freunde, ihr seid uns großen Dank schuldig. Wir sind euch nützlich gewesen. Als wir hierher kamen, fanden wir nur drei oder vier Bordelle vor. Jetzt aber, bei unserem Weggehen, lassen wir nur ein einziges zurück, das von dem östlichen Thore der Stadt bis zu dem westlichen reicht.«

Unter den Dirnen, die auf den Konzilien zusammenströmten und sich ein internationales Stelldichein gaben, befanden sich die schönsten und berühmtesten Huren der ganzen Welt. Denn der Liebesbetrieb muß sich bei solchen Gelegenheiten gar gut rentiert haben. Über das Konzil von Konstanz wird berichtet, daß verschiedene der großen Kurtisanen, die ihre Klientel unter den Bischöfen und Kardinälen hatten, sich ein Vermögen erworben haben, das in die Hunderttausende nach heutigem Geldwerte ging.

1909

ALFRED SEMERAU

Veronica Franco

Als Veronica die Ehre hatte, den jungen französischen König bei sich zu empfangen, stand sie in der Blüte ihrer Jahre und Schönheit. Sie war 1546 in Venedig geboren, das sie nicht müde wird zu preisen als ihr »schönes und holdes Nest, Paradies auf Erden, einzigartiges Wunder in der Natur«.

Ihre Familie gehörte zu dem bürgerlichen Mittelstand und hatte ein Wappen. Welches ihre Lage, ihre Umstände waren, ist unbekannt. Wir kennen den Namen der Eltern, ihrer drei Brüder und wissen, daß eine Tante Veronicas außerhalb Venedigs als Nonne lebte.

Man darf annehmen, daß sie eine gute Erziehung genoß und von tüchtigen Lehrern ausgebildet wurde. Ob das Ziel der Eltern, sie zu einer vollkommenen Kurtisane auszubilden, von vornherein feststand, läßt sich natürlich nicht behaupten.

Sie wurde sehr jung, mit sechzehn Jahren, mit einem Arzt, Paolo Panizza, verheiratet, der 1582 bereits als verstorben erwähnt wird.

Man hat angenommen, daß Veronica die Mitgift als Kurtisane zusammenbrachte und daß ihre Mutter Paola, die später als ihre Bürgin erwähnt wird, gleichfalls Kurtisane gewesen sei.

Heiraten von Kurtisanen mit Männern von ehrenwertem Stand und Beruf waren ja nicht außergewöhnlich, und ebensowenig selten war es, daß verheiratete Kurtisanen ihr Gewerbe mit Zustimmung ihrer Männer fortsetzten; und so hat man auch den Arzt Panizza zu diesen vorurteilslosen Gatten gezählt.

Fest steht, daß Veronica die bekanntesten venezianischen Kurtisanen an Schönheit, Anmut, Geist, Bildung erreichte.

Ihrer Schönheit wird das feurigste Lob gezollt und das »Gold ihrer schönen Haare« wird ebenso gepriesen wie »die himmlischen, anmutreichen Lichter« ihrer Augen, die den Neid der Sonne erwecken, und ihre Hand »weiß und rein wie frischgefallener Schnee«.

Ob sie ihr goldblondes Haar durch gewagte und umständliche Toilettenkünste gleich den anderen darauf versessenen Venezianerinnen gewann, wissen wir nicht. Aber wenn wir auch die Begeisterung eines ihrer fanatischen Verehrer, der sie als einzigartige und beispiellose Schönheit zu den Sternen hebt, erheblich dämpfen, können wir doch zugeben, daß der Ruf ihrer Reize sicher begründet war. Das Bild, das Tintoretto, den sie zu ihren Freunden zählte, gemalt hat, ist allerdings verschwunden, aber wir haben ein anderes von ihr, das sie mit einer Perlenschnur um den Hals und einer steinbesetzten Krone, unter der ein Lorbeerzweig sich heraussticht, um den Kopf zeigt. Ein offenes, gescheites, anmutvolles, ovales Gesicht, große ausdrucksvolle Augen, bogenförmige Brauen, eine gerade schöne Nase, ein kleiner anmutiger Mund und Hals und Schultern von tadelloser Form.

Veronica kannte sehr wohl ihre Schönheit und wußte genau, welchen Wert weibliche Schönheit überhaupt hat. Einem Frauenfeind schreibt sie, er sei einer großen Freude dadurch beraubt, daß er »unsere große Süße« nicht kosten könne. Frauenschönheit sei ein himmlisches Geschenk und beglücke jeden Mann von Adel und Herz.

Veronica mußte auch eine recht gute Bildung haben, das bezeugen ihre Schriften und bekräftigen ihre Verehrer. »Apollo«, sagt einer von ihnen, »haucht voller Güte Euch sein ganzes Wissen ein. Ihr schreibt solch süße und anmutsvolle Reime, daß sie den größten Dichtern ihren Ruhm nehmen.« Sie hat, sagt der Anbeter, die Klugheit des Alters in der Jugend. Minerva steht an Wissen und Talent weit unter ihr, die alle Welt durch ihre Reize in Staunen setzt und sich um ihretwillen verzehren läßt. Schönheit des Leibes ist bei ihr mit höchster geistiger Kraft und Vollkommenheit vereinigt.

Man darf annehmen, daß Veronica mehrere Sprachen und vom Italienischen auch verschiedene Mundarten kannte. Tapfer tritt sie einem Gegner, der sie in einer Kanzone geschmäht hatte, entgegen und erklärt ihm, daß sie ihm in jedem Idiom, venezianisch, toskanisch, und in jeder Form, burlesk, ernst, pendantesk, gegenübertreten kann.

Latein konnte sie nicht, nur ein paar Phrasen finden sich in ihren Briefen. Aber daß ihr in einer Zeit, wo das Latein die Grundlage aller Studien war und die meisten ihrer Zeitgenossen es gut sprachen und schrieben, die Römersprache ganz fremd geblieben wäre, darf man nicht annehmen. Etwas blieb auch den Laien immer anhaften, und Veronica wußte jedenfalls in der alten Geschichte und Sage, mit den Namen und Werken der antiken Schriftsteller ebenso gut Bescheid wie in der Philosophie ihrer eigenen Zeit.

Für die Studien hatte sie echte Neigung. Einem ihr sehr nahestehenden Freunde schreibt sie, sie freue sich, daß die Liebesleidenschaft, die sie oft und hart quäle, ihr doch Zeit und Ruhe gönne für ihre Studien und daß sie Prosa und Verse »in mannigfacher Form und mannigfachem Stil«, Tag und Nacht mit einem sie anregenden Stoff beschäftigt, schreibe.

Der siebzehnte ihrer Briefe zeigt uns ihre hohe Wertschätzung des Studiums und der Bildung in merkwürdiger Weise. Ein Jüngling hatte sich in sie leidenschaftlich verliebt und wollte, als er ihre Gunst nicht gewinnen konnte, in seiner Verzweiflung Venedig verlassen. Veronica belehrt ihn sehr weise darüber, daß, wenn er sie wahrhaft liebe, seine Abreise ihm nichts helfen, im Gegenteil seine Pein nur mehren würde und daß er bei seinem ziellosen Herumschweifen nur immer tiefer von seiner niederen Leidenschaft geknechtet werden würde. Sie werde ihn dann auch nur für einen eitlen Müßiggänger halten, der sich eher durch seine Begierde zerstören als durch Vernunft erheben wolle. Wenn er sich wahrhaft Hoffnung auf ihre Liebe machen wolle, müsse er ganz anders handeln, sein Leben still den Studien weihen und ihr den Gewinn durch diese stete Übung dartun. »Ihr wißt sehr gut, daß unter all denen, die sich gern in meine Gunst schmeicheln möchten, mir am teuersten die sind, die sich mit den Wissenschaften und edlen Künsten abmühen, die ich, obschon eine Frau von geringem Wissen, vor allem im Vergleich zu meiner Neigung und meinem Begehren, so heiß umwerbe ... und daß, wenn mein Geschick es erlaubt, ich mein ganzes Leben und meine ganze Zeit mich der Süße des Umganges mit Männern von Talent hingeben würde.«

Aber nicht nur literarische, sondern auch künstlerische Bildung besaß Veronica. In einer Zeit, wo der Sinn und Geschmack für Kunst so verbreitet war und Baldassare Castiglione von dem vollkommenen Höfling nicht nur verlangte, daß er zeichnen könne, sondern auch Kenntnisse in der Kunst der Malerei haben müsse, durfte auch die vollkommene Kurtisane künstlerischen Dingen nicht fernstehen, zumal in einer Stadt wie Venedig, wo Meisterwerke der Architektur, Bildhauerkunst und Malerei Gelegenheit genug boten, Auge und Urteil zu schärfen und zu verfeinern. In einem Brief erklärt auch Veronica ganz unverhohlen, daß es jetzt ebenso große Künstler wie im Altertum gäbe, und beruft sich darauf, daß sie Männer, die gründlich im Altertum und in seiner Kunst sich auskannten, habe erklären hören, daß es »zu unseren Zeiten und auch heute Maler und Bildhauer gibt, die man nicht nur den alten Meistern vergleichen kann, sondern sogar voranstellen muß.«

Daß Veronica musikalisch talentiert und gebildet war wie viele andere Kurtisanen, erscheint nicht wunderbar. Sie sang trefflich und spielte mehrere Instrumente und ein unbekannter Bewunderer, von dem wir nur den Namen Lorenzo wissen, versichert begeistert, daß sie mit ihrer Musik und ihrem Gesang größere Wunder als Amphion getan.

Für alles Lob, das ihr so reich zuströmte, war sie sehr empfänglich. Jedes wahrhaft edle Herz, besonders das Frauenherz, sagt sie, empfindet eine hohe Genugtuung durch alle Anerkennung. Es freute sie herzlich, wenn sie »die anmutige Nymphe der Adria« genannt, wenn ihre Schönheit, ihr Geist, ihre Verse, ihre »stolzen« Manieren gerühmt wurden.

Wie sie für Lob erkenntlich war, spendete sie auch freigebig Lob. Einem von denen, die sie mit hellem Preis überschüttet hatten, verspricht sie, »die eigene Sprache mit dem Verherrlichen seiner Talente und löblichen Eigenschaften zu schmücken und zu erheben«. Übertriebenes Lob wehrte sie ab. Wenn man ihr Gesicht engelhaft nannte und anmutreich und heilig die Lichter, die in ihrem Gesicht von einzigartiger Schönheit flammten, vielmehr in der Sonne ihres Gesichtes, das durch die stille Ruhe ihres anmutvollen Lächelns erfreute; wenn man sagte, daß der Geist ihr Gesicht so himmlisch erleuchtete, daß das Auge vom Glanz ihrer Stirn wie geblendet wurde; wenn sie eine irdische Göttin, ein hohes und neues Wunder, ein vom Strahl der Göttlichkeit erhelltes Licht, ein Paradies genannt wurde; wenn sie als Tochter der Minerva und des Amor gepriesen wurde, von deren Rosenlippen ein süßer Hauch strömt, der alles belebt und stärkt, so war sie viel zu klug, um dies phantastische Lob für ernst und wahr zu nehmen. Sie vergaß nie, wie Tullia d'Aragona, daß sie eine Kurtisane war, und erinnerte sogar zu gegebener Zeit selbst klar daran. Sie sprach gelegentlich mit aller Deutlichkeit davon, daß sie nicht nur Verse schreiben und die Laute spielen könnte, sondern auch von Apollo andere Künste gelernt hätte, die von ihm gewöhnlich nicht gelehrt wurden. »Phöbus«, sagt sie, »der der Liebesgöttin dient, erhält von ihr süßen Lohn, der ihn mehr als seine Göttlichkeit beglückt, und hat mir enthüllt, wie Venus ihm tut, wenn er sie in süßer Umarmung hält. Ich vergesse mein Singen und Dichten bei dem, der mich so versucht, wie Venus es ihren Jüngern befiehlt. So süß und lecker werde ich, wenn ich mich mit einem Mann zusammenfinde, von dem ich mich geliebt fühle, daß diese Lust alle andere Freude übersteigt.«

Wenn man die Klugheit, Talente, Künste, Schönheit Veronicas erwägt, will der Preis von zwei Scudi, mit dem sie in dem Verzeichnis der venezianischen Kurtisanen angesetzt ist, das der »Fürstin aller Kurtisanen Venedigs, Livia Azalina«, gewidmet ist, durchaus unwahrscheinlich dünken. Man muß entweder an einen Irrtum oder an eine Böswilligkeit des anonymen Verfassers glauben. Wir wissen auch aus einer anderen Quelle, daß Veronicas Gunst hoch im Preise stand. Der leidenschaftliche Verehrer Lorenzo, der die Macht ihrer Sangeskunst und musikalischen Talente höher als die Amphions stellt, erklärt, für einen Kuß gäbe man ihr wenigstens fünf, sechs Scudi, für ihre volle Gunst wenigstens deren fünfzig. [...]

Sie ist die ansprechendste Kurtisane der Renaissance, und man hat von ihr auch mit Recht gesagt, daß sie viel besser als ihr Gewerbe gewesen ist, mit ihrer Herzensgüte, ihrem zarten Empfinden, ihrem natürlichen Adel. Sie war eine gute Mutter und sorgte wie eine solche auch für die Kinder ihres an der Pest gestorbenen Bruders. Sie adoptierte auch noch den Sohn ihrer Kammerfrau. Sie war eine opferwillige, werktätige, aufrichtige Freundin, und nach dem, was wir von ihrem Leben und aus ihren Schriften wissen, erscheint sie als eine Frau von entschlossenem Denken, lebhaftem Gefühl, freimütigem Vorgehen und, soweit es sich mit ihrem Beruf vereinbaren ließ, von klaren aufrichtigen Werken und Handlungen, eine frohe, impulsive, freimütig herzliche Natur. Ihre Schriften zeigen uns einen lebhaften, aufmerksamen Geist, kluges Urteil, farbige Phantasie, einen oft feinen Geschmack. Lange nicht alles, was sie schrieb, kam auf uns. Im

Vers ist sie bedeutender als in Prosa. Einzelne ihrer Capitoli sind, wenn sie auch nicht zu den besten des Jahrhunderts gezählt werden können, doch durch große Sauberkeit der Form, klare Fassung des Gedankens, Wärme, Schwung ausgezeichnet. Wenn sie an nahestehende Freunde schreibt, drückt sie sich natürlich und einfach aus. Aber in ihren Briefen an höher und fern Stehende geht sie auf Stelzen, destilliert die Gedanken, bläst die Worte auf, findet kein Ende für ihre Perioden.

»Als Veronica starb, starb auch viel anderes, dessen Zuschauerin und nicht letzte Teilnehmerin sie gewesen war. Es starb ihr stürmisches, furchtbares, hellglänzendes, verderbtes, neuerungsvolles, prasserisches Jahrhundert. Es starben die Geister dieser blendenden Kultur. Es starb das Glück Venedigs. Es starb oder versank doch wenigstens in lange Starre und Betäubung der Genius Italiens. Wäre nicht Ninon de Lenclos, so wäre Veronica Franco die letzte der berühmten Kurtisanen, der wiedererstandenen Hetären, und in Italien ist sie auch wirklich die letzte.«

1926

2 »Erste Ausflüge in das bedenkliche Revier«

Bürgerliche Riten männlicher Initiation

ARTHUR SCHNITZLER

Jugend in Wien

Während nun durch die Ungunst der äußeren Umstände,
vor allem aber durch Unerfahrenheit, Schüchternheit und
sogenannte gute Erziehung und am Ende wohl auch aus
Mangel an echter Leidenschaft mein Verhältnis zu der blonden Jugendgeliebten sich in den damals in unseren Kreisen
noch üblichen Grenzen hielt, hatte der Zauber der Weiblichkeit für den heranreifenden Knaben auch in seiner allgemeineren Art zu wirken begonnen. Zwar war mein sittliches
Empfinden oder wenigstens mein Gefühl für äußeren An-
stand so ausgeprägt, daß ich es für angemessen hielt, unserer
französischen Bonne, die einmal, vielleicht nicht ganz ab-
sichtslos, in meiner Gegenwart die Bluse wechselte, eine
ernsthafte Zurechtweisung zu erteilen; aber die geschminkten und vielsagend zwinkernden Damen, denen wir auf unseren Streifzügen durch die innere Stadt begegneten, erregten mein Interesse um so lebhafter, als die meisten meiner
Freunde auf diesem Gebiete schon persönliche Erfahrungen
zu sammeln begonnen hatten. Noch entsinne ich mich, wie
Adolf nach seinem ersten Liebesabenteuer gegen Barzah-
lung die verlorene Jugendkraft sofort in übergroßer Vorsicht
durch eine aus zwei Rostbraten bestehende Mahlzeit im
Gasthaus Zur Linde wiederzugewinnen trachtete, doch bei
der Knappheit seines Budgets und der steigenden Anzahl
seiner Abenteuer war er bald genötigt, von so kostspieligen
Ersatzmaßregeln abzusehen. Die auffallenderen weiblichen
Erscheinungen in der Kärntner Straße zeichneten wir durch
die Namen von griechischen Göttinnen aus, und insbesondere waren es Venus, Hebe und Juno, die unsere Einbil-
dungskraft erhitzten. Bei meiner wohlbegründeten Scheu
vor einer intimeren Bekanntschaft mit all den Huldinnen
wußte meine Neugier sich einen Vorwand für die ersten
Ausflüge in das bedenkliche Revier zu suchen und, frei nach
Freund Adolf, der den Damen, die er mit seiner Gunst

beehrte, nachher in salbungsvoller Rede ihren sittenlosen Lebenswandel vorzuhalten und sie zu einem reineren aufzufordern pflegte, beschloß ich, mich gänzlich auf die erzieherische Mission zu beschränken; und mit so ehrbaren, aber innerlich nicht ganz ehrlichen Absichten folgte ich an einem schönen Sommertag der strohblonden Venus in ihre Behausung auf dem Stock-im-Eisen-Platz. Während das hübsche junge Geschöpf nackt auf dem Divan lag, lehnte ich in meinem noch ganz knabenhaft zugeschnittenen Anzug, Strohhut und Spazierstöckchen in der Hand, am Fenster und redete der zugleich gelangweilten und belustigten Schönen, die sich von dem Sechzehnjährigen bessere Unterhaltung erwartet hätte, ins Gewissen, sich doch einem anständigern und aussichtsreichern Berufszweig als dem von ihr erwählten zuzuwenden, und versuchte meinem Ratschlag durch Vorlesen passender Stellen aus einem zu diesem Zweck mitgebrachten Buch – leider weiß ich nicht mehr, aus welchem – größeren Nachdruck zu verleihen. Ohne daß es mir gelungen wäre, sie, oder ihr, mich zu überzeugen, was sie in ihrer Weise immerhin geschickter anstellte als ich in der meinen, nahm ich Abschied und ließ ihr zwei Gulden zurück, deren Besitz ich der meiner Mutter vorgespiegelten Notwendigkeit verdankte, mir einen neuen Gindely, Grundriß der Weltgeschichte, kaufen zu müssen. Seither bekam der Name Gindely in der Unterhaltung zwischen uns verworfenen Jünglingen eine überaus pikante Nebenbedeutung. Im Laufe der nächsten Monate ließ ich dem Besuch bei Venus einige weitere bei den anderen Göttinnen folgen; der erzieherische Teil blieb auf das Unerläßlichste beschränkt, aber auch weiterhin und noch auf lange hinaus, gelang es mir, mich vor dem Sündenfall in seiner biblischen Bedeutung zu bewahren.

1915–1920

Bettler und Huren

In meiner Kindheit war ich ein Gefangener des alten und neuen Westens. Mein Clan bewohnte diese beiden Viertel damals in einer Haltung, die gemischt war aus Verbissenheit und Selbstgefühl und die aus ihnen ein Ghetto machte, das er als sein Lehen betrachtete. In dies Quartier Besitzender blieb ich geschlossen, ohne um ein anderes zu wissen. Die Armen – für die reichen Kinder meines Alters gab es sie nur als Bettler. Und es war ein großer Fortschritt der Erkenntnis, als mir zum erstenmal die Armut in der Schmach der schlechtbezahlten Arbeit dämmerte. Das war in einer kleinen Niederschrift, vielleicht der ersten, die ich ganz für mich selbst verfaßte. Sie hatte es mit einem Mann zu tun, der Zettel austeilt und mit den Erniedrigungen, die er durch ein Publikum erfährt, das für die Zettel kein Interesse hat. So kommt es, daß der Arme – damit schloß ich – sich heimlich seines ganzen Packs entledigt. Gewiß die unfruchtbarste Bereinigung der Lage. Aber keine andere Form der Revolte ging mir damals ein als die der Sabotage; diese freilich aus eigenster Erfahrung. Auf sie griff ich zurück, wenn ich der Mutter mich zu entziehen suchte. Am liebsten aber bei den »Besorgungen«, und zwar mit einem verstockten Eigensinn, der meine Mutter oft zur Verzweiflung brachte. Ich hatte nämlich die Gewohnheit angenommen, immer um einen halben Schritt zurückzubleiben. Es war als wolle ich in keinem Falle eine Front, und sei es mit der eigenen Mutter, bilden. Wieviel ich dieser träumerischen Resistenz bei den gemeinschaftlichen Gängen durch die Stadt zu danken hatte, fand sich später, als ihr Labyrinth sich dem Geschlechtstrieb öffnete. Der aber suchte mit seinem ersten Tasten nicht den Leib, sondern die ganz verworfene Psyche, deren Flügel faulig im Scheine einer Gaslaterne glänzten oder noch unentfaltet unterm Pelz, in welchen sie verpuppt war, schlummerten. Ein Blick, der nicht den dritten Teil von dem zu sehen scheint, was er in Wahrheit umfaßte, kam mir nun

zugut. Schon damals aber als noch meine Mutter mein Brö-
deln und verschlafenes Schlendern schalt, spürte ich dumpf
die Möglichkeit, im Bund mit diesen Straßen, in denen ich
mich scheinbar nicht zurechtfand, mich später ihrer Herrschaft zu entziehn. Kein Zweifel jedenfalls, daß ein Gefühl
– ein trügerisches leider – ihr und ihrer und meiner eignen
Klasse abzusagen, Schuld an dem beispiellosen Anreiz trug,
auf offener Straße eine Hure anzusprechen. Stunden konnte
es dauern, bis es dahin kam. Das Grauen, das ich dabei fühlte,
war das gleiche, mit dem mich ein Automat erfüllt hätte, den
in Betrieb zu setzen, es an einer Frage genug gewesen wäre.
Und so warf ich denn meine Stimme durch den Schlitz. Dann
sauste das Blut in meinen Ohren und ich war nicht fähig, die
Worte, die da vor mir aus dem stark geschminkten Munde
fielen, aufzulesen. Ich lief davon, um in der gleichen Nacht
– wie häufig noch – den tollkühnen Versuch zu wiederholen.
Wenn ich dann, manchesmal schon gegen Morgen, in einer
Torfahrt innehielt, hatte ich mich in die asphaltenen Bänder
der Straße hoffnungslos verstrickt, und die saubersten Hände
waren es nicht, die mich freimachten.

1932

OTTO JULIUS BIERBAUM

Die Bäume der Erkenntnis

Als die mit so heftiger Sehnsucht erwartete Stunde gekommen war und Karl sich von ihm mit den Worten verabschiedet hatte: »So, und nun brauchst du bloß die Straße hier hin-
unterzugehen und rechts einzubiegen. Die nächste Straße
dann links ist es,« da glaubte er zuerst, all das sei ein heim-
tückischer Spaß des Vetters.

Wie sollte es denn möglich sein, daß wenige Schritte von hier, wo die Pferdebahnen rasselten und die Herren und Damen ehrbar nebeneinander hergingen, und überhaupt alles das gewöhnliche Wesen einer Hamburger Straße von mittlerer Frequenz zeigte, – wie war es zu denken, daß gleich nebenan alles so – ganz anders sein sollte? Alles dort in Öffentlichkeit erlaubt, was hier in heimlicher Andeutung schon wahnsinnige Frechheit, verbrecherische Schamlosigkeit gewesen wäre? Nur ein paar hundert Schritte noch, und es sollte dort gar nichts mehr Geltung haben, was hier unbedingte sittliche bürgerliche Norm war? Ein fremdes Land sollte sich hier in die sittsame Stadt, wo Onkel Jeremias und Tante Sanna wohnten, eingrenzen, ein Land ohne Moral, ja, ausschließlich dem Zwecke geweiht, der Unmoral zu dienen, ein freier Boden zu sein für alles das, was hier, hundert Meter davon entfernt, für greulich unanständig galt?

Henry war bestimmt überzeugt, daß Karl ihn auf den Leim gelockt hatte. Er wollte schon umkehren und handfest Rache an ihm nehmen, gleichviel was daraus entstehen sollte. Aber es zog ihn doch mit Macht vorwärts, und wie er zwei Herren rechts einbiegen sah, stürzte er ihnen nach.

Richtig, auch sie bogen nun links ein. Kaum daß sie verschwunden waren, stand er an der Straßenecke.

Himmlische Güte! Ahala und Ahaliba! Zehn Schritte vor ihm rechts kamen zwei Frauen aus einem hellerleuchteten Hause heraus ein paar Stufen herab auf die Straße und umschlangen die beiden Männer mit nackten Armen. Auch ihre Brust war bloß, und sie hatten helle seidene Gewänder an und Blumen in den Haaren. Und links, da, noch näher zu ihm, ließ eine andere mit offenen roten Haaren, aus dem Fenster herausgelehnt, ihre beiden mächtigen Brüste im vollen Lichte der roten Türlaterne von einem Manne begreifen und lachte dazu mit einem Lachen, das Henrys Herz bis zu dem Hals hinaufschlagen ließ. Er wollte darauf losstürzen, aber es war ihm, als sei mit einem Male sein wütendes Blut so schwer geworden, daß er sich nicht von der Stelle rühren konnte. Er mußte sich gegen die Straßenecke lehnen und den Mund öffnen, denn er glaubte unter dem schweren Andrange des Blutes ersticken zu müssen. Noch unter den geschlossenen Augen sah er die beiden Brüste vor sich, warm rot lasiert vom Lichte der Laterne, und darüber diesen lachenden vollen Mund und zwei große dunkle Augen. Er stand wohl nicht lange so, hatte aber alles Gefühl für Zeit verloren, wie im Traume, und glaubte, eine ewig lange Zeit dazustehen, unfähig, sich zu bewegen. Als er die Augen öffnete, war der Mann verschwunden und stand zwei Häuser weiter in der Umarmung einer schlanken Brünette, die sich bemühte, ihn in die offene Haustüre zu ziehen. Die beiden Brüste aber waren verschwunden und das Fenster geschlossen. Außer dem Mann mit der Dunkelhaarigen war niemand in der Straße zu sehen. Jetzt verschwanden auch die beiden im Hause, und die Häuserzeile mit den vielen farbigen Laternen lag öde und still.

Henry, der bisher die Querstraße noch nicht verlassen und sich nur mit den Augen in die Gasse seiner Sehnsucht gewagt hatte, tat jetzt, ganz unbewußt, einen Schritt vor, leise, scheu, wenn auch etwas gefaßter und entschlossen, weiterzugehen. Es war ihm aber, wie er noch zwei Schritte weiter tat, als gebe der Boden unter seinen Füßen nach. Feig war ihm zumute, jämmerlich feig, und wehmütig zum Weinen. Dem schweren Andrang des Blutes zur Brust war ein ebenso plötzliches Zurückfluten gefolgt. Er fühlte sich ganz leer und ängstlich leicht. Seine eben noch glühend heißen Hände waren eiskalt. Dabei bevölkerte seine Phantasie die leere, trotz der farbigen Laternen nun halbdunkle Straße mit Bildern und Szenen, wie er sie soeben halb traumhaft gesehen hatte. Von allen diesen Treppenvorsätzen stiegen halbnackte Frauengestalten aufs Pflaster, die bloßen Arme zu wollüstigen Umschlingungen ausgebreitet. Aus jedem Fenster beugte sich der nackte Körper einer Frau mit großen lastenden Brüsten vor. Und alle diese Arme, diese Brüste galten ihm. Er brauchte nur zuzugreifen, und er besaß was er wollte.

Seltsam doch, daß er hier noch phantasierte, wo er wirklich gleich hätte zugreifen können. Es ist gewiß, und er dachte es sich selbst: Er würde nicht gewagt haben, auch nur an einen dieser Fensterläden zu klopfen.

Aber, wie schon Pastor Südekum (weiß der Himmel, aus welcher Erfahrung) gesagt hatte: Die Sünde wartet nicht auf den bösen Willen; sie überfällt den Ahnungslosen wie der Geier das junge Lamm. (Darum wachet und betet!) – Der gewisse Fensterladen links tat sich plötzlich auf, und die gewissen Brüste waren mit einem Male wieder da, und eine Stimme, die für Henry nicht süßer sein konnte, flüsterte: »Komm rein, Kleiner!«

Da wars um ihn geschehn.

Ehe er sich's versah, stand er in einem rosaroten Hausflur, rechts neben ihm ein dürres altes Weib, das er beiseite schob, und links die Rote mit den schweren Brüsten. Sie sagte irgend etwas, das er nicht hörte; er sah auch nichts; er fühlte nur: Warmes, weiches Fleisch zwischen seinen Händen.

Und nun war er in einem niedrigen Zimmer mit goldblumichten Tapeten und voll eines Geruches, der ihn schwindeln machte. Der Ansturm des Blutes von vorhin wiederholte sich; nur noch heißer und wütender. Seine Füße hielten ihn nicht mehr; er sank nieder. Und nun lag das weiche warme Fleisch über ihm, und er hörte, wie etwas an ihm herabrauschte. Als er seine Blicke erhob, stand die Rote nackt vor ihm, und just in Gesichtshöhe erblickte er leibhaft vor sich, was er in maß- und formlosen Phantasien sich alle diese Wochen hin immer und immer wieder vorgestellt hatte.

So etwas hatte die rote Emmy noch nicht erlebt, wie reicher Erfahrungen sie sich in ihrer schon recht langen Laufbahn im Dienste der bedingungslosen Gefälligkeit auch rühmen konnte. Sie konnte nur immer und immer wiederholen: »Du bist ja verrückt.«

Sie würde sich richtiger ausgedrückt haben, wenn sie statt verrückt »rasend« gesagt hätte, aber es wurde ihr wahrhaftig nicht Zeit gelassen, ihre Worte exakt zu wählen, und sie merkte bald, daß es überhaupt überflüssig war, irgend etwas zu sagen. Der Junge schien stumm und taub gleichzeitig zu sein und überdies von höchst wilder Sinnesart, denn nicht einen Augenblick wich ein wütend verbissener Zug von seinem Gesichte, und seine groß und rund hervortretenden Augen gruben sich mit einem grimmig bösen Ausdruck in ihr Fleisch. Gefräßige Augen nannte sie sie später ihren Kolleginnen gegenüber, als Henry sie wortelos, aber mit Hinterlassung eines Hundertmarkscheines verlassen hatte.

»Das war n Verbrecher,« sagte sie; »der Junge hat irgendwas ausgefressen. Wie einer, der morgen gehenkt werden soll, war er. Ich wundre mich bloß, daß er mich nicht erwürgt hat. So was! Da könnte man wirklich sagen, daß unsereins eigentlich zu bedauern ist. Ein Matrose, der einem mit der Faust vor die Augen schlägt, ist doch auch wieder nett zu einem, aber der Bengel tat gerade so, als hätte unsereins gar kein Gefühl und wär bloß ein Stück Fleisch. Wenn nur morgen die Polizei nicht kommt wegen den hundert Mark! ...«

Indessen stand Henry bereits auf dem Treppenabsatze des gegenüberliegenden Hauses zwischen zwei geschmeidig langen, viel jüngeren und sehr hübschen Mädchen, einem ganz schwarzhaarigen und einem aschblonden, die ihm beide leise Vorwürfe machten, daß er, ein so feiner Junge, da drüben gewesen wäre.

Er hatte noch immer den bösen Ausdruck im Gesichte, der besonders von einer tief eingegrabenen Falte zwischen den dichten, sich fast berührenden Augenbrauen herkam. Aber die übermäßige Benommenheit war geschwunden. Aus dem animalisch traumhaften Zustande der Überdrängtheit von wildentfesselten wütenden Begierden war eine seltsame Stimmung düsterer Entschlossenheit geworden. Die Begierde war noch nicht erschöpft, aber ihr Strom zurückgestaut. Sie lauerte hinter einem Damme von mürrischem Unbehagen und grollender Unzufriedenheit. – Henry machte sich keine Gedanken darüber, daß das alles so anders war, als er sich es vorgestellt hatte, aber er empfand es mit bösem Zorn.

Aus diesem Zorne heraus redete er die Mädchen barsch an, obgleich er wohl merkte, daß sie von feinerer Art waren, als die rote Massige da drüben. Aber er ging mit ihnen in das Haus.

Er hatte jetzt wieder Augen für seine Umgebung und merkte nun doch, obwohl er eigentlich nicht vergleichen konnte, daß hier alles reicher, schöner aussah. Ihm, der jetzt vom Hause Kraker her an dunkle Schmucklosigkeit gewöhnt war, erschien es wie ein kleines Palais, und er hielt es für ein sehr vornehmes Etablissement seiner Gattung. Mit Unrecht freilich, denn es war nur bessere Mittelsorte. Die gipsernen Nuditäten auf bronzierten Holzsockeln erinnerten ihn, obwohl sie verraucht und verschunden waren, an die Statuen der Villa Hauart. Der billige und abgetretene Läufer, mit dem der schmale Gang belegt war, kam ihm wie ein vornehmer Teppich vor. Die mit abgeblätterten Goldleisten eingefaßten, einmal weißlackiert gewesenen Türen verstärkten seine Meinung, daß er sich in einem besonders eleganten Hause für die anspruchsvollere Herrenwelt befand.

Das machte ihn aber nun nicht etwa beklommen, sondern es gab ihm vielmehr ein gewisses Gefühl der Sicherheit. Wie er jetzt zwischen den beiden schlanken, in eine Art Balltoilette gekleideten Mädchen einherschritt, auf die Türen am Ende des Ganges zu, hinter der Klaviermusik erklang, war er äußerlich ganz der Henfel von ehemals, nur reifer und erfahrener. Die kurze Spanne Zeit, die er da drüben wie in einem epileptischen Anfalle seines jählings freigewordenen Geschlechtstriebes verbracht hatte, mehr in wütenden Reflexbewegungen, als bewußt genießend, hatte eine tiefere Umwandlung in ihm zustande gebracht, als irgendeiner der vielen Einflüsse, denen er sich bisher hingegeben hatte.

Dieser Henry war kein Knabe mehr, auch nicht der Knabe Henfel, aber es war in ihm viel mehr vom Münchner Henfel als vom Hamburger Henry.

Er ließ die beiden Mädchen mit einer kurzen Verbeugung aus der Schule des Münchner Komplimentiermeisters vorantreten und überblickte den Salon des Hauses mit fast blasiert hochmütigem Blicke.

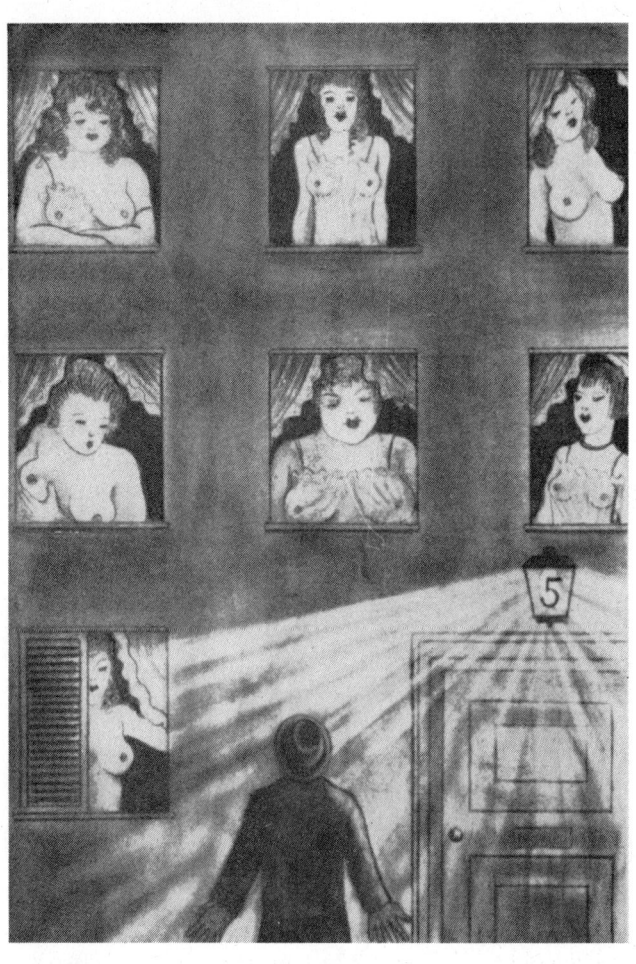

»Der Traum des Gymnasiasten«
(*Magazin-Karikatur von Kurt Beyer*)

41

Es saßen da auf plüschblauen Wandkanapees fünf wie zum Balle angezogene Mädchen herum, während zwei, augenscheinlich die jüngsten, die wie Babys gekleidet waren, nach der Walzermusik des weißhaarigen Klavierspielers mit großer Hingegebenheit, eng aneinandergeschmiegt, tanzten. Diese beiden würdigten die Eingetretenen keines Blickes. Die eine, größere, mit lang herabfallenden strohblonden Haaren, sang mit geschlossenen Augen über die Schultern der kleineren hinweg, nach der Melodie des Walzers, höchst schwärmerisch »Rosen aus dem S..ü..den!«, während die andere ihre Puppenaugen wie ins Leere richtete und zu träumen schien. Die Kanapeedamen dagegen warfen dem eintretenden Gaste über ihre Fächer weg musternde Blicke und ein paar Worte zu, die nach Ton und Inhalt in einem wunderlichen Kontraste zu ihren Balltoiletten standen. Eine schon etwas ältliche, die sehr talentlos bemalt und auch sonst nicht eben reizend war, sang sogar:

> »Jrien, jrien, jrien is mein Leibkulleer.
> Ick jäb sechs jute Jroschen drum,
> Wenn ick man bloß schon mündig wär.«

Indessen verging ihr die Frechheit, als sie Henrys wild drohende Augen erblickte.

»Huch!« schrie sie, »der Junge will mir mit seine Oojens verjiften. Entschuldjen Se nur, Herr Direktor, det war man bloß n Volkslied.« Henry maß sie mit verächtlichen Blicken und ließ sich mit seinen Begleiterinnen an einem Marmortische nieder.

»Trinken wir ne Flasche Sekt, Kleiner?« fragte die Aschblonde.

»Natürlich!« antwortete Henry.

»Rietz, Mutter, de Landwehr kommt!« schrie die Berlinerin.

»Und ne Schachtel Zigaretten, nich?« schmachtete die Schwarze.

»Meinetwegen!« erklärte Henry barsch.

»Der Junge macht sich for drei Mark achtzig!« höhnte die Berlinerin.

Henry stand auf und warf einen Aschenbecher nach ihr. Sein Instinkt war entschieden auf der Höhe der Situation, und keine der anwesenden Damen wäre auf die Idee gekommen, daß dieses hier sein zweites Debüt auf der Bühne der Liebe gegen bar war.

Auch der Berlinerin imponierte er jetzt, und sie wollte sogar vom Sekt mittrinken. Indessen war es die Art Henrys nicht, Beleidigungen so schnell zu verzeihen, wenn er sich der Macht bewußt war, sie zu strafen. Er bestellte noch drei Flaschen Sekt und noch drei Schachteln Zigaretten, schloß die Berlinerin aber ausdrücklich vom Genuß dieser Kostbarkeiten aus.

Die anderen aber gruppierten sich zärtlich und heiter um den Pflegling Jeremias Krakers, der zwischen diesem vielen Mädchenfleische seinen düsteren Groll nach und nach recht angenehm schwinden und eine höchst wohlige Empfindung intensiver Genugtuung in sich Platz greifen fühlte.

So hätte er ewig sitzen mögen, die linke Hand im Busen der Aschblonden, die rechte oberhalb des Strumpfbandes der Schwarzen, die Augen aber bald da, bald dort, wo Rundlichkeiten leuchteten. Dazu zärtliche, winkende, werbende, schmachtende, verheißende, bittende, leidenschaftlich glühende, wollüstig-verschwimmende Blicke ringsherum und nichts als schmeichlerische, verliebte, andeutende, aufdeckende, brünstige, geile Worte, gehaucht, geflüstert, gestammelt, geraunt – er schwebte auf einer Wolke wonnevollsten Hochgefühls: endlich, endlich einmal umgeben von nichts als Untertänigkeit und grenzenloser Dienstbereitschaft, endlich wieder einmal der in all seinen Eitelkeiten zärtlich gestreichelte Herr und Gebieter. Und als nun gar die Aschblonde den glücklichen Einfall hatte, ihre süß und herb duftenden Haare ihm über den Kopf zu werfen und dazu zu schwärmen »Mein goldiger Prinz«, während die Schwarze leise seine Hand weiter aufwärts führte, da war es zum zweiten Male um ihn geschehen, und er begab sich mit den beiden Schlanken nach »oben«, wie in einem Triumphzug begleitet von der ganzen, selig vom Sekt begeisterten Schar

seiden rauschender, nach allen Parfümerien des Jungfern-
stiegs duftender Mädchen, die einmütig erklärten, ein so
nobler, so süßer, so feiner, so schöner Junge sei ihnen lange
nicht vorgekommen.

War Henry von alledem, den Worten, den Blicken, den
Berührungen, dem Wein schon hinlänglich berauscht, – angesichts des Wuchses und aller sonstigen Reize dieser beiden
ihm nun in allen ihren Prächten zur Verfügung stehenden
lebenden Bäume der Erkenntnis ergriff ihn ein Taumel der
Entzückung.

Von ihnen erst lernte er die Süßigkeit der verbotenen
Frucht. Drüben: das war ein dumpfes Nachdröhnen des ba-
bylonischen Gemurmels von Ahala und Ahaliba gewesen;
hier war seliges Rauschen von blühenden Paradieseswipfeln,
Geplätscher der tief aus moosigem Grunde zwischen sam-
tenen Blumen aufwallenden Quelle: das sanft verhauchende
Seufzen der sehnsüchtig beglückten Kreatur.

Es war ein Höhepunkt seines Lebensgefühles, auf dem
sich Henry hier befand, und er genoß mehr, als die Reize
zweier hübscher Mädchen. Nicht nur sie »erkannte« er, bib-
lisch zu reden, – er erkannte in einem viel umfassenderen
Sinne sich selbst.

Wie die Spiegel über und neben dem breiten Bette ihm seinen ebenmäßig schönen nackten Körper zeigten, so zeigten
ihm seine Empfindungen den harmonischen Teil seines
Inneren wie auf einem leuchtenden Hintergrunde. Dieser
Hintergrund war das Stück Poetennatur in ihm, das, sonst
immer verdeckt und verdunkelt durch Fremdes, hier freige-
legt war durch die sinnlichen Eindrücke, die seinem Wesen
am entsprechendsten waren.

Er war wirklich sehr liebenswürdig zu den Mädchen, und
sie machten alle Anstrengungen, ihn zurückzuhalten, als er
plötzlich, heftig erschrocken durch den Glockenschlag Eins,
zu seinen Kleidern stürzte. Der Umstand, daß er seine
Schuldigkeit ohne weiteres durch drei Hundertmarkscheine
beglich, vertiefte den guten Eindruck noch wesentlich, und
weder Minnie noch Ella brachten, nachdem sich Henry aufs
zärtlichste von ihnen, chevaleresk freundlich von allen übri-

gen Damen verabschiedet hatte, die Meinung vor, daß er ein Verbrecher sei. Sie erklärten ihn vielmehr einmütig für einen jungen Gentleman von hohen Gaben in jeder Hinsicht, schön und stark wie ein junger Gott, »kolossal nett«, und kurz und gut ein Musterbeispiel von einem Sektgaste. Als die Berlinerin ein paar niederträchtige Bemerkungen dazu machte, verfiel sie der allgemeinen Verachtung und wurde als ein Wesen betrachtet, das für bessere junge Leute überhaupt keinen Sinn besaß.

Viel schlimmer aber erging es Henry von Karl, als er gestanden hatte, daß seine Brieftasche um vier Hundertmarkscheine erleichtert war.

»Du bist ein Kretin!« schnaubte ihn der Vetter an, dem schon Henrys strahlende Laune und Verzücktheit unleidlich war. »Vierhundert Mark! Wenn ich das gewußt hätte! Aber dieses Maß von Dummenjungenhaftigkeit hätte ich nicht einmal dir zuzutrauen gewagt. Na, einmal und nicht wieder! Ich leihe dir meine Hand nicht noch einmal zu solchen Verrücktheiten!«

Karls Vorstellungen von der Kraft paradiesischer Verlockungen waren offenbar recht unzureichend.

1906/07

WALTER HASENCLEVER

Der Sohn

Am nächsten Morgen.
Ein Hotelzimmer im Stil der Chambres garnies, jedoch ohne Bett.
Auf dem Tisch ist das Frühstück gedeckt.
Adrienne, vor einem Spiegel, frisiert sich.
Der Sohn, nachlässig im Frack.

Der Sohn:
Jetzt, wo du die Haare kämmst, fällt mir ein, daß du schon viele vor mir geliebt hast.

Adrienne:
Wieso?

Der Sohn:
Mich quält eine sonderbare Eitelkeit.

Adrienne
(kämmt weiter):
Ich liebe dich.

Der Sohn:
Du hast doch Geld von mir genommen!

Adrienne:
Und du? Lebst du von der Luft? Hast du nicht auch Geld genommen gestern für deine Rede? Wir müssen alle essen.

Der Sohn:
Das ist richtig. Ich nahm Geld. Ich habe dafür einen Akt aus meiner Jugend gespielt.

Adrienne:
Mit wem ich morgen schlafe, geht heute keinen an. Ich bin ein Weib und kann nicht mehr tun.

Der Sohn:
Man hat mich auf die Schultern gehoben. Ich muß nachdenken, dann wird es mir klar. Ich bin in einer andern Welt.

Adrienne:
Du hast doch Revolution gemacht gestern! Weißt du das nicht mehr? Vielleicht steht es schon in der Zeitung.

Der Sohn:
Was vor acht Stunden war, ist für mich schon historisch; gestern habe ich noch Geschichte gepaukt.

Adrienne
(nachdenklich):
Da sieht man, wie Revolutionen entstehn!

Der Sohn
(lächelnd):
Nein, du irrst! Ich bin gar nicht so raffiniert. Ich bin kein Schauspieler. Ich war echt.

Adrienne:
Du weißt nicht mehr, was du gemacht hast?

Der Sohn:
Ich erinnere mich, wir nahmen einen Wagen und fuhren in die Vorstadt hinaus. Ich sah dich nur flüchtig – du schienst mir sehr schön. Mein Gott, ich habe ganz vergessen, mich bei den Studenten zu bedanken. Sie trugen mich wohl eine halbe Stunde im Regen herum. Jemand drückte mir Geld in die Hand.

Adrienne:
Ist es viel?

Der Sohn:
Es wird langen.

Adrienne:
Du bist aus vornehmem Haus. Man sieht es an der Wäsche.

Der Sohn:
Wie kommst du darauf?

Adrienne:
Mein Kleiner! Du hast keine Erfahrung in der Liebe, und von den schönsten Spielen verstehst du nichts. Du mußt erst erzogen werden. Ein Mann von deinem Stande braucht das.

Der Sohn:
Ich dachte, das kommt von allein.

Adrienne:
So klug sind die Männer nicht! Du willst doch einmal heiraten. Du könntest böse hereinfallen; deine Frau wird dich betrügen – weil du nichts verstehst.

Der Sohn:
Adrienne, das wußte ich nicht. Was ist da zu machen!

Adrienne:
Willst du bei mir lernen? Ich bringe dir alles bei. Und du wirst sehr klug werden.

Der Sohn:
Mein Vater hat mich nicht einmal gelehrt, was man nach dem Lieben tun soll. Es war doch zum mindesten seine Pflicht.

Adrienne:
Die Väter schämen sich vor ihren Söhnen. Das ist immer so. Weshalb schickt man sie nicht zu uns? Man schickt sie auf Universitäten.

Der Sohn:
Wieviel Ekel und Unglück könnte verhütet werden, wenn ein Vater moralisch wäre! Er ist der nächste dazu.

Adrienne:
Statt dessen verfolgt uns die Sittenpolizei.

Der Sohn:
Ich verstehe. Ihr fangt an, eine Rolle zu spielen. Man muß von seinem Vater verlangen, daß er uns mit freiem Herzen zur Hure führt. Ein neuer Passus für unsern Bund. Ich werde ihn in meiner nächsten Rede sagen…
(Er geht erregt umher.)

Adrienne
(mit ihrer Frisur zu Ende):
Frühstücken wir derweilen.
(Sie setzen sich.)

Adrienne
(kauend):

Hast du noch nie mit einer Dame gefrühstückt – nach der ersten Nacht?

Der Sohn:
Noch nie. Weshalb?

Adrienne:
Du bist ungeschickt. Alle haben mir die Bluse zugeknöpft – du kennst die einfachsten Anstandsregeln nicht.

Der Sohn:
Ich bin ein Anfänger in der Liebe: das wird mir mit Schrecken klar. Aber die Kunst ist groß, und ein junger Mann muß Bescheid wissen, bevor er die höhere Mathematik versteht. Ich nehme deinen Vorschlag an – unterrichte mich! Ich bewundere dich: du weißt viel mehr als ich. Ich war so ängstlich, als wir heute Nacht die Treppe hinaufgingen, an den frechen Kellnern vorbei. Wir sind durch die Mitte des Lebens gewandert ... aus allen Zimmern dieses verrufenen Hotels brachen Ströme, dunkle und unbewußte ...

Adrienne:
Gib mir die Butter!

Der Sohn:
Ja, und wie du den Mantel nahmst und aufs Bett warfst – das werde ich nicht vergessen. So selbstverständlich, so klar in sich! Ich weiß jetzt, mit welchem Ton man eine Kerze verlangt, die nicht da ist.

Adrienne:
Du mußt nächstens nicht so unruhig sein.

Der Sohn:
Ich sah zum ersten Male, wie man sich auszieht. Und das langsam genießen! Wie schön ist ein Geldgeschäft: man ist ganz unter sich.

Adrienne:
Habe ich dir gefallen?

Der Sohn:
Erst blau und dann rosa; das Schwarz der Strümpfe! Mir gefielen die Spitzen sehr.

Adrienne:
Und ich?

Der Sohn:
Ich weiß nicht mehr, wie du aussahst.

Adrienne
(mit großer Ruhe, nimmt ein neues Stück Brot):
Du liebst mich noch nicht.

Der Sohn:
Im Ernst – sei nicht böse. Ich war enttäuscht. Wie nüchtern ist ein Körper und ganz anders, als man sich denkt. Adrienne, du lebst für mich, wie du aus dem Wagen in den Korridor tratest. Wie du in einem fremden Hause Bescheid weißt! Du bist eine Heldin. Ohne dich wäre ich vor Scham in die Erde gesunken. Auf verschossenem Samt am Geländer – ich glaube, das ist die gleiche Anmut, über Goldfelder und malayische Spelunken zu gehn. Ich habe nichts Irdisches mehr an deinen Füßen bemerkt –

Adrienne:
Manche Herren lieben *nur* meine Füße. Ich muß nackt auf dem Teppich tanzen.

Der Sohn:
Wohin führt dieses Wort! Welch ein Zauberkreis. Im Panoptikum einst eine Dame war blautätowiert … viele Dinge gibt es, von denen man trotzdem weiß.

Adrienne:
Weshalb hast du nicht geschlafen?

Der Sohn:
Ich war nicht müde. Ich liebte dich sehr in der Dämmerung, ruhend auf dem gleichen Lager, als du mich nicht mehr empfandest. Ich glaube, erst da liebte ich dich ganz.

Adrienne
(mit ruhiger Überlegenheit):
Du kannst es noch nicht. Aber du wirst es lernen.

Der Sohn:
Ich bin begierig auf diese Kunst. Welche Angst, zu nehmen, was einem geboten ist! Doch man muß sie überwinden.

Adrienne:
Ich hab meine Handschuhe verloren. Schenk mir ein Paar neue!

Der Sohn
(legt ein Goldstück auf den Tisch):
Ich weiß nicht, was Handschuhe kosten.

Adrienne:
Das ist zuviel! Ich bring dir zurück.
(Sie setzt ihren Hut auf.)

Der Sohn:
Wo gehst du hin?

Adrienne:
Nach Hause, mich umziehn.

Der Sohn:
Wann kommst du wieder?

Adrienne:
Soll ich dich abholen?

Der Sohn:
Ich warte auf dich.

Adrienne:
Hast du noch einen Groschen für die Bahn?

Der Sohn
(gibt ihr):
Hast du Geschwister?

Adrienne:
Ach, reden wir nicht davon. Meine Schwestern sind anständig.

Der Sohn:
Es ist doch merkwürdig, das zu bedenken.

Adrienne:
Weshalb willst du es wissen?

Der Sohn:

Ich suche ein Äquivalent für meine Schwäche. Du bist mir zu überlegen.

Adrienne:

So schnell verliere ich das Gleichgewicht nicht!

Der Sohn:

Ich hasse jeden, der meine Zustände weiß. Ich begreife einen Mann, der ein Weib tötet, das ihn durchschaut.

Adrienne:

Aber Bubi! Wer wird schon von so etwas reden – in deinem Alter.

Der Sohn:

Du weckst meine schlummernden Talente. Seitdem ich dich kenne, seh ich manches klarer in mir. Die Freude an euerm Geschlecht regt zum Denken an. Man findet immer wieder einen Weg zu sich.

Adrienne
(zuversichtlich):

Heute abend ist Tanz in Pikkadilly. Ich führe dich ein! Nachher gehn wir in die Bar.
(Sie ist in Hut und Mantel.)

Der Sohn
(betrachtet ihre schlanke Figur):

»Auf, in den Kampf, Tore-ro ...«

Adrienne:

Adieu, Bubi!

Der Sohn
(küßt weltmännisch ihre Hand):

Adieu, Madame!
(Sie geht, ihm zuwinkend, ab.)

1917

ALFRED WOLFENSTEIN

Zwischen den Lieben

Er kam von seiner Mutter, die ihn küßte
Und ihm die Hände drückte, als er ging;
Sein Mund will zitternd hin auf nackte Brüste,
In seinen Händen zuckt ein Wink.

Nachher.. die letzte Tür zur Straße klinkend..
Was nun? wohin? .. denn die Betäubung ist vorbei!
Er blickt sich um, in Leere fast ertrinkend.
Zum Park? ins helle Café? O so einerlei..

Und wie durch eine blinde Fensterscheibe
Kahl und gespenstisch bleich ist alles anzusehn.
Ihm ist als sei ihm gar nichts von dem Weibe
Doch auch von seiner Mutter nie etwas geschehn.

1914

3 »Wie sie dazu kamen«
Geschichten über den Lebensweg Prostituierter

Brief von Frau Geheimrat X. an Frl. Babette Hermann.

Frankfurt, 13. Mai 19..

Vor zwei Jahren habe ich Ihnen bittere Worte geschrieben und Sie ersucht, meinem Sohne fern zu bleiben. – Ich hatte niemals Gelegenheit gehabt, einen Blick in jene Welt zu tun, der Sie, armes Wesen angehören; denn als junges Mädchen sah und dachte ich nur das Gute und Reine, schlechte Bücher, wie sie wohl heute gelesen werden, mochte ich nicht lesen, und wenn mir solche in die Hand kamen, so legte ich sie voll Widerwillen ungelesen beiseite. –

Später schützte mich mein seliger Mann, – der das Leben kannte! – vor allem Rohen und Häßlichen des Lebens, und erst mein einzig Kind zwang mich dazu, diese kennen und fürchten zu lernen. – Denn dieses späte Lernen hat mich Tränen und Herzblut gekostet: – es hat mir mein trautes, mir geheiligt erscheinendes Heim vernichtet und mir Kraft und Gesundheit zerbrochen. – Ich habe mit so viel Ekelhaftem zu tun haben müssen, daß ich mir selbst oft ganz besudelt vorgekommen bin. – Aber trotzdem! aus unendlicher Mutterliebe zu meinem Sohn habe ich immer und immer wieder den Kampf gegen das Gemeine aufgenommen und ihn aus dem Sumpfe emporgerissen. –

Die Wesen, welche ich in jener Zeit kennen lernen mußte, waren nicht derart, daß ich auch nur einen Funken von Mitleid empfinden konnte. Nur einen fast körperlichen Ekel empfand ich vor ihnen. – Unter diesem Gesichtspunkte schrieb ich Ihnen von L. aus jene herben Worte, und heute – nachdem ich verschiedene an meinem Sohn gerichtete Briefe von Ihnen gelesen habe, und nicht mit dem Gedanken aus der Welt gehen mag, jemand Unrecht getan zu haben, – heute bin ich zu der Überzeugung gekommen, daß Sie unendlich viel mehr wert sind als jene »Anderen« und daß es mir leid tut, Ihnen so herbe und hart geschrieben zu haben. – Verzeihen Sie also! – Wie aber sind *Sie* in diesen furchtbaren Kreis des Elendes geraten? Das frage ich mich immer von neuem! Es würde mir lieb sein, wenn Sie mir den Anfang und die Ursache Ihres Elends schreiben und mich Einblick nehmen lassen wollten in das: »Wie es kam.« Seien Sie überzeugt, daß es nicht Neugierde, sondern herzliches, warmes Mitgefühl ist, was mich diese Frage an Sie tun läßt. – –

Und nun zum Schluß! – Das Schreiben wird mir sehr schwer, denn ich liege krank und soll mich eigentlich nicht regen. Das schwere Leid, – der jahrelange Kampf, – haben mein Herz geschwächt und so krank gemacht, daß mir wohl kaum ein langes Leben beschieden sein wird. – Gut, daß ich bei meiner neuerlichen Anwesenheit Ihren Brief fand, der von Leid und Not und auch davon spricht, daß Sie an mich geschrieben hätten und der Brief zurückgekommen sei. Ich habe nichts von dem Briefe gesehen. Nun aber eine Frage, die ich Sie der Wahrheit gemäß zu beantworten bitte: »Hat mein Sohn Ihnen den traurigen, um Hilfe bittenden Brief beantwortet? Hat er Ihnen eine kleine Summe Geldes geschickt?« Bitte, antworten Sie mir sogleich, denn ich soll, sobald es mein Zustand erlaubt, nach N.

H. ist nicht so gestellt, wie Sie glauben. Wenn er auch majorenn ist, so hat ihm sein seliger Vater bis zu seinem 28. Lebensjahre – in weiser Voraussicht! – einen Pfleger bestellt, der sein Vermögen verwaltet, das bereits sehr durch ihn, vor der Auseinandersetzung mit mir, geschmälert worden ist. –

Ihnen, Sie Ärmste, alles Gute wünschend, bin ich »Hansens Mutter«

Frau Geheimrat X.

Einliegend 50 M.

1914

CESARE LOMBROSO/GUGLIEMO FERRERO

Die geborene Prostituirte

Die geborene Prostituirte zeigt sich uns ohne Muttergefühl, ohne Liebe zu ihren Angehörigen, skrupellos nur auf die Befriedigung ihrer Gelüste bedacht, und zugleich als Verbrecherin auf dem Gebiete der kleinen Kriminalität; damit zeigt sie ganz den Typus der »Moral insanity«. Der Mangel des Schamgefühls ist das beinahe pathognomonische Zeichen der »Moral insanity« des Weibes. Die ganze Kraft der Entwickelung auf ethischem Gebiete hat beim Weibe darauf hingedrängt, das Schamgefühl zu schaffen und zu kräftigen, und so bedingt denn die äusserste sittliche Entartung, die »Moral insanity«, den Verlust dieses Gefühls, wie sie beim Manne die Gefühle verschwinden lässt, welche die Civilisation am tiefsten einprägt, wie vor allem die Achtung vor dem Menschenleben. Die Folge und zugleich die Krönung dieses Zustandes der Schamlosigkeit ist in der Leichtigkeit gegeben, mit der diese Weiber einem Gewerbe, das ihnen überall die Verachtung und Ausstossung einbringt, sich zuwenden, und das oft völlig gleichgültig oder mit Freude.

Diese Einsicht löst auch den Widerspruch, der anscheinend darin liegt, dass eine Dirne ihr Gewerbe bei kalter Gleichgültigkeit gegen sexuelle Erregung ausübt. Ein starker Geschlechtstrieb macht das Weib noch nicht zur Prostituirten, er wird sie vielleicht zu starker Inanspruchnahme ihres Gatten oder auch zu Versuchen, sich durch einen anderen Mann entschädigen zu lassen, bewegen, oder sie wird in einem Augenblicke heftiger Erregung einem fast unbekannten Manne zur Beute fallen, aber sie wird sich nicht prostituiren; das Schamgefühl besteht immer noch, wenn es auch von Zeit zu Zeit durch heftige Begierden überwunden wird. Wo trotz geschlechtlicher Frigidität ein Weib sich prostituirt, liegt die bestimmende Ursache dafür nicht in Lüsternheit, sondern im Mangel des sittlichen Gefühls; Weiber, die kein Schamgefühl, keine Empfindung für das Schimpfliche des Lasters haben, zu allem Verbotenen durch einen perversen Geschmack sich hingezogen fühlen, geben sich diesem Gewerbe hin, weil es ihnen gestattet, ohne Arbeit sorglos zu leben; die geschlechtliche Kälte ist dabei nur ein Vortheil, eine Anpassung im Sinne DARWINS, denn ein geschlechtlich leicht und stark erregbares Weib würde das Leben einer Prostituirten nicht ertragen können, ohne schnell in Erschöpfung zu verfallen; für die Prostituirten ist der Koitus ein psychisch und physisch gleichgültiger Akt, und sie betreiben ihn, weil er viel einbringt. Auch die Präkocität im Dirnengewerbe zeigt, dass es seine Wurzel nicht im Geschlechtsleben, sondern in der Moral insanity hat, nur ein besonderer Fall der frühzeitigen Neigung zu allem Bösen, der von Kindheit auf bestehenden Lust ist, verbotenes zu thun, die den moralisch idiotischen Menschen charakterisirt. SCHÜLE charakterisirt diesen Hang treffend: »Frühzeitig haben sie ihre Freude daran, schlimmes zu thun und alle Verbote zu übertreten, und diese Neigung wächst nur mit der Zunahme an Kraft. Lüge und Heuchelei sind ihnen, trotz aller Mühen der Erzieher, lieb und werden ohne Scheu immer wieder begangen. Die Freude und der Schmerz der Eltern lassen sie kalt und wecken nur flüchtige Gefühle in ihnen; sucht man sie durch energische Mittel zu bessern, so wächst ihre Verstocktheit, und sie begehen ohne Scheu dieselben schmählichen Dinge. Erschreckend ist bei ihnen die Frühreife der schlimmsten Neigungen, des Stehltriebes, der Bösartigkeit und selbst der Grausamkeit gegenüber ihren Kameraden.«

Die schon im Kindesalter bei Prostituirten auftretende Neigung zum Schlimmen ist um so bemerkenswerther, als gerade die besondere Richtung derselben sich schon in frühester Jugend bethätigen kann; zum Todtschlag und Diebstahl genügt nicht das Maass von Schlechtigkeit, das ein Kind praktisch manifestiren kann, dazu gehört ein gewisser Aufwand von körperlicher und psychischer Kraft, zu einem Koitusversuch aber ist jedes schlimme kleine Mädchen im stande.

Ein weiterer Beweis dafür, dass die individuelle Ursache der Prostitution nicht auf sexuellem, sondern auf sittlichem

Gebiete zu suchen ist, liegt darin, dass Mädchen frühzeitig moralisch prostituirt sein können bei vorwurfsfreiester Jungfräulichkeit. Beispiele dafür sind gewisse Maitressen französischer Könige, die von Kindheit an darauf spekulirten, vom Alkoven des Königs aus das Land zu regieren. Unter den Papieren der Pompadour fand sich eine Anweisung auf eine Pension für Lebon, der ihr in ihrem neunten Jahre vorausgesagt hatte, sie würde die Geliebte des Königs werden; Félicie de Nesle entwarf, wie DE GONCOURT erzählt, als kleines Pensionsmädchen Pläne, ihre Schwester aus ihrer Stellung als Maitresse des Königs zu verdrängen. Zu dieser hohen und schmählichen Carriere lockte sie also eine sittliche Anomalie zu einer Zeit, in der ein lebhafter Geschlechtstrieb noch nicht entwickelt sein konnte.

1894

WILHELM HAMMER

Dorothea Schwächlich

(Nr. 106 meiner Akten.)

Bei meinen Dirnenforschungen schlug ich verschiedene Wege ein. Eines Sonntags zur Besuchszeit kam der Vater eines meiner Fürsorgepfleglinge zu mir und bat um Auskunft über seine schwerkranke Tochter. Er machte den Eindruck eines gewissenhaften Beamten und klagte mir sein Leid in beweglichen Worten. Ich hörte ihn an und gab ihm Auskunft über seine Tochter. Kurze Zeit darauf suchte er mich abermals auf. Ein frommer Verein hatte seine Tochter zur Fürsorgeerziehung vorgeschlagen, und er bat mich um meinen Rat. Ich riet ihm dringend ab, seine Zustimmung zur Anstaltserziehung zu geben, und bat gleichzeitig um die Erlaubnis, mich persönlich von seinen Verhältnissen überzeugen zu dürfen. Er gab mir bereitwillig seine Zustimmung. Ich reiste kurze Zeit danach nach Schlesien. Dort erhielt ich einen Brief folgenden Inhalts:

Bln, (Datum).

Hochgeehrter Herr Doktor!

Ich bitte Sie hiermit dringend, nicht nach den Beschäftigungsstellen meiner älteren Kinder zu gehen, dieselben könnten dadurch Unannehmlichkeiten haben, es wäre sehr peinlich für dieselben, in Gegenwart Anderer diese traurigen Familienverhältnisse zu erörtern, meine Wohnung steht Ihnen jederzeit gern offen.

Hochachtungsvoll

....
.... Straße ..... III l.

Ich beantwortete den Brief umgehend, wie ich das zu tun pflege, und hob das Schriftstück, dessen große regelmäßigen Züge einen günstigen Eindruck auf mich machten, sorgfältig auf. Ein halbes Jahr später, als Dorothea längst nicht mehr im Krankenhause, sondern im Fürsorgestift weilte, fuhr ich für 10 Pfennig nach dem äußersten Norden Berlins. Es war gegen Abend. Die Handarbeiter kamen zu hunderten aus den Fabriken nach Hause. Die zahlreichen Kinder der armen Bevölkerung spielten auf den Straßen. Wagenhändler boten ihre Waren aus, die von Frauen mit bleichen und sorgendurchfurchten Gesichtszügen umlagert wurden. Andere Frauen holten ihre Männer von der Arbeitstätte ab, damit der Lohn nicht verjubelt würde. Dazwischen hörte man die schrillen Glocken der elektrischen Bahnen, das dumpfe Rollen der Lastwagen, die heiseren Stimmen der Straßenhändler. Aus den Geschäften und Arbeitsstätten schlichen Mädchen mit müden, bleichen Gesichtern ihren Mietskasernen entgegen. In einer dieser Mietskasernen wohnten dreiunddreißig Familien. Eine Gastwirtschaft wurde im Vorderhaus betrieben, auf dem Hofe eine Tischlerei.

Der gepflasterte Hof war rechts und links von einem Seitenflügel eingefaßt. In der Einfahrt nahe der Tür gab mir der stumme Portier die gewünschte Auskunft. Ich stieg die Treppen empor, in jedem Stockwerk wohnten drei Familien, rechts die eine, die andere links, geradeaus die dritte.

Als ich drei Treppen hoch gestiegen war, erfuhr ich, daß Schwächlichs umgezogen waren. Ich ging nach der neuen Wohnung. Auf mein Schellen öffnete eine Frau und schlug sofort die Tür wieder zu. Ich läutete nochmals und wurde, als ich mich vorgestellt hatte, sehr freundlich empfangen und in die gute Stube geführt. Die Stube war tadellos sauber und ordentlich gehalten, reichlich möbliert. Auch Nippsachen fehlten nicht. Ich fragte, wo die Tochter jetzt sei? Im … Stift. Auf weiteres Befragen gab mir die Frau bereitwilligst Auskunft. Die Kosten der Erziehung wurden ihr nicht abgezogen. Vater hatte ein Gesuch gemacht. Ein Herr war dagewesen und hatte sich alles angesehen. Bis jetzt ist noch keine Rechnung gekommen. Die schönen Möbel stammen von der Ausstattung der ältesten Tochter. Die verheiratet sich bald. Dorothea, die jetzt im Stift ist, ist 18 Jahre alt. Sie hat noch einen älteren Bruder. Der ist 21 Jahre alt, Buchhalter und verdient 90 Mark monatlich. Eine 19jährige Schwester ist Verkäuferin in einem Tapeziergeschäft und verdient 60 Mark monatlich. Eine andere Schwester macht die Lehrzeit in einem Porzellangeschäft durch.

Ein 13jähriger Bruder ist Volksschüler, nie sitzen geblieben. Er erhielt sogar eine Prämie.

Die Mutter ist nervenkrank und leidet an Basedowscher Krankheit, die sie zuweilen ans Bett fesselt.

Der Vater ist 23 Jahr hier im Dienst, einem anstrengenden Dienst, aber völlig gesund.

Dorothea war von klein auf hochgradig skrofulös, hatte als Kind eine Schutzbrille nötig, war hysterisch, bei jeder Kleinigkeit verdrießlich, eigensinnig, ist nun im Stift. »Daß ich so ein Kind muß haben!«

Als ich sie fragte, ob sie nicht jederzeit Männer, die »so etwas« taten, entschuldigt habe, sagte die Mutter:

»Das kann ein junger Mann, wie er will.«

Wenn Sie so etwas einem Manne gestatten, müssen Sie doch auch dulden, daß sich Mädchen ihm hingeben!

»Aber für Geld! Daß ich so ein Kind muß haben! Die Menschen würden mit Fingern auf mich zeigen, wenn sie es wüßten!«

Ich tröstete die Mutter, indem ich sie auf die Lieblosigkeit der öffentlichen Meinung hinwies. Sie, liebe Frau, haben nun erfahren, daß es nicht allein das Verdienst der Eltern ist, wenn die Kinder geraten, und daß trotz aller Mühe auch einmal ein Kind verunglücken kann.

So erzählte sie mir weiter, daß Dorothea nie sitzen geblieben ist, zwei Jahre in der I. Klasse war (Gemeindeschule).

Nach Entlassung aus der Schule sollte sie zu Hause bleiben. »Nein,« sagte sie, »das geht nicht. Ich muß helfen, was lernen.« In Stellung wollte sie nicht. Sie hat sich ihre Stelle selbst besorgt. In Berlin C hat sie ein Jahr eine kaufmännische Lehre durchgemacht. Monatlich hat sie 10 Mark erhalten. Diese 10 Mark hat sie mir immer gebracht. Solange war sie gut. Eine Mark erhielt sie monatlich Taschengeld. Die Naschereien kaufte ich so mal, was die Kinder Bedürfnis haben, bring ich mit. Essen und Kleidung erhielt sie immer. Die hat überhaupt keine Not gelitten. Satt zu essen gibt's überhaupt. Dann wollte sie nicht mehr dort bleiben. Der Chef war dagegen, daß sie fort ging. Die ist nicht mehr hingegangen, hat mir belogen zwei Monat. Sie fährt hin, hat Fahrkarten gelöst. Is schön, Mutter, 40 Mark bekomme ich monatlich. Das ist ja viel. Sie brachte mir den Ersten 40 Mark. Nach drei Tagen ist sie nach der ... Straße (Tiergartenviertel) gegangen und hat 50 Mark geborgt. Vater und ich seien tot. Sie müßten Geld für Särge haben. Das Geld bekommen sie von der Behörde zurückerstattet. Die Leute hatten sich bei mir erkundigt, ob die Sachen wahr seien, und sie sofort wegen Hochstapelei angezeigt. Um neun Uhr kam sie wie immer »aus dem Geschäft«! Sie stritt es nicht weiter ab, gab an, bei einer Künstlerin eine Aufwartestelle innegehabt zu haben. Die Anzeige war nicht wieder rückgängig zu machen. Sie erhielt dadraufhin von dem Gericht einen Verweis. Dann hab ich sie zu Hause behalten bis April (des Jahres, in dem sie 16 Jahre alt wurde).

Daß sie mir keine Dummheiten macht. Dann war sie bis Juli Stütze der Hausfrau bei einer Frau X. in einem Vorort. Juli ging sie weg. Sie hat nicht gehorcht. Ich war krank, mußte nach Z. reisen, nahm dorthin drei Kinder mit. 'nen Tag vor der Abreise erhielt ich 'ne Rohrpostkarte: Dorothea weggegangen, wohin unbekannt. Es war eine Lehrerfamilie. Sie bekam 15 Mark monatlich und alles frei, war damals 16 Jahre alt. Acht Tage blieb sie weg. Sie ist ganz beschmutzt angekommen, als ob sie in der Heide geschlafen hätte. Ich habe sie zu Hause behalten. Dann hat sie ihr früherer Chef wieder aufgenommen. Der sagte, sie war fleißig und ordentlich. Nach vier Wochen ist sie auf einmal weggeblieben. Sie brachte am Ersten kein Geld und hat sich drei Monate nicht sehn lassen. Öfter telephonierte sie ihren Bruder an: Ich befinde mich wohl; es geht mir gut; dann, er solle in ein Restaurant kommen. Dann haben wir sie von der Tieckstraße abgeholt (... offenbar, nachdem sie polizeilich aufgegriffen war). Das Haar starrte von Ungeziefer. Sie sagte, sie hat bei einer Schauspielerin Aufwartung gemacht. Die hat gelogen. Es hat mir gegrault. Dann wurde sie zu Hause behalten. Ein Herr von Fürsorge kam. Ich hab sie nicht weggegeben. Eine Frau Pastor ... gab sie aus. Die hat sie als Wirtschafterin genommen. Einem Kaufmann mußte sie für 10 Mark monatlich Wirtschaft besorgen. Nach vier Monaten blieb sie weg wegen der Fahrerei bis nach dem Südosten. Pünktlich sollte sie da sein. Sie ist nicht mehr wiedergekommen, wurde vielmehr wegen Unterleibleiden von der Polizei dem Fröbelkrankenhause überwiesen und von dort in ein Fürsorgestift verbracht.

»Der Vater?« Er will sie nicht mehr sehen. Eine Frau Pfarrer, die sie in das Stift bringen wollte, äußerte: dann wird sie wenigstens auf einige Zeit der Straße entzogen. Im letzten Brief schrieb sie: Herr Doktor Hammer ist verreist. Wenn ihr schreibt, bitte grüßt. Schickt mir Sachen. Ein Herr war da: sie wird aufgenommen.

Frau Pastor ... hat, als ich sie bat, das Mädchen behalten zu dürfen, gesagt, das gibt's überhaupt nicht. Sobald sie auf der Straße gewesen, haben die Eltern keine Macht mehr.

»Ich habe doch …« sagte ich zu ihr. Ich habe zugeredet, sie soll sie zu Hause lassen. Die Frau Pastor hat gesagt: Sie kommt weg und wenn sie zugrunde geht (wohl ein Mißverständnis der Frau Schwächlich).

Ich riet der Frau nochmals, ihre Tochter zu sich zu nehmen, da durch die Anstalt eine Besserung nicht zu erhoffen sei, und schlug ihr vor, Rücksprache mit der Leiterin des Stifts zu nehmen, verhehlte ihr auch nicht, daß ich bei eingeborenen Gehirnabweichungen auch im Fall sorgfältigster Einzelerziehung Mißerfolge häufiger sah, als Erfolge.

In der Küche traf ich einen jüngeren Bruder Dorotheas, einen 13jährigen Gemeindeschüler, der sich abmühte, eine Feldpflanze nach Linné zu bestimmen. Ich half dem gut begabten, lieben Jungen, und innerhalb weniger Minuten hatte er Klasse, Ordnung und Namen gefunden.

Dann verabschiedete ich mich von der Beamtenfamilie. Als ich die Straße betrat, war es schon dunkel geworden. Einige Karussells wirbelten Halberwachsene beider Geschlechter in rascher Drehung, während Leierkasten ihre Lieder in schrillem Durcheinander zur Geltung zu bringen suchten. Das Nachtleben der Hauptstadt begann. Aus den Vierzehntelausschänken klangen rauhe Männerkehlen. Auf der taghell erleuchteten Friedrichstraße spazierten feingekleidete Herren, schwebten Damen. Sechsmal in kurzer Zeit wurde von früheren Kranken mein Name genannt, niemals unfreundlich. Vom Halleschen Tore an lag die Stadt im Schlafe. Nur hin und wieder schlich ein Mädchen an mir vorbei oder strebte ein einzelner Herr seiner Junggesellenburg zu …

Zur Beurteilung: Dorothea ist ohne Not auf den Weg der Unzucht gekommen, trotz guter und sorgfältiger Erziehung, trotz auskömmlicher Lebensstellung. Keines ihrer Geschwister ist wie sie geworden. Beide Eltern sind durchaus pflichttreu und arbeitsam. Dorothea benahm sich, solange ich sie beobachten konnte, lenksam und für Reue empfänglich. Als ich das Gespräch auf ihren Vater brachte, weinte sie bitterlich. Ihre Führung war durchaus ordentlich und fleißig. Den Hauptgrund für ihren unzüchtigen Lebenswandel erblicke ich in einer Schwäche äußeren Einwirkungen gegenüber. Wie ihr Körper in der Jugend von schweren Erkrankungen heimgesucht wurde, wie sie in der Zeit der Geschlechtsreife nach Angabe der Mutter »hysterisch« war, sie auch dem Ansturme der Geschlechtskrankheiten nur wenig Schutzkräfte entgegenstellen konnte (sie war mehrere Wochen wegen Gelbsucht bettlägerig), so war sie auch den Lockungen der Unzucht gegenüber, deren Priesterinnen nach Ansicht vieler »anständigen« Frauen ein Leben voller Wonne und Genuß führen, schwach. Das süße Nichtstun erschien ihr herrlich. Ohne hinreichende Lebensklugheit, hoffte sie in ihrem Leichtsinn das durch lügenhafte Vorspiegelungen erhaltene Geld zurückzahlen zu können. Offenbar sollten die 50 Mark, die sie im Tiergartenviertel erbeutete, nur Anlagekapital sein, das in schönen Kleidern und Nachtcafés angelegt, sich reichlich verzinsen würde. Allein die Berechnung war falsch. Herren, die gern zahlen, sind selten, viel seltener als Frauen, die bezahlt zu werden wünschen, und die Anfängerin verdient auch im Gewerbe der Dirne wenig, oft nicht das zum Lebensunterhalt unbedingt Nötige, und wenn mal der eine oder andere Herr zahlt, dann ist es sehr oft ein Erkrankter, der mit einigen Mark- oder Groschenstücken sein Gewissen zu beruhigen sucht. So kam auch Dorothea bald in Not. An eine Rückzahlung war nicht zu denken. Die wenigen zahlenden Herren hatten genügt, um sie krank zu machen.

1905

RUDOLF H. DAUMANN

Dünn wie eine Eierschale

»Solna, liebste und beste Frau! Stört dich so sehr die Erinnerung an die Puntafeu und ihr Haus? Wie kamst du
eigentlich dorthin? Dein Bruder brauchte tausend Peseten? ...«

Solna setzte sich auf und strich Haller über sein kurzes
Haar: »Endlich fragst du mich! Selbst berichten mochte ich
nicht; denn ich hatte Angst, daß du spotten würdest. Ja, Haller, manchmal spottest du zu sehr. Das ist nicht gut und tut
vielleicht einem andern weh. Was ich dir erzählen werde, ist
wahr ... ich schwöre es dir bei der Madonna.

Als mein Vater vor drei Jahren starb ... meine Mutter habe
ich gar nicht gekannt ... war die Hazienda la Perusa banke-
rott. Mein Vater war ein guter Mann, leichtlebig, freigebig,
kein ganz korrekter Wirtschafter. Mein Bruder studierte damals in Cordoba; ich hatte in Buenos zwei Jahre lang das
Töchterpensionat der Montafidesschule besucht, war erzogen wie die Tochter eines Millionärs ... und nun auf einmal
war ich ärmer als ein Indiomädchen.

Getanzt hatte ich schon als Kind gern. Meine Mutter soll
mit einer spanischen Reiseoper als Ballerina nach Argenti-
nien gekommen sein. Mit Filetsticken war nichts zu verdienen, vor der Schreibmaschine graute mir. Mit 18 Jahren ver-
dienten schon viele Mädchen ihr Geld, für mich mußte mein
Bruder noch sorgen.

In Rosario fand er eine Stelle als Clerk in einer Bank. Ich
träumte vom Reichwerden, er auch. Ich übte jeden Tag fünf
Stunden lang vor dem Spiegel Grand Pas, Solein, Pizza, Lo-
wel ... alle Schritte und Bewegungen, Gesten und Schwünge,
die eine Argentina beherrschen muß, wenn sie in eine Tanz-
truppe eintreten will. Mein Bruder tat seinen Dienst und
spekulierte ein wenig wie alle Bankclercs.

Und vor einem Jahre, da stand er zitternd und weinend
vor mir und fragte mich, ob ich ihm innerhalb von 24 Stun-

den tausend Pesos besorgen könne. Er hatte einen Wechsel gefälscht, um Spekulationsverluste decken zu können.

Ja, Haller, sollte ein Harding..., so hießen wir, La Perusa ist nur der Name der Hazienda ... sollte ein Harding ins Zuchthaus? Lieber ging Solna Harding einen anderen Weg. Nicht gleich! Zehn Stunden rannte ich von Bekannten zu Bekannten, um die Summe aufzutreiben. Nichts erhielt ich. Da blieb mir nur der eine Weg übrig.

Madame Puntafeu unterhält das beste Haus in Rosario. Alle ihre Mädchen erhalten Sprachunterricht, damit sich die Fremden recht heimisch bei ihr fühlen. Die Mädchen werden auch gut behandelt und verdienen gut. Darum drängen sie sich in ihr Haus.

Als ich Madam einen Jahreskontrakt bot und dafür 1000 Pesos forderte, lachte sie mich schallend aus. ›Sennorita‹, sagte sie, ›ich könnte von vielen tausend Peseten für die Aufnahme in mein Haus verlangen ... und sie würden sie zahlen. Sie fordern einen Preis..., gut, Sie müssen wissen, was Sie wert sind. Was können Sie?‹

›Tanzen!‹ schrie ich ihr ins Schminkgesicht.

›Gut, tanzen Sie!‹

Ich tat die ersten Schritte, da ließ sie ihre Lorgnette sinken und sagte: ›So in den Kleidern? Wie soll ich da wissen, ob Sie die Muskeln beherrschen. Tanzen Sie nackt! Gefallen Sie mir, so will ich um tausend Pesos nicht feilschen!‹

Tausend Pesos! Der Angelhaken war gut geworfen. Im nächsten Augenblicke hatte ich meine Kleider vom Leibe gezerrt und tanzte einen rasenden Pampero vor ihr. Du weißt, ich berausche mich selbst beim Tanzen. Damals berauschte ich mich bis zur Betäubung. Ich sah nicht die Puntafeu, nicht die Salonmöbel, nicht meinen Leib in den großen Spiegeln ... ich sah nur eine Zahl: 1000!

Ehe ich noch die letzte Figur des Pampero begonnen hatte, hielt mich Madam an. ›Bravo, kleine Sennorita! Hier sind die tausend Peseten. Wann können Sie bei mir eintreten?‹

›Morgen!‹ schrie ich sie wieder an; wie eine Wilde war ich damals.

Sie half mir in die Kleider. ›Gut, morgen. Keine Furcht, kleine Katze, wir wollen dir noch vierzehn Tage Unterricht geben im Tanz und in dem anderen, was man im Hause Puntafeu braucht. Also morgen. So, noch den Kontrakt unterschrieben und Buenos Dios!‹

Als ich meinem Bruder das Geld gegeben hatte, wollte ich in den Parana springen. Ich tat es nicht! Ich hatte Furcht. Und die Sünde des Selbstmordes kann nicht vergeben werden. Mein Bruder ging an demselben Tage in den Gran Chaco als Filialleiter einer Quebracho-Gesellschaft. Er versprach mir, bald Geld zu schicken. Ich habe nie wieder etwas von ihm gehört. Wie sollte ich auch? Rosario ist groß; Solna Harding starb an diesem Tage; am andern Morgen ging Solna la Perusa in das Haus der Madam Puntafeu.

14 Tage später kauftest du mich los. Aber diese vierzehn Tage … nie werde ich sie vergessen. Sie werden in mir noch nachzittern, wenn mir der Priester die letzte Ölung geben wird. Nicht, daß ich schlecht behandelt wurde … o nein! Eine Tanzlehrerin hielt man mir gar. Ich übte unter ihrer Leitung jeden Tag viele Stunden. Aber dann kam Madam Puntafeu und gab mir anderen Unterricht. Worin? … Haller, Utrusque weiß es … warum sollte ich es dir verschweigen? Sie lehrte mich, die ich Jungfrau war und noch heute bin, alle Dirnenkünste und -kniffe … die Seufzer, die Worte … die Gebärden … die … ich mag nicht davon sprechen … meine Seele wurde zur Dirne. In diesen vierzehn Tagen hat man meine Seele verkrüppelt. In der Nacht stehen die Bilder, die man in sie eingeätzt hat, vor meinen Augen … es graut mir vor mir selber. Als die Flammen in Alcazar nach mir züngelten, da dachte ich nur eins: ›Der Madonna sei Dank! Nun verbrennen mit mir auch alle Erinnerungen!‹«

Verzweifelt und hilfeflehend brannten ihre Augen in denen des Freundes: »Wenn er jetzt lacht«, dachte sie, »spring ich über Bord!«

Haller beugte sich über sie und sah sie zwingend und beschwörend an: »Solna, sieh hinaus auf die Biscaya: kein Wind weht mehr, und doch beginnt das Meer seufzend zu atmen. Die Dünung aus dem Ozean rollt herein, Grüße von einem fernen Sturm, der vor vielleicht vierzehn Tagen an der Küste Amerikas tobte. Du bist wie das Meer, aus zu schmiegsamem Material. Zu lange zittert alles in dir nach … doch es wird abebben. Glaube es mir, der ich zwanzig Jahre älter bin als du. Und doch waren auch die vierzehn Tage eine Notwendigkeit; mit hartem Meißel arbeitet manchmal das Schicksal. Ohne das Brennen und Wühlen, das die Puntafeu in deine Seele gesenkt hat, wärest du heute vielleicht eine gute Argentina geworden. Aber weil in dir sich ein Schicksal vollendete, habe ich dich zur Solna la Perusa formen können. Alle großen Künstler haben nur eine Aufgabe: die Bestialität des Daseins zu veredeln. Um aber das zu können, müssen sie die Bestialität erst an sich selbst erfahren haben.«

Solna stand auf und reichte ihm die Hand: »Gute Worte hast du, Haller. Eine Woche kann ich wieder von ihnen zehren. Warum hast du nicht die gute Tat, die mich erlösen kann?«

1936

WILHELM REICH

Leidenschaft der Jugend

Ich hatte wie ein Tiger wieder Blut gewittert. Ich rackere tagsüber wie ein Lasttier und liege nachts in Bordellen. Ich habe die Empfindung, daß ich jemanden finden, auf irgendein großes Erlebnis stoßen müsse. Ein Ekel vor Dirnen beginnt langsam, aber stetig in mir anzuwachsen, und zu meinem größten Schrecken merke ich, daß ich das Bordell nicht mehr missen kann. Ein entsetzlicher Kampf beginnt. Ich benutze kein Weib mehr, aber ich muß allabendlich ins Bordell. Ich beginne, die Dirnen zu studieren, und stelle Reflexionen und Vergleiche mit den Mädchen meiner Stände an. Ich zahle einem jungen siebzehnjährigen Mädchen zehn Kronen, sie möge mir ihre Lebensgeschichte erzählen. Sie lügt, ich merke es, und dringe so lange in sie, bis sie weinend ihre Leidensgeschichte erbricht. Ich bin todunglücklich, fühle mich irgendwie schuldbeladen und will sie retten. Schon horcht sie auf – da besinne ich mich, daß ich gar nichts habe und von meinem Vater vollkommen abhängig bin. Ich fange an, Rückzug zu blasen, da durchfährt mich der Gedanke, daß ich Gründe suche, um mich einer Pflicht-erfüllung zu entziehen. Jetzt achte ich nicht mehr auf das Mädchen, dem mein Gebahren auffällt, und grüble, ob ich schuldig sei oder nicht. Ich habe das deutliche Gefühl, an ihrem Falle unschuldig zu sein. Das Mädchen ändert ihr Verhalten, überhäuft mich mit Schimpfworten, ich hätte sie verspotten wollen, und wirft mich hinaus. Ganz zerknirscht und verwirrt renne ich in einen Park, denke an Selbstmord und überlege, wie ich's am besten anstellen könnte, um rasch zu Ende zu kommen – da durchfährt's mich: Du lügst! Ich eile nach Hause, mich einen Feigling scheltend und schreibe zu Hause einen Einakter: *Wiedersehen*. Ich bin der Held, der ein Mädchen auf dem Lande verführt, sitzen läßt und dann im Bordell wiederfindet. Schluß: Hinauswurf, von der Dirne verachtet, die ein besserer Mensch ist als ich. Ich fühle mich erleichtert und schlafe eine unruhige, von quälenden Träumen durchwühlte Nacht, in denen ein Uhu eine angst-einflößende Rolle spielt. Am nächsten Tag sehe ich ganz krank aus, Frau X., die ich als meine Pflegemutter ansehe und sehr liebe, fragt mich, was mir denn fehle. Ich schütze heftige Kopfschmerzen vor, gehe nicht in die Schule, son-dern fahre zwei Stunden weit ins Land hinein und mache eine lange Fußtour. Müde und zerschlagen lande ich nachts in einem Gasthaus, nehme ein Zimmer und schreibe wieder einen Einakter: *Der Uhu*.

1919

IWAN GOLL

Die Eurokokke

Aber das letzte Begräbnis, das ich sah, war weiß: weißer Wagen, weiße Pferde, weiße Trauernde. Auch die Tote war weiß, eine berühmte Nonne, die einstmals eine gefeierte Tänzerin gewesen. Den Boulevard de Clichy führte ihr letzter Gang, am Moulin Rouge vorbei, das wie ein Nachtschmetterling seine Flügel putzte, und ein Spalier war gebildet von allen kleinen Kokotten von Montmartre. Sie standen da, um zwei Uhr nachmittags, manche noch ungekämmt, einen Milchtopf in der Hand, und vielleicht nackt unter dem falschen Chinchillamantel, manche aber auch schon wie zu wichtiger Zeremonie hochgeschminkt. Der Schnee dieser Trauer und die Kerzen der Waisenkinder blendeten den ganzen Boulevard, über den sich plötzlich ein großes Schweigen legte wie Watte. Alle Wagen hielten. Die Telephone in den Häusern verstummten. Die Kellner in den Cafés, die Taxi-Chauffeure hätten gerne geweint. Die Lichtreklamen loschen aus. Und sämtliche kleinen, mageren, frierenden, hektischen Kokotten fielen am Trottoirrand in die Knie.

Als der Zug vorbei war, fragte mich eine von diesen, Suzy, die Süßeste von allen, ob sie einen Kaffee trinken dürfte. Sie durfte. Es ist niemand auf der Welt, der sie nicht eingeladen hätte, denn sie war eine Liebesinvalide, sie hatte nur ein Bein und eine zierlich vergoldete Krücke. Ein einziges Bein, mit dem sie aber alle ihre Konkurrentinnen ausstach, denn die zarte Fessel war aus Meißner Porzellan und fiel den Männern mehr auf als all die übrigen Fesselpaare der Stadt. Sie hatte ein elegantes erdbeerfarbenes Seidenkleid an, und darunter nur ein silbernes Gürtelchen, mit einem einzigen Strumpfhalter. Sie hieß mich ein Geldstück in den Grammophonautomaten werfen und tanzte eine Art Charleston mit dem linken silbernen Bein und der goldenen Krücke.

Darauf setzte sie sich zu mir und erzählte mir ihr ganzes Leben. Sie hatte gemerkt, daß ich zu den Sentimentalen gehöre, die auch bei den Einbeinigen die Seele suchen und aus der Liebe eher eine Philosophie als ein Kind machen.

»Ich will dir nicht meine Geschichte allein erzählen«, sagte sie, »sondern die der fünftausend Suzys von Montmartre. Sie hat fünf Etappen. Kennst du die fünf Untergrundbahnstationen dieses Boulevards? Sie heißen Clichy, Blanche, Pigalle, Anvers, Barbès. Bei Clichy fängt es immer an. Da ist Suzy fünfzehn. Sie ist am Sonntag nachmittag in der altmodischen klapprigen Elektrischen aus irgendeinem Vorort hereingefahren und vor dem ›größten Kino der Welt‹, dem Gaumont-Palace, ausgestiegen. Zum erstenmal in ihrem Leben sieht sie New York, das Lächeln des Douglas und wie der Zucker gewonnen wird. Zum erstenmal in ihrem Leben sitzt neben ihr ein junger Herr mit einer orangenen Krawatte und einer graugestreiften Hose und bietet ihr in der Pause ein Zitronenbonbon an. Zum erstenmal in ihrem Leben trinkt sie nachher mit ihm im Wepler einen bitter beizenden Cinzano, bei dem sich ihr ganzes Gesichtchen verzieht. Zum erstenmal in ihrem Leben darf sie Agneau vert pré und Rahmerdbeeren bestellen. Zum erstenmal in ihrem Leben sieht sie im ›Européen‹ den Chansonnier Georgius, der einen wunderbaren Frack anhat, und drei Japaner, die sich lachend Säbel in die Gedärme stoßen. Zum erstenmal in ihrem Leben tritt sie ins Paradies-Hotel, wo von der Tür ab ein weicher roter Teppich läuft. Zum erstenmal in ihrem Leben erfährt sie, wie Mahagoni aussieht, aus dem der hohe Schrank und das königliche Bett gezimmert sind. Und für ihr ganzes Leben lang wird sie verdammt sein, in diesem Paradies zu wohnen. Denn um vier Uhr früh fahren keine Elektrischen mehr nach Hause. Um vier Uhr früh würde sie der verständnislose, böse Vater prügeln. Um vier Uhr früh entscheiden sich die Schicksale aller Suzys. Sie bleibt in diesem göttlichen Hotel, in diesem kupferverbrämten Mahagonibett. Sie bleibt. Marcel zahlt die Miete für acht Tage voraus. Sie bleibt aber nicht eine Woche da, sondern ein Jahr, und es ist immer dasselbe: Acht Tage werden vorausbezahlt, aber nicht immer von Marcel, sondern auch von Gaston, von André, von José und von Paul.

Clichy. Die zweite Station heißt Blanche. Blanche heißt auch ein Mädchen, das ist wild wie ein Kreisel und tanzt den Can-Can im Moulin Rouge, um sechs und um elf. Sie trägt Unterröckchen voll weißschäumender Spitzen, und mit den zwei in der Luft pendelnden rotgefärbten Beinchen sieht sie aus wie eine Fuchsienblüte. Blanche, ganz weiß mit goldenem Haar, Blanche hat sie lieb. Lieb hat sie Blanche. Sie hat Blanche lieb. Sie lernt den Can-Can tanzen im Hinterzimmer eines stillen Cafés in der Rue Lepic, der Kellner am Vormittag spielt ihnen dazu Klavier. Und nun treten sie beide auf und tanzen, nur um zu tanzen, die Beine in die Luft zu werfen, zu schweben und sich zuzulachen, und um zu schäumen mit ihren Spitzenröckchen, zu schäumen wie der billige Sekt auf den Tischen der dicken, rauchenden Männer. Blanche hat sie lieb. Lieb hat sie Blanche. Sie hat Blanche lieb auf der silbernen, mondänen Place Blanche. Sie mieten zusammen ein sonnig bürgerliches Zimmerchen und zahlen jetzt monatlich, und lassen sich Spiegeleier und Ananaskompott von Madame Comtesse zubereiten.

Blanche. Aber Pigalle liegt gar nicht weit. Nicht weit genug. Auf der Place Pigalle da stehen die seidenhäutigen, braungebrannten eleganten Argentinier und warten alle auf Suzy. Sie wollen alle mit ihr den traurigsten der Tangos tanzen. Sie fangen sie ein, sie kaufen ihr ein rauschend schwarzes Edelkleid, in dem sie aussieht wie eine Marquise. Der Besitzer des Rat Mort zahlt ihr schon viel mehr, als man beim French Can-Can verdient. Schon funkelt ein Diamant zwischen ihren zwei hügeligen Brüsten. Suzy macht Karriere. Ihre Finger werden blaß und schmal. Ihre Sprache übt sich an Baudelaire. Und Pigalle blendet so, ist selbst ein Juwel am Finger von Paris, mandarinenfarben schillernd von den Reklamen für Seife, Liköre und Gott. Die Place Pigalle ist ein glitzernd Karussell, auf dem sich die Frauen mit roten und blauen Perücken drehen, statt der früheren Pferde. Und ein anderes Karussell ist da, ein kleines Rondell mit jungem Gras und Gänseblümchen drin; in der Mitte plätschert leise ein unschuldiger Springbrunnen, und auf seiner Spitze tanzt der Mond wie in den Schießbuden die Kugel auf dem Wasserstrahl.« Suzy träumte einen Augenblick von der Landschaft und fuhr dann weiter: »Bald darauf stürzte ich auf dem Tanzparkett, weil mein Argentinier untreu war. Ich wurde von Mitleidigen in ein fremdes Hotel getragen. Der gerufene Arzt indes verstand sich nur auf Gonorrhoe. Er ließ mein zierliches Tanzbein faulen. Und so wurde ich interessant. Nach vielen Monaten Spital humpelte ich auf einer Krücke in ein neues Leben. Im Hotel-Dieu, so hieß das Spital, hatte ich mit dem Leid auch die Liebe kennengelernt. Der Assistent, der mich behandelt hatte, mietete mir, als ich entlassen wurde, eine Garçonnière in der Nähe der Place d'Anvers.

Anvers: Schon mischt der ahnungslose Bürger sich hier mit den Überlebenden der Fête Pigalle. Die wahre Pariser Liebe ist bürgerlich, mit einer grauen Katze in den Kissen des Diwans und viel Eifersucht in den Umarmungen der Hausfrau. Das dauerte zwei Jahre, und ich wurde so geliebt, als hätte ich zwölf so schöne Beine wie dies hier. Zu meinem Geburtstag schenkte mir Max die goldene Krücke. Aber kurze Zeit darauf schenkte er der Tochter eines Altwarenhändlers einen goldenen Ring und heiratete sie. Ich war verloren. Die Station Anvers, die vierte auf unserem roten Passionsweg, empfängt bereits die Enttäuschten und die Zweifelnden. Hierhin werden vom Nordwind langsam verschlagen, die bereits eine Falte am Hals und eine Narbe am Herzen zu verbergen haben. Sie lassen sich lieber in den Gummibüschen des kleinen staubigen Squares ansprechen, wo natürliche Frische durch Poesie und Sentimentalität ersetzt wird. Ihnen sind die Ehemänner hold, die wenig Zeit haben.

Aber einmal winkt allen Suzys, winkt auch mir, der ich nicht die Chance hatte, Bürgerin zu werden und zu bleiben, das Hinterland von Barbès, das verfluchte Reich der nackten Asphaltstraße, auf der man friert und alles einrostet, die Glieder, das Herz und der Stolz. Bis dahin ist man alt geworden und geduldig, und ergeben und demütig küßt man die Aussätzigen im Schatten der Hochbahnpfeiler, küßt den heimatlosen Algerier, der keine Arbeit fand, küßt den entlaufenen Deserteur, der seine Freiheit gab für diese Nacht und diesen nicht mehr roten Mund, küßt den geilen Schutzmann, damit er morgen ein Auge zudrücke, küßt alle Lahmen, alle Säufer, alle Verfallenen, selbst schon ein hutzliges Weiblein, ein schauerlicher Schatten im schattenhaften Paris …«

Das alles erzählte mir Suzy mit dem silbernen Bein und der goldenen Krücke, und ehe ich antworten konnte, war sie schon aufgesprungen und tanzte wieder Charleston. Doch als sie fertig war, vergaß sie, wo sie gesessen hatte, und nahm am Tisch eines neuen Gastes gegenüber Platz.

1927

ARTHUR SCHNITZLER

Die Braut
Studie

Auf einem Maskenball lernte ich sie kennen, nach Mitternacht. Ihre klugen und ruhigen Augen hatten mir gefallen und das dunkelblaue Kleid, das sie trug. Sie war nicht maskiert und machte durchaus kein Hehl aus ihrer wahren Person. Sie gehörte zur Kategorie der aufrichtigen Dirnen und hatte selbst in dem Maskentrubel, der alle Frauen so sehr dazu reizt, durchaus kein Bedürfnis, Komödie zu spielen. Das erfrischte mich, da ich mich von all den trivialen Faschingslügen, die mich umschwirrten, recht ermüdet und angewidert fühlte.

Sie war ungewöhnlich intelligent, man hörte es ihren Reden und sah es ihren Bewegungen an, daß sie aus besseren Kreisen herkam. Bei ihr lag die Frage besonders nahe, die man so oft an Weiber ihrer Art stellt, um schließlich immer dieselbe abgedroschene Geschichte zu hören, wie es denn eigentlich dahin mit ihnen gekommen. Von dieser aber mit den klugen Augen vermutete ich etwas anderes zu vernehmen, und darum blieb ich mit ihr zusammen.

Es ging gegen Morgen zu, als wir, vom Champagner ein wenig angeduselt, einen Wagen nahmen und in den Prater fuhren. Es war im März, eine merkwürdig linde Nacht. Momente lang hatte ich das Gefühl, als wenn da ein Wesen an meiner Seite lehnte, das ich schon lange, lange kannte und sehr lieb hätte. Mir war sehr wohl neben ihr, und geraume Zeit sprachen wir gar nichts. Ich konnte mich nicht entschließen, sie schlechthin als das Weib zu nehmen, das den Abschluß einer lustigen Nacht bedeutet, ich wollte sie kennenlernen. Von ihrem Leben wollte ich wissen, von ihrer Jugend, von den Männern, die sie geliebt, bevor sie sich entschloß, alle zu lieben, die sie wollten.

Hier gab es ein Schicksal zu entdecken, und endlich, wie wir schon weit unten im Prater waren, nach langem Schweigen, fragte ich sie. Sie ließ sich nicht lange um eine Antwort bitten. Freilich hab' ich nun die Worte, mit denen sie mir schlicht und bereitwillig ihr Bekenntnis ablegte, vergessen, aber die Geschichte selbst steht mir eigentlich klarer vor Augen als in der Stunde, da ich sie vernahm. Übergänge haben sich für mich gefunden, Lücken, welche sie im Erzählen ließ, habe ich unbewußt im Bedenken, im Erinnern ausgefüllt.

Sie war aus einer guten Familie, aus einer sehr geachteten und bekannten, behauptete sie sogar, und man hatte sie zu Hause streng erzogen. Aber ihre Sinne erwachten früh und in heftigem Verlangen. In den einsamen Nächten ihrer frühreifen Mädchenzeit hatte sie viele Qualen zu überstehen, und ein seltsamer Vorsatz bildete sich in ihr, aus unklaren Wünschen zu immer festerer Gestaltung. Sie wollte warten, bis sich der Gatte gefunden, denn das mußte sie wohl, dann aber, wenn die Gefahr vorüber, wollte sie sich freimütig den ursprünglichen und wilden Trieben ihrer Natur, wollte sich jedem hinschleudern, der ihr gefiel ... Männerschönheit und Männerstärke genießen, wo sie sich bot.

Mit siebzehn Jahren verlobte sie sich, und nun kam in ihrem Leben eine kurze Zeit, über die sie sich in fast sentimentalen Worten ausließ. Da fand ich jene merkwürdige Stelle in ihrem Herzen, die man auch in den Verworfensten entdeckt – das Heimweh nach der Unschuld. Denn es gibt ja auch ein Heimweh für die Heimatlosen, und vielleicht empfinden die es am schmerzlichsten von allen. Daß man eine Heimat überhaupt hat, ist schon ein wenig Trost, der aber fehlt den andern.

Nun aber geschah etwas Seltsames. Sie begann den Bräutigam, der ihr anfangs nur Mittel zum Zwecke bedeutet hatte, ernstlich zu lieben. Anfangs wollte sie sich's selbst nicht glauben; aber sie mußte es endlich, denn wie anders war es zu erklären, daß sie sich plötzlich ihrer früheren Vorsätze zu schämen anfing – so heftig und schmerzlich, wie vielleicht keine Sünderin der Tat sich der Vergangenheit zu schämen vermag –, daß sie bereute? Sie wollte ihm eine brave Gattin werden, treu und ergeben. Sie wurde ruhiger. Ihre Empfindungen bekamen einen eigentümlichen Hauch von Frieden und Keuschheit, und sie liebte ihn tief. Ein paar Monate, oder waren es nur Wochen, ich weiß es nicht mehr – dauerte dieser Zustand an. Der Tag der Hochzeit rückte näher. Da regte sich allmählich wieder die alte Raserei in ihr. Vielleicht lag da ein besonderer Grund vor, über den sie sich selbst nicht klar war, vielleicht war es nur der natürliche Gang, und die kurze Periode der Beruhigung nahm ihr Ende, weil das eben in dem Temperament des Mädchens lag. Es kam in einer entsetzlichen Weise über sie. Zehnmal war sie daran – nicht sich ihrem Verlobten hinzugeben – nein … ihn zu nehmen, selbst zu nehmen, mit sich zu ziehen in das dunkle Zimmer neben dem Salon – oder dorthin in die Nische – oder dort … Aber die Umstände fügten es nicht, sie war nie allein mit ihm. Vielleicht auch verließ sie der Mut, wenn die Gelegenheit kam, und bald begann sie auch wieder zu merken, wie ihre Glut ins Allgemeine ging, wie er eigentlich nicht mehr der Geliebte war. Ja, sie wollte ihn – freilich – aber auch den – und jenen – und jenen – und alle. Sie fühlte, daß es unabänderlich vorbei war mit ihrer einen, ach, mit ihrer Liebe überhaupt. Es war wieder Trieb geworden, wütender, durstiger Trieb, der den Mann wollte, einfach den Mann, nicht ihn, den einen! Etwas war dennoch von ihrer tiefen Neigung zurückgeblieben: sie war dem Mann, der sie unendlich Hohes hatte empfinden lassen, der sie aus der Dumpfheit fiebernden Verlangens für einige Zeit zur schönen Heiterkeit der Liebe hinaufgehoben hatte, diesem Mann war sie etwas schuldig geworden. Wahrheit! ... Es wühlte in ihr, es ließ sie nicht ruhn. Sie mußte sich ihm entdecken. Sie wußte, was es für ein Ende nehmen mußte. Darum wünschte sie ihn von Schmach und Gram frei zu erhalten. Sie war nicht geschaffen zum braven Weib, aber sie wollte auch nicht das seine werden, den sie vielleicht schon nach der ersten Nacht hätte betrügen müssen – und der sie dann – das schwebte ihr wohl auch dunkel vor – am nächsten Tage davongejagt hätte. Der Gedanke, daß er ihr am Ende genügen, daß mit seinem Besitz ihr Wahnsinn gemildert, gestillt sein könnte, war ihr zu einer kindischen Erinnerung geworden, aber gestehen wollte sie's ihm, ihm sagen: Ich bin nicht geschaffen, deine brave Hausfrau zu werden, laß mich frei.

Die Zeit rückte vor. Die ruhigen und festen Grenzen ihrer Liebe zu dem einen verwischten sich mehr und mehr und flossen auseinander zu den zitternden Linien einer schmerzlichen, ungestillten, kaum mehr zu zügelnden Sehnsucht nach dem Manne.

Und eines Abends – sie schilderte mir die Stimmung jenes Abends mit frappierender Kraft, wie sie nur das sichere Bewußtsein von der Bedeutsamkeit eines Erlebnisses besitzt –, eines Abends, im Hause ihrer Eltern, im Salon, der in das Halbdunkel von matten, farbigen Lampen getaucht war, während sie mit ihm an dem offenen Fenster stand, das auf eine reiche und helle Straße hinausführte, da gestand sie's ihm ein. Alles. Die brennenden Wünsche ihrer kaum erwachten Jugend, die kurze Zeit ihrer stillen erwachenden Glückseligkeit und endlich das rasche Untergehen dieses Traumes. Er war wie erstarrt. Nie hatte er Ähnliches in dem braven Mädchen aus gutem Hause vermutet, das er mit der freudigen Zustimmung seiner Eltern zur Frau nehmen wollte und in dem er wahrscheinlich auch das zu finden hoffte, was wir ja alle von unserem künftigen Weibe erwarten: den wundersamen, heiligen, tugendhaften Kontrast zu der tollen Leidenschaftlichkeit unserer Jugendliebeleien ... Er versuchte ihr zu widersprechen. Er wollte ihr klarmachen, daß sie sich über sich selber täusche, daß sie ein natürliches und im Grunde schönes Verlangen heruntersetze und entweihe, weil sie sich in ihrer stolzen Jungfräulichkeit desselben schäme. Es war vergebens. Je eindringlicher er sie über ihren Zustand beruhigen wollte, mit um so heftigeren und deutlicheren und frecheren Worten ließ sie ihn in das Zittern und Glühen ihrer tiefsten Seele schauen. Und sie erklärte ihm, daß sie ihr Wort zurücknehme, ihm das seine zurückgebe. Sie flehte ihn an, daß er sie ihrem Schicksal überlassen und in dieses Haus nicht mehr wiederkehren sollte. Was ihr eigenes Los anbelangt, so stand ihr Plan fest. Morgen noch, vielleicht heute nacht auf und davon, mit einem Male verschwunden aus dem Kreise der Ihren, weg von allen diesen Menschen, die ruhig und zufrieden und gesund waren und zu denen sie nicht gehörte, fort von hier und toll hinausgejubelt in ein Leben ungezügelter Lust, für das sie nun einmal bestimmt war, in das sie hineinmußte, wenn sie nicht verrückt werden, wenn sie nicht zugrunde gehen sollte.

Wie er, der Bräutigam, sie so reden hörte, mußte sie ihm wohl von wilderer und flammenderer Schönheit erschienen sein als je. Und der klagende Ausdruck seiner Augen wandelte sich allmählich in den Glanz bebenden Begehrens, das heftiger und heftiger daraus hervorbrach.

Er stand dicht neben ihr, und eben noch bittend, beschwörend, hatte er ihre beiden Hände gefaßt – und noch klangen ihr seine gramvollen Worte ins Ohr: sie mißverstehe sich selbst, und er verzeihe ihr alles, und sie solle nur bei ihm bleiben; da mit einem Male wurde der Druck seiner Hände fester, heißer, und das Zittern der Verzweiflung in seiner Stimme ward zum Zittern des Verlangens, und seine Worte klangen anders mit einem Male, ganz anders, bis es ihr endlich frech, schrill, brutal an ihr Ohr klang, das er mit seinen

Lippen berührte: wenn es schon sein muß, wenn du schon fort willst, wenn du schon die brave Hausfrau nicht sein kannst, wenn du allen gehören willst, die dich wollen, so gehöre doch zuerst mir, der dich will wie kein anderer, mir, den du geliebt hast, mir ... mir ... mir ..., der dich anbetet.

Da aber fuhr sie zurück, und mit Ekel stieß sie ihn fort und entriß ihm ihre Hände.

Er begriff anfangs nicht, versuchte noch ungeschickt und flehend ihr klarzumachen, daß es ja nun das Gescheiteste wäre, was sie tun könnte. Ihr aber war dieser Mann, den sie so sehr geliebt hatte, mit einem Male der einzige geworden, den sie nicht mehr lieben konnte, den sie haßte, der sie anwiderte. Der Hauch, der von seinem Munde kam, die trockenen heißen Hände, das weit offene starre Auge, seine Stimme, die etwas Klirrendes und Weinendes hatte, all das ward ihr innerhalb eines Augenblickes so unsagbar unerträglich, daß sie von ihm fort mußte, rasch, zu einem anderen, zu dem anderen, zu irgendwem, der ein Mann und nicht er war. Und noch in derselben Nacht verließ sie das Haus ihrer Eltern, in derselben Nacht irrte sie durch die schwülen Straßen der Stadt, in derselben Nacht noch trug sie sich irgendeinem auf der Straße an, der eben vor ihr her spazierte und dessen Gang leicht und vergnügt war und den sie früher nie gesehen hatte. Und der nahm sie und jagte sie wieder fort, und das war ihr erster Liebhaber!

Sie schwieg, nachdem sie mir das gesagt, ohne daß sie Näheres über diesen Mann mitgeteilt hätte. Ich war neugierig geworden und wollte mehr wissen. Wer er war, ob sie ihn geliebt, ob sie ihm nachgeweint, was sie empfunden, als er sie nahm, und wie ihr war, als sie das erste Mal verlassen wurde. Da aber sah sie mich mit großen Augen an. Und dann, als wäre das etwas ganz Selbstverständliches, in einem Tone der Bestimmtheit, der mir jetzt noch im Ohr klingt, sagte sie: »Das ist ja vollkommen gleichgültig.« Ich verstand sie nicht gleich, aber wie ich sie nun eine Weile anschaute, dieses Antlitz mit dem ruhigen Ausdruck der Glücklichen, welche ihren wahren Beruf gefunden, unbekümmert um die Meinung der anderen, da fiel es mit einem Mal hell in meine

Seele, und ich konnte begreifen, was sie gemeint. Ja, es war gleichgültig, wer jener Mann gewesen, mit dem sie die erste Nacht durchlebt, gleichgültig, wer nach ihm gekommen, und gleichgültig war es auch, ob ich oder ein anderer da neben ihr im Wagen lehnte. Nicht weil sie das war, was wir so leichthin eine Verworfene nennen. Denn haben wir's nicht alle an den Frauen, von denen wir wahrhaftig geliebt wurden, schaudernd und in stummer Verzweiflung hundertmal erlebt, wie wir im Moment der Erfüllung für sie verlorengingen, wir, mit der ganzen Majestät unseres Ich, und wie unsere gleichgültige Persönlichkeit nur mehr das allmächtige Gesetz bedeutete, zu dessen zufälligen Vertretern wir bestellt waren.

Und wenn sie aus ihrem höchsten Rausch langsam erwachen, sehen wir nicht, wie sie mit einem unheimlichen Staunen uns ansehen, nein, wie sie uns wiedersehen, um sich an uns zu erinnern, weil wir gerade in dem Momente ihrer herrlichsten Entzückung mit allen unsern höchst eigenen Eigenschaften, mit unserem Geist und unserer Schönheit, mit all den Tugenden und all den Lastern, womit wir sie gewannen, so unbeschreiblich überflüssig geworden sind, gegenüber dem ewigen Prinzip, das in der Maske eines Individuums erscheinen muß, um walten zu dürfen: denn der kurze und bewußtlose Augenblick, in welchem die Natur ihren Zweck durchzusetzen weiß, braucht nur den Mann und das Weib, und wenn wir auch sein Vorher und Nachher so erfindungsreich von den tausend Lichtern unserer Individualität umtanzen lassen – sie löschen doch alle aus, wenn uns die dumpfe Nacht der Erfüllung umfängt.

1891/92

Die sexuelle Frage

Es bilden somit die Prostituierten eine Sammlung ganz verschiedener Individuen und wenn sie auch durchschnittlich eine erschreckend schamlose, rohe, verkommene und alkoholisierte Gesellschaft zu sein pflegen, so wäre es gleichwohl ein Irrtum, daraus zu schliessen, dass alle diese Mädchen von Hause aus schlecht seien. Eine grosse Zahl derselben sind pathologische Geschöpfe, darunter viele hysterische oder nymphomanische oder sonstige Psychopathinnen. Andere sind ethisch defekte, dumme, faule, verlogene oder durch und durch gleichgültige, apathische, leicht suggestible Naturen, die eben jedem von aussen kommenden Impuls und jeder Verführung nachgeben, daher auch vielleicht den grössten Haufen des Materials zur Prostitution liefern, weil sie die leichteste und bequemste Beute der Kuppler werden. Sehr viele andere jedoch kommen dazu nur Schritt für Schritt durch die Verführung, schämen sich anfangs eines Fehltrittes, haben aber nicht den Mut, seine Folgen zu tragen, fangen allmählich an, mit der prostituierten Welt anzubinden und geraten so immer tiefer in den Sumpf. Hier spielen uneheliche Geburten eine grosse Rolle. Ferner gibt es eine grosse Zahl Prostituierte, die sich hauptsächlich aus Not und Armut verkaufen und sich darüber schämen, aber das Geld zum Leben oder zur Erhaltung ihrer Familie brauchen. Eine kleine, aber nicht uninteressante Gruppe wird durch solche Individuen gebildet, die sozusagen aus Liebe zur Prostitutionskunst sich derselben ergeben. Es sind dies gewöhnlich krankhaft sexuell erregbare Weiber, die ausserdem ethisch defekt sind und ihr Vergnügen an dieser Erwerbsart finden. Es haben sich schon reiche Weiber, Gräfinnen und Prinzessinnen, der Prostitution ergeben.

1905

4 »Wie aus den Armen Gottes glitt ich in den Arm der Welt«

Vergeistigung der Triebe in der Prostitution

SIGMUND FREUD

Das Unheimliche

Als ich einst an einem heißen Sommernachmittag die mir
unbekannten, menschenleeren Straßen einer italienischen
Kleinstadt durchstreifte, geriet ich in eine Gegend, über deren Charakter ich nicht lange in Zweifel bleiben konnte. Es
waren nur geschminkte Frauen an den Fenstern der kleinen
Häuser zu sehen, und ich beeilte mich, die enge Straße durch
die nächste Einbiegung zu verlassen. Aber nachdem ich eine
Weile führerlos herumgewandert war, fand ich mich plötzlich in derselben Straße wieder, in der ich nun Aufsehen zu
erregen begann, und meine eilige Entfernung hatte nur die
Folge, daß ich auf einem neuen Umwege zum drittenmal da-
hingeriet. Dann aber erfaßte mich ein Gefühl, das ich nur als
unheimlich bezeichnen kann, und ich war froh, als ich unter
Verzicht auf weitere Entdeckungsreisen auf die kürzlich von
mir verlassene Piazza zurückfand.

1919

ERNST BLOCH

Spuk, dumm und aufgebessert

Ob es irgendwie oder irgendwo noch spukt, stehe dahin. Wo
immer aber davon berichtet wird, fällt auf, wie nichtssagend
dies Unheimliche ist. Wie bei noch so aufwendigem Chok
dann meist nur Langweiliges dahinter ist – falls er nicht er-
zählend aufgebessert wird. Selbst ein sogenanntes zweites
Gesicht, auf Kommendes bezogen, ist selten so beschaffen,

daß es nicht auch einfacher zu haben wäre, ganz nüchtern vorahnend. Und auch das Unvermutete darin ist meist banal oder aber es geht uns überhaupt nichts an. Es sei denn eben, ein Dichter macht sich darüber her, Poe'sches, Hoffmann'-sches kommen ausfabelnd, umfabelnd hinzu. Die Spukge-schichte mit literarischem Samtkragen ist halluzinatorischer geworden als der meiste »tatsächlich« berichtete Spuk. Wozu uns nachfolgend, aus den selbstgemachten Er-innerungen des Wiener Schauspielers Girardi, sogar ein graziöses Beispiel entgegenblickt, nachträglich sinngebend.

Der Fall selber hebt sehr alltäglich oder auch allnächtlich an. Girardi war spät, doch nüchtern von Freunden in einem Wiener Außenbezirk aufgebrochen. Ruhigen Gemütes über-legte er draußen, ob er, da die Stadtbahn nicht mehr lief, ein teures Taxi oder einen gesunden Fußweg heim nach Hitzing nehmen sollte. Entschied sich für letzteren, geriet dabei in eine hübsche, enge Altwienergasse, die er vorher nie gesehen hatte. Von den Fenstern her gut beleuchtet, und aus vielen hingen einladende Mädchen heraus, schnalzten ihm zu. Be-sonders anregend tat das eine in ganz schmalem Haus, je nur ein Fenster übereinander, altösterreichisch-gelb um die wei-ßen Fensterrahmen, sie selber entzückend anzusehen. »Danke dir sehr«, sagte der höfliche Mann, »ein andermal, bin jetzt zu müde, aber morgen nacht vielleicht, merke mir dein Haus.« Er war schon weitergegangen, als sie ihm noch nachrief: »Schau, sei net blöd, komm doch her, i mach dirs mexikanisch.« Der Mann lief aber weiter in die Nacht, durch immer bekanntere Gegend, Rotenturmstraße, Kärntnerstraße, Ring, heimwärts durch die Mariahilferstraße, hielt plötzlich an, »was hat dös Madl bloß gmaant mit dem mexikanisch?« Lange stand er still wie ein Schiff von streitenden Winden bewegt, riß sich los, kehrte um, Ring, Kärntnerstraße, Rotenturmstraße und so fort, bis er endlich die kleine alte Gasse wiederfindet, nur nir-gends dort das so auffallend gewesene schmale Haus und das Mädchen in seinem einen Fenster. Hin und her die Gasse, fragte die sonst überall noch heraushängenden Huren nach dem verschwundenen Haus, »du Depp du blöder, brauchst a Haus oder a Hur«, riefen die schnalzenden Weiber und schimpften noch hinter ihm her, als der Mann endlich abzog. Mehr als kopfschüttelnd, sehr enttäuscht, wegverspukt ihm beides, Haus und junge Hure. Der Fall selber war doch ganz läppisch, und über eine kleine Erzählung am gewohnten Kaffeehaustisch den nächsten Nachmittag oder Abend reichte das Pech doch kaum hinaus, ein allzu dünner Chok, aus sehr wenig Nicht-Geheurem, ganz ohne Salz. Bis ihn plötzlich, schon mitten in der Mariahilferstraße, die Erleuchtung, der Schlüssel, gleichsam die wahre, nun erst vollendete Spukgeschichte traf. Das so (wir setzen die Erklärung, die nun erst fabulöse

Nachtgespenster
(Zeichnung von Mascha Prochaska)

Ausspinnung des Schauspielers Girardi wörtlich hierher): »Es gibt einen Engel, der kann es nicht länger mitansehen, wie falsch es die Menschen machen. Hat aber die Erlaubnis, alle hundert Jahre in Gestalt einer Hure auf die Erde, in die Wiener Gasse, in das sonst nicht vorhandene schmale, feine Haus zu kommen. Darf indes nur ein einziges Mal mit einem Mann, der vorübergeht, anbandeln, um ihm das ganz anders zu machende Glück zu offenbaren. Und das verschlüsselte Wort lautet: Schau, i mach dirs mexikanisch. Kommt dann keiner auf den nur einmal vergönnten Ruf hin, dann muß der Engel wieder verschwinden, hundert Jahre lang. Noch keiner aber hat den Ruf bisher verstanden, als noch Zeit dazu war, auch ich nicht, der Letzte bisher, und vielleicht der Letzte überhaupt. Denn wenn niemand folgt, wird der Engel sich sagen: Die Menschen verdienens halt nit besser, und kehrt niemals wieder.« Damit endete der innere Monolog; mit seiner kuriosen Reue ging der sympathische Girardi nach Hitzing in sein unverwunschenes Haus. Doch Nestroy hätte an dieser kleinen erfundenen Post-Magie Freude gehabt, obwohl, ja gerade weil sie nicht auf der Bühne geschah.

1969

BERTHOLD VIERTEL

Ein Kuß

Eine Hure, die zur Nacht ich fand,
Beugte sich herab zu meiner Hand,
Als ich durch die leere Straße ging,
Eine Hure, die sich an mich hing,
Nahm die Hand, die ihr nicht geben wollte
Und sie wegstieß und ihr grollte,
Beugte plötzlich sich, das arme Tier,
Hat geküßt die Hand im Handschuh mir.
Nicht um zu besänftigen meinen Willen,
Nein, die sonderbarste Gier zu stillen.
Nicht mehr bettelnd, schon hinweggewandt,
Schon entlaufen meiner fremden Hand.

Und da fühlte ichs wie einen Stich
In der tiefen Brust – das war nicht ich,
Den sie küßte, irrend und verwaist,
Nicht das Ich, das einen Namen heißt,
Sondern sie, die Namenlose, mich,
Einen Namenlosen, der jetzt glich
Allen Männern, die sie quälten,
Arme Seele küßte den Beseelten,
Küßte ungelohnt und ungestillt –
Menschenkind küßt Gottes Ebenbild.

O, nie war ein Kuß wie dieser Kuß,
Den ich allen weitergeben muß.

1913

Altersklassen und Männerbünde

Wenn die europäischen Völker der Gegenwart im allgemeinen dahin streben, alle guten und schönen Eigenschaften des Weibes in den legitimen Gattinnen zu entwickeln und zu schätzen, so steht und stand anderwärts vielfach die heitere, weltgewandte und kunstsinnige Hetäre fast als Idealgestalt der in das Innere des Hauses gebannten, geistig zurückgebliebenen Gattin gegenüber; eine Phryne, eine Aspasia erscheinen als Vertreterinnen des alten freien Liebeslebens, das dem Weibe gleiche Rechte mit dem werbenden Manne gab, und die Kurtisanen Italiens zur Renaissancezeit, die japanischen Geishas, die chinesischen Blumenmädchen und Indiens Bajaderen haben alle einen nicht unedlen Zug, den Hauch eines freien, künstlerisch verklärten Daseins; sie haben, freilich mit dem Opfer ihres besten Gutes, Unabhängigkeit von der lastenden Herrschaft des Mannes und der häuslichen Pflicht errungen, und ein *Teil* der weiblichen Anlagen, *der sonst meist verkümmert,* kommt in ihnen zu glänzender Entfaltung. So vermag die Prostitution in ihren besseren Formen sogar einen Ausweg zu bieten, daß eben diese durch sie geretteten und entwickelten weiblichen Wesenszüge einen gewissen Einfluß auf die Kulturgeschichte üben.

1902

MAX BROD

Die Erziehung zur Hetäre

Mansvet Liebhardt, Sohn des Hauses, sagte: »Die Klagen eines sehnsüchtigen Sommers sind vorüber. Trüber kann der Winter gar nicht kommen. Wenn er aber nur ebenso trüb wie das eben Vergangene sich gestaltet, werde ich schon verzweifeln.«

»Ich habe meine Symphonie auch nicht beendet«, erwiderte Plzensky und verließ seinen Platz auf der Klavierbank. Und ohne sich aufzurichten, mit gebogenen Knien, die sitzende Stellung fast beibehaltend, schob er sich durch das Zimmer bis zu einem Fauteuil, der ihn in guten grünen Plüsch aufnahm.

Mansvet: »Da kommt man während des Sommers in alle möglichen Badeorte, trinkt zu Karlsbad den Mühlbrunn aus einem Becher den man in Berchtesgaden gekauft hat und in Ahlbeck mit einem Monogramm aus Bernsteinsplittern hat schmücken lassen. Man spricht mit allen möglichen Europäern und es ist einem, als spielten die großen Städte mit ihren Einwohnern Ball, würfen sie einander über die Berge und Ebenen durch all diese Kurorte hin zu, mischten sie eine Zeit lang und empfingen sie dann wieder zurück … Aber das Mädchen, das man sehnsüchtig erwartet, kommt nicht, kommt nicht dieses leichtsinnige und dennoch von starkem Geist federnde Wesen, kommt nicht diese verklärte Courtisane. Mein Sommer war eine leere Jagd.«

»Auch der meine. Kaum das erste Allegro habe ich gearbeitet und dann zugleich mit dem schon lange fertigen Adagio gestrichen.«

»Von Arbeiten rede ich gar nicht mehr. Früher wohl habe ich den Drang zu lehren, in mir gefühlt. Damals habe ich im Asyl die Analphabeten unterrichtet, damals meine Schrift über Pädagogik unternommen, und sogar als Privatdozent wollte ich mich habilitieren … Was machst Du eigentlich jetzt, Carus?«

Der Angeredete, der bisher still in einer Ecke des Musikzimmers abwechselnd die gespreizten Finger zwischen die dort aufgestellten Notenbände gezwängt und nach Pausen wieder an sich gezogen hatte, meinte einfach: »Ich? Gar nichts.«

»Seht ihr, uns allen tut dieses Mädchen not, nicht nur mir, auf die ich Jagd gemacht habe.« Mansvet ging erregt in der Diagonale des Zimmers auf und ab. »Ein Weib und dennoch Persönlichkeit, der Weib gewordene Freund, die Hetäre, die ihren schönen Leib als Prämie für höchste Kultur und geistige Leistungen aussetzt. Lüderlich und frei genug, um der Gebundenheit unserer bürgerlichen Gesellschaft aus dem Wege zu gehen. Dabei gut und edeldenkend, entzündet nur durch feinsinnige Wortfügungen ihrer Bestürmer, nur dem zu Willen, der eine in tiefster Seele erlebte Pädagogik oder eine Symphonie, oder, Carus, ein Leben voll seltsamer Nischen vorzeigen kann. Ich stelle mir das so schön vor.« Mansvet ging nun schon in etwas kleineren Schritten und an der Längsseite, die Paneelung beruhigter entlang. »Ich denke mir einen Salon dieser edlen Denker, eine Versammlung hoher Stirnen und blasser Wangen, die jetzt so unbehaglich im Leben stehen, ein blendend kaltes Licht der Einsamkeit ausstrahlend. Hier würden sie Behagen finden, im Scheine einer gemütlichen und doch zu den weitesten Zielen hingeneigten Abendgesellschaft, im Scheine netter Kerzen, hier würden sie menschlich und tätig, eingerenkt werden. Denn die Dame des Salons, bei der man sich alle Dienstage oder alle Samstage oder auch zweimal in der Woche einfindet, diese Dame ist eben die ersehnte und verklärte Courtisane. So schön, o, in Lilienschönheit gekleidet und mit dem Male der Sanftheit auf der Stirne. Ein unschuldiges Antlitz, wie es nur schöne und nicht unschuldige Frauen haben. Sehr leicht, sehr unberechenbar, sehr gut, sehr edeldenkend und den weitesten Zielen zugeneigt. Man müßte ihr die Entwickelung der menschlichen Kultur ruhig anvertrauen können.« Träumerisch bog der Sohn des Hauses nun in die Querseite des Zimmers ein, in die Nähe der Freunde, blieb fast stehen und flüsterte es wie ein Geheimnis. »In der Stadt geht das Gerücht, daß sie sich hingebe, die Schöne. Die ersten Lebemänner der Stadt wollen sie besitzen, Offiziere und Tennischampions geben ihre Karten ab, Milliardäre verspritzen Perlenschnüre. Vergeblich. Denn sie gibt sich eben nur den Würdigsten hin, selbst eine Persönlichkeit nur den Persönlichkeiten, den Champions des Geistes, Offizieren der Erleuchtung. Und nur die ehedem Einsamsten erhalten Einladungen in ihren Kreis, mit ihrer Liebe sichersten Instinkts findet sie unter denen noch den Sanftesten und beglückt dessen zurückgehaltene Größe, haspelt das Tiefste aus ihm heraus, das ohne sie der Entwickelung verloren ginge. Auch die Andern des Kreises bekommen Blicke, Lob, Küsse, vielleicht mehr, vielleicht Alles, wenn ihre Werke heranreifen, werden jedenfalls tätig und durch Anfeuerung vergnügt, im Streben und ... «

»Wollen die Herren nicht zum Tee kommen?« Doris rief das, die Schwester Mansvets, und stand auf der Schwelle vom Speisezimmer her. Sie blieb dort in der Tür, als wage sie sich nicht in die dunkelgeistige sinnige Atmosphäre des Musikzimmers herein, und sie hatte die Hände rückwärts tief gestreckt und in einander verschränkt, die Arme steif vom Rücken weggepreßt und gleichsam als Gegengewicht den Oberkörper nach vorwärts, vorwärts, mit aller Wucht nach vorwärts, in einer für Mädchen mit schöner Brust durchaus empfehlenswerten Stellung. Und bei ruhigen Beinen drehte sie ihr niedliches Korsett seitlich hin und zurück, wiegte ihre schlafend-dunklen Augen ein wenig mit, ihr hübsches Gesichtchen und den blonden Haarschober oben mit. »Wollen die Herren nicht zum Thee kommen.«

Sie sagte das stolz. Die Eltern waren noch auf Reisen und ihre siebzehn Jahre besorgten die Wirtschaft.

Die drei jungen Herren gingen schweigend an ihr vorüber, durch die Tür. Plzensky duckte sich. Sie sah jeden kokett an, und obgleich auch sie nichts weiter sagte, war es doch einem Gespräch nicht ganz unähnlich.

Im Speisezimmer war auf Linnen Silber gedeckt, und die Lampe im roten Schirm darüber gab gegen den tiefblauen Himmel, auch sie schien im Fenster zu hängen, einen reizenden Effekt.

Die Freunde betrachteten umständlich den geschmückten Tisch und rückten geziert und schüchtern die Sessel, hinter denen sie noch standen.

»Deine Schwester!?« rief Plzensky plötzlich.

»Ja, sie läßt uns schon allein, nicht wahr?« Mansvet machte eine Bewegung gegen sie, die mit Schmollen: »Ich wäre ja gar nicht geblieben« und mit einem vorwurfsvollen und beweisenden Blick auf die »doch nur drei Gedecke« hin sich zurückzog.

Jetzt erst setzten sich die drei.

Aber der Musiker, gerötet und hastig: »Du hast mich nicht verstanden, Mansvet ... Ich wollte gar nicht, daß Deine Schwester hinausgeht. Ganz im Gegenteil.«

»Im Gegenteil?«

»Im Gegenteil. Ja, daß sie bleibt, bei uns bleibt.«

»Ich verstehe nicht.« Aber es klang, als verstünde er und wehre sich.

»Als Du in Deiner schönen Rede, vorhin, unterbrochen wurdest, dachte ich gleich weiter und an sie. Ja, Du hast Recht, ich gebe Dir vollkommen Recht. Auch Carus? ... Er schweigt, aber fühlt wohl wie wir, daß uns eine solche Freundin, wie Du sie geschildert hast, Not tut. Kurz, diese Hetäre, warum soll Deine Schwester nicht dazu erzogen werden? ... Nun, Carus?«

Der stille schlanke Jüngling im dunkelblauen Cheviot-Anzug hatte in aller Umständlichkeit ein belegtes Brötchen mit corned-beef verkostet. Jetzt legte er es weg, strich mit der Serviette säubernd ein Wenig an der Innenseite seiner rechten Fingerspitzen vorbei: »Ich habe es nicht gern, wenn man mit Menschen experimentiert.«

Mansvet überlegte lange, ehe er das Folgende äußerte: »Die Hetäre der Griechen, die Oiran der Japaner, wie erschienen doch diese Frauen den sehnsüchtigen Männern ihrer Zeit als Erfüllung aller Feinheit, als lebende Romantik. Kennerinnen aller Künste und oft auch Meisterinnen, Mädchen edelster Freude fürwahr, und im Range weit über den kümmerlichen Sklavenseelen der Ehefrauen. Und noch die Cortigiane der Renaissance, die Lenclos des Dixhuitième kamen meinem

Idealbild vielleicht nahe. Aber jetzt sind die frei Liebenden zu Dirnen, noch unter den Rang der Ehefrauen, während die Ehefrauen nicht emporgestiegen sind, herabgesunken. Der ganze Typus: Weib ... hat sich verschlechtert.«

»Um so eher bedarf er der Erziehung«, warf der Musiker ungeduldig ein.

»Meine Schwester.« Es zitterte ein wenig in Mansvets Stimme. »Sie hat viel Lustigkeit in sich. Heuer zeigte sie sich den Kurgästen Ahlbecks bei einem Wohltätigkeitsfest, und der überschwängliche Beifall schien mir gerecht, da ich selbst von der temperamentvollen Grazie ihrer Stimme und von ihrer lockenden Gestalt verzückt war. Das ganze Bad hatte von nichts als der schönen Pragerin zu reden, bereicherte die Post durch Liebesbriefe, sogar zwei Heiratsanträge gab es und den Besuch eines Theateragenten. Damals dachte ich ganz ernstlich, man solle sie Operettensängerin oder so etwas Fesches werden lassen.«

Carus lächelte und beteiligte sich jetzt lebhafter am Gespräch, indem er all dieser Triumphe Einzelheiten verlangte. Er hatte ein erfreutes Gesicht und weiße kleine Zähne, mehrmals klatschte er kindlich in die Hände.

Erst nach dem Thee, als man wieder in das grünlich bestrahlte Musikzimmer zurückkehrte, kehrte auch das frühere Gespräch wieder, das hier herein wohl besser paßte, zwischen diese Bücher und Kunstgeräte.

»Ich will es versuchen«, versprach Mansvet. Und jeder wußte, was.

1909

ARMIN T. WEGNER

Des Dichters Lied von den Dirnen

Manchmal kommt eine Lust mich an,
Den fremden Dirnen gleich in der Gasse
Mich nächtens vor die Tore zu stellen.
Möchte mich ihrer Schar gesellen,
Flüsternd im Schatten der Häuserwand;
Denn sie sind Schwestern und mir verwandt.

Weil meine Seele bekränzt durch die Tage geht,
Weil sie für Gold sich hebt im Tanz
Und nackt vor den Blicken der Leute steht;
Weil sie gleich ihnen am Straßenrand
Wartet, ob sie keiner begehrt,
Die jedem sich gab mit lächelndem Wort:
Eure Liebe hat sie zerstört.

Bleich ist der Leib der Dirne und welk –
Den alle nahmen, will keiner mehr.
Meine Seele war reich und bettelt nun;
Frierend irrt sie im Dunkel daher,
Müde und wie das Herbstlaub zerfetzt,
Eh es der Regen zu Boden schlägt ...
Wartend, daß sie ein Windstoß zuletzt
Unter die Tritte der Menschen fegt.

1917

HANS BLÜHER

Die Rolle der Erotik in der männlichen Gesellschaft

Prostitution ist der Verkauf sexueller Reizquellen unter Ausschaltung des bejahenden Eros. Gegen sie ist sowenig etwas zu sagen, wie vom Standpunkte der menschlichen Gesellschaft etwas gegen Handel und Gewerbe zu sagen ist. Handel und Gewerbe sind erst dann verrucht, wenn Unverhandelbares zum Kaufe angeboten wird.

Die Frauen vermögen mit einer jeden Zweifel ausschaltenden Sicherheit zu unterscheiden, in welchem Falle ihr Letztes und Unveräußerliches in die Wagschale geworfen wurde, und in welchem nicht. Sie sind darin viel scharfsinniger und kritikfähiger, als die Männer auf dem Gebiete des Geistes. Das Intellektuellengewerbe enthält wirklich das Nichtwissen um den Geist in sich, und in unserer Zeit halten die »geistigen Führer der Nation«, die »Geistesheroen« und wie sie sich nennen lassen, ihr wissenschaftliches Geplätscher wirklich für eine Komponente des Geistwesens in der Welt, die dessen Fortschritt beschleunigt. – Frauen wissen immer, daß ihre erotischen Teilleistungen geringwertige Absprengsel des ewig stehenden Wesens Eros sind.

Vom Standpunkte der Frau aus wird Prostitution immer Schmerzlichkeit in sich bergen, auch wenn sie noch so heiter von ihnen betrieben wird, vom Standpunkte der menschlichen Gesellschaft aus wird sie immer gefordert werden müssen. Es ist Aufgabe, sie so gut wie möglich zu gestalten, so unverlogen und so erträglich für die Frauen, wie es nur sein kann.

Es ist ein Irrtum, zu meinen, daß der prostitutive Charakter einer Beziehung zwischen Mann und Frau erst dann eintritt, wenn die Frau den Beischlaf gestattet. Zwar wird diese Art der Hingabe am allerzähesten zurückgehalten, aber der Grund hierfür ist rein psychologischer Natur. Nur weil die Verdrängung an der Genitalpartie am stärksten zu sein pflegt, und weil hier die stärkste Lustentfaltung im Falle der freien

98

Hingabe stattfindet, nur deshalb ruhen hier die stärksten Widerstände und der höchste Preis an Geld im Falle der Prostitution. Aber eine Frau bejaht ja aus dem innersten Wesen heraus einen ungeliebten Mann nicht um einen Deut mehr, wenn sie ihm den Beischlaf gestattet, als wenn sie vor ihm tanzt. Das Motiv: »Meinen Körper bekommst du, meine Seele nicht!« verliert keine Spur von seiner Eindeutigkeit in beiden Fällen. Darum ist auch der Tanz und das Sängerinnentum sowie die weibliche Schauspielkunst in der *bürgerlichen* Gesellschaft Prostitution; es liegt aber nur an der Überschreitung einer haarscharf gezogenen und darum den meisten unsichtbaren Grenze, damit dieselben soziologischen Phänomene zur Tempelkunst aufsteigen. Der prostitutive Charakter bleibt festgehalten, solange Teilreize verkauft werden, aber die Frauen, die es tun, bleiben noch rein, solange sie wissen, daß sie ihre Seele für sich behalten. Es gibt unzählige ergreifende Gestalten unter den echten Kokotten, die die Schönheit ihres Körpers der menschlichen Gesellschaft zu derem Heil verkaufen: die aber in vollendeter Treue dem Bilde eines Mannes dienen, dem sie hörig sind und der sie verstieß. Für Frauen, die in solche Lage geraten, bleiben nur zwei Wege: die Prostitution oder das *Nonnentum* (falls sie nicht etwa gar unter Aufgabe ihrer Erosmission ihr Leben mit bürgerlichen Dienstleistungen fristen). Nonnentum kann wohl ehrwürdig sein, und man wird es den Frauen nicht vorschreiben können, wozu sie sich entschließen sollen. Aber die Nonne ist ein anderes Wesen als der männliche Mönch, der immerhin in schöpferischer Weise dem Geiste dienen kann. Was aber können Frauen tun, wenn sie den Schleier nehmen? In welche verzweifelte Lage sie geraten, das lehren die Briefe der Heloise an Abaelard. Und selbst für den Fall, daß ein Nonnentum käme, das nicht diktiert ist vom männlichen Geist, wie im Falle des christlichen, sondern vom weiblichen Eros: es führt zu ihm kein Weg zurück in die menschliche Gesellschaft. Sie muß darben, vorausgesetzt, daß die Nonne eine hohe Frau war. Aber freilich: man kann es ihnen nicht verargen, daß sie den Schleier nehmen, solange die menschliche Gesellschaft die Prostitution noch nicht in würdiger Weise erfaßt. Sie verdient es in der Tat, daß hohe Frauen sich aus ihr zurückziehen. Achtet sie aber die letzte Treue der Frau, dann wird diese es nicht nötig haben, ihr Käufertum abzulehnen, und wird gar so weit kommen, sich zu verschenken. Eine solche hohe Frau war Madame de Warens, die Geliebte J. J. Rousseaus.

Es ist fernerhin ein Irrtum, daß der prostitutive Charakter einer mannweiblichen Beziehung durch irgendeinen Bewußtseinsakt *des Mannes* verhindert werden kann. Bürgerliche Versorgungsehen sind echte Prostitution. Ehebrüche der Frauen sind daher niemals ein Zeichen für deren Untreue. Wo immer eine Ehe aus einem anderen Grunde geschlossen wird als aus dem der völligen Bejahung im Eros, ist jede Verpflichtung hinfällig, und wo das geschieht, ist sie überflüssig. Dies ist der Grund für die moralische Sinnlosigkeit der Ehebruchsgesetze. Eine Frau, die ihrem Manne die Treue bricht aus Liebe zu einem anderen, tut nichts weiter, als daß sie aus dem Stande der Prostitution, in dem sie sich durch die bürgerliche Versorgungsehe befindet, in den ihrer letzten Würde und Freiheit übertritt.

1919

ERNST STADLER

Die Dirne

Wie aus den Armen Gottes
   glitt ich in den Arm der Welt:
Noch wars das Streichen seiner Hände,
   das mir meine Brüste aufgeschwellt,
Und seiner Liebe Schwert,
   das lustvoll sehrend meinen Leib durchstieß
Und das in Wollust weilend

sich im Dunkel meines Blutes niederließ,
Als schon mein Leib, den Vielen ausgeliefert,
    sich auf armen Polstern streckte.
Und wenn ich unter Schauern mich vergrub,
    war ers, dem sich mein Schoß entgegenreckte,
Und wenn mit rohem Wort
    die Welt mich überfiel,
Floß selige Marter
    und im Fernen leuchtete der Prüfung Ziel.
Und ekle Speise,
    die aus Graun und Schmach an mich erging,
War die geweihte Hostie,
    die mein Mund aus seiner Hand empfing,
Und jede Lust
    war tief im Blute seiner Wunden eingekühlt,
Und jedes Wehe
    vom Gefunkel seiner Liebe überspült,
Aus Kellern, Hafenkneipen, Dirnengassen,
    wo die Seele wie vom Leib verirrt
    dem Traum entgegenschlief,
Wuchs mailich schon die Stimme,
    die zu Hochzeit und zu Auferstehung rief.

1913

TRAUGOTT HERMANN

Die Prostitution und ihr Anhang

Auffallend ist, daß beinahe alle Zuhälter sogenannte *hüb-sche, schöne Männer* sind oder doch irgend etwas an sich haben, was imstande ist, die Frauen zu fesseln. Die meisten sind *gut gewachsen;* viele haben eine eminente *Unterhal-tungsgabe,* andere sind sehr *musikalisch* oder gute *Tänzer.*

Diesen Vorzügen haben es die meisten zu verdanken, daß sie ein Verhältnis mit einer Prostituierten anknüpften. Die Bekanntschaften wurden auch fast immer im Café oder in dem Restaurant, in dem diese Mädchen verkehren, gemacht. Wenn wir 100 Prostituierte fragen würden: »Wo hast du deinen ›Liebsten‹ kennen gelernt?« so würden die Antworten etwa lauten: »Ich sah ihn öfters im Café, er war immer allein, immer so höflich und gebildet« oder: »Sein elegantes Auftreten gefiel mir, und da habe ich ihn so lange angelacht, bis er mich angesprochen hat.« Oder: »Ich traf ihn auf einem Vergnügen, er tanzte öfters mit mir, und so leicht und elegant; da hab' ich ihn nicht mehr losgelassen.« Oder: »Er kann so schön Klavier spielen und singen,« oder: »Sein Humor und seine Unterhaltungsgabe haben es mir angetan,« oder: »Er ist ein so hübscher Mann; ich habe ihn vom ersten Augenblick an gerne gehabt.«

Eine Menge dieser Liebschaften entspringen auch dem Mitleid. Auf die allerzarteste Weise lassen diese gefallenen Mädchen oft einem aus der Strafanstalt entlassenen oder sonst in Not geratenen jungen Manne ein Fünf- oder Zehnmarkstück zukommen oder schenken ihm Geld zu einem Überzieher oder zu einem besseren Anzug; und vom Mitleid zur Liebe ist auch hier nur ein Schritt.

»Liebe« – das ist der springende Punkt. Der Zuhälter schenkt der Prostituierten, wonach sie so sehnliches Verlangen hat: seine *Liebe,* und die Prostituierte schenkt ihrerseits ihrem Geliebten,* was er am nötigsten braucht: *Geld!* […]

Interessant ist das Verhältnis der Zuhälter unter sich. Es existiert in ganz Deutschland eine Vereinigung – allerdings nicht organisiert, ohne Vorstand und ohne Statuten, und

---

* In der Angerfronfeste zu München sang einst eine Prostituierte, die in Haft genommen worden war, weil sie über ihr Verhältnis zu ihrem Zuhälter die Aussage verweigerte:
»Herr, nimm mich auf zu dir,
Ich scheide gern von hier;
Ich darf nicht *lieben,*
Darf nicht glücklich sein!« –

sonderbarerweise doch stark genug, alle Zuhälter wie mit einem festen Bande zu umschließen: das ist die *Vereinigung der »Brüder«*! »Brüder« nennen sich diese Leute, und wahrlich, sie halten zusammen wie Brüder. In allen großen Städten finden sich sogenannte »Brüderkneipen«, in denen die Zuhälter verkehren; das sind *keine Verbrecherkneipen*, die man nur mit Angst zu betreten wagt, sondern in der Regel Wirtschaften, in denen jeder anständige Mann verkehren kann. Von solchen Wirtschaften gibt es eine ganze Reihe, in denen Prostituierten ohne Ausnahme nichts verabreicht wird. In anderen derartigen Wirtschaften haben »Damen« *allein* keinen Zutritt, und nur in einigen wenigen Städten, in denen die Polizei nicht so »scharf« ist, dürfen auch Prostituierte allein, ohne Begleitung ihres »Liebsten«, bzw. ohne daß sich dieser im Lokale befindet, dieses betreten, wie es hinwiederum Kneipen gibt, in denen nur die Prostituierten verkehren und sich die »Brüder« nur ab und zu einmal zum Besuch sehen lassen.

In allen diesen Wirtschaften geht es äußerlich sehr anständig zu; Streit und Zank gehören zu den größten Seltenheiten, schon um dem Wirte, der als »Bruder« angesehen wird, jeden mit »Du« anredet und von jedem Zuhälter sich duzen läßt, keine Unannehmlichkeiten zu bereiten. Die Güte und die Mannigfaltigkeit der verabreichten Speisen können sich mit denen der besseren Restaurants messen.

Stark entwickelt ist bei den »Brüdern« das *Solidaritätsgefühl*. Die freiwillige, gegenseitige Unterstützung findet bei ihnen die weitgehendste Pflege. Da ist z. B. ein »Bruder«, dessen Liebste im Krankenhause liegt. Da er noch keine Ersparnisse machen konnte, so klopft die Not an. Nun springen die »Brüder« ein: heute gibt ihm dieser 2, 3–5 Mark, morgen jener, und so fort, nicht selten sechs bis acht Wochen lang. Einer von den Brüdern, der in augenblicklicher Kalamität ist, findet beim »Bruder« Wirt als Kellner Stellung und verdient nie unter 6–10 Mark pro Tag an Trinkgeldern. Hat er sich einigermaßen erholt und einige Ersparnisse gemacht, so macht er eventuell einem anderen, ebenfalls in Not befindlichen »Bruder« freiwillig Platz. Ein anderer Bruder ist *aus der Strafanstalt entlassen* und kann seine verpfändeten Sachen nicht einlösen. Sofort bewerkstelligen die Brüder eine »*Kollekte*«, um Mittel zur Auslösung der Gegenstände für den bedürftigen »Bruder« zu gewinnen. Ein dritter ist verhaftet worden und braucht einen guten Rechtsanwalt. Sofort werden 100 Mark und mehr gesammelt und der tüchtigste Anwalt bestellt. Ein vierter wird von der Polizei verfolgt und möchte sich gerne in London oder in der Schweiz in Sicherheit bringen, wenn er nur das nötige Reisegeld hätte. Es wird ihm dasselbe durch eine »Kollekte« verschafft. Allerdings muß er wegen Zuhälterei verfolgt sein; denn diese wird, wie wir später noch sehen werden, von den »Brüdern« *nicht* als Verbrechen angesehen; hat er aber gestohlen, oder wird er wegen eines anderen Verbrechens verfolgt, so helfen die »Brüder« *nur in den allerseltensten* Fällen. In der Regel bekommt der, welcher als verfolgter Dieb eine »Kollekte« machen will, statt Gelds – Grobheiten.

Solche »Kollekten« werden auch bei Geburtstagen veranstaltet; denn jeder Geburtstag wird gefeiert. Dem Geburtstagskinde wird ein wertvoller Stock oder ein Schirm mit schwerem silbernen, ziselierten Griff, oder ein Opernglas u. dgl. m., meistens im Wert von 40–50 Mark, geschenkt, wofür der Angebundene dann seine Freunde mit Bier und Zigarren regaliert.

Vor einigen Jahren konnte man in einer Zeitung einen interessanten Artikel lesen, welcher die Überschrift trug: »Wie die Zuhälter ihre Toten ehren.« Da schilderte ein Augenzeuge, wie ein Leichenzug seine Aufmerksamkeit erregt hätte, weil die Leidtragenden, etwa 300 an der Zahl, lauter junge Leute, und was noch auffallender gewesen, beinahe alle gleich gekleidet gewesen wären – Gehrockanzug und Lackstiefel von gleicher Farbe und Fasson, als wären diese Sachen aus der Hand *eines* Schneiders, resp. Schusters hervorgegangen, die Seidenzylinder von gleicher Form, der neuesten Mode entsprechend; überhaupt der ganze Leichenzug, die vielen Droschken, welche die ganze Straße einnahmen, u. a. m., hätten ihn, den Artikelschreiber, so sonderbar angemutet, daß er sich an einen ihm bekannten Kriminalbeamten gewendet hätte, der ihm auch Auskunft gegeben mit den Worten: »Der dort in dem von Kränzen und Blumen ganz verdeckten Sarge ruht, war ein – Zuhälter!« Das war, wenn wir nicht irren, in Hamburg.

Im Februar 1902 fand die Beerdigung eines Zuhälters in F. statt. A. E., vor der Welt ein unbescholtener Mann, der als F.er Bürger zwölf Jahre lang seine Steuern bezahlte, aber zehn Jahre lang Zuhälter war, war an Tuberkulose gestorben. Auf dem Friedhofe hatten sich, außer den nächsten Leidtragenden, etwa 100–120 junge Leute versammelt, lauter Zuhälter mit Ausnahme von drei bis vier Geschäftsleuten, welche von Zuhältern lebten. Hätte man einem Uneingeweihten erklärt: alle diese vornehm aussehenden, eleganten Gestalten in schwarzen Handschuhen und Trauerflor seien Zuhälter, man wäre dann wahrscheinlich für wahnsinnig gehalten worden. Der Sarg war trotz der Jahreszeit ganz unter Blumen und Kränzen verborgen. Voran schritt der katholische Geistliche mit seinen Ministranten. Hinter dem Sarge trugen mehrere Herren wunderbar schöne Kranzspenden. Als der Sarg in die Gruft hinabgesenkt war, und der Geistliche anhob: »Unser Bruder A., welcher im Herrn entschlafen ist ...,« war zu bemerken, daß mehrere junge Leute die Tränen nicht mehr zurückhalten konnten und sich schweigend abwandten. Nach der Einsegnung traten zwei Herren vor und legten einen herrlichen Kranz auf das Grab, wobei der eine sprach: »Deine Freunde aus Berlin senden dir dieses letzte Liebeszeichen!« Nun folgten zwei Herren aus Köln a. Rh. und zwei aus Wiesbaden und sprachen ähnliche Worte zu ihren Kranzspenden. Dann kamen zwei Frankfurter; sie trugen einen Kranz, größer als ein Wagenrad; die herrlichsten Blumen waren dazu verwendet worden. Zwei große Schleifen, die eine schwarz-weiß und die andere blauweiß, trugen entsprechende Aufschriften. Als auch diese Spenden im Namen der Frankfurter Freunde – Preußen und Bayern, welche sich gerade in Frankfurt aufhielten – am Grabe des Entschlafenen niedergelegt waren, trat ein älterer Herr vor – in der Hand einen Strauß der köstlichsten Rosen.

»Lieber A.,« sprach er, »ich war dein bester Freund im Leben; aber ich hoffe, daß du dort oben einen besseren Freund gefunden hast! Ruhe sanft!« Dann warf er die Rosen in das Grab und drei Hände voll Erde hinterdrein. Alle Anwesenden schritten nun nach Beendigung der Feier am Grabe vorbei, jeder drei Hände voll Erde hinabwerfend und ein »Ruhe sanft!« murmelnd. Weibliche Personen waren nur zwei anwesend: die »Geliebte« des Verstorbenen und deren Schwester, welche mit ihrem »Liebsten« von Berlin herübergekommen war. Stumm und tränenlos stand die Prostituierte am Grabe ihres »Geliebten«; aber ihr Gesicht war leichenblaß, und unausgesetzt starrte sie in die Gruft, welche den Mann barg, mit dem sie zehn Jahre lang gelebt hatte. Die große, imposante Gestalt dieses Weibes in der tiefen Trauerkleidung und mit den wie aus Marmor gemeißelten Zügen – einer Niobe gleich – bot das Bild trostloser Verzweiflung. Sie war Besitzerin eines Bordells und hatte eine ziemlich hohe Summe auf der Bank. Nun verkaufte sie alles und verließ kurze Zeit darauf F. für immer.

Als der Leichenkondukt den Gottesacker verließ, war eine in tiefe Trauer gekleidete Dame zu bemerken, die auf einem Grabe kniete und betete. Das war eine Prostituierte gewesen und der im Grabe ihr Zuhälter. Sie hatten sich dann geheiratet. Seit *er* tot ist, besuchte sie täglich sein Grab. Das sind *psychologische Rätsel*, wird der Leser mit Recht ausrufen. Jawohl, das ist eine *andere Ethik*, eine *andere Weltanschauung* als die herkömmliche!

1905

5 »Lebendes Geld«
Prostitution und Ökonomie

Der Gott und die Bajadere

(aus: Der Pranger. Organ der Hamburg Altonaer Kontrollmädchen)

Wenn sich die Menschen daran gewöhnen würden, die Dinge zu nehmen, wie sie sind, wäre die Welt halb so schrecklich als sie jetzt ist. Aber ohne Nimbus, ohne Geheimniskrämerei, ohne Mystifikation geht es nicht. Welche Vorstellung haben Tausende von der Prostitution! Mindestens eine ebenso schiefe wie von anderen Dingen des geschlechtlichen Lebens. Was stellt sich so mancher Jüngling (und es gibt auch alte Jünglinge) bloß schon unter seiner Geliebten vor? Phantasie muß die Form ausfüllen. Und welche Niederlage erlebt doch immer wieder diese Phantasie.

Welche Rolle spielt doch gerade im sexuellen Leben die Vorstellungskraft. Wie steht gerade hier die reale Welt im schärfsten Gegensatz zum Ideal.

Dasselbe gilt auch für die Prostitution. Für tausende ein geheimer Rosengarten, ein Land der unbegrenzten Lebensmöglichkeiten, ein Wunderreich phantastischer, sinnverwirrender Herrlichkeiten. Ein Tempel, in dem Priesterinnen den Gott mit Rosenranken erwarten. Und wie trivial und geschäftsmäßig geht es doch in Wahrheit an diesen geheimen Oertchen zu, in denen der Gottesmann aus und eingeht, um sich mit Riemen und Schnalle eins übers Fell brennen zu lassen, und sein bißchen menschliche Notdurft zu verrichten.

In welch magischem Licht glänzt aber diese Prostitution in der Literatur. Da muß es immer ein Gott sein und eine Bajadere, die verrückt vor Liebe wegen dem männlichen Herrgott sogar eigenbeinig auf den Scheiterhaufen steigt.

Ach, diese »schöngeistige« Literatur! Diese Springeltwiete aller physisch Impotenten, Misthaufen orgiastischer Raritäten! Börsenzettel sexueller Transaktionen! Sind Namen wirklich noch nötig? Seien sie genannt, um davor zu warnen.

Die Bierbaum, Hartleben, Holländer, Arno Holz, Max

Kretzer, Thomas Mann, diese Marie Madeleine, dieser Gustav Mayring, auch Hermann Sudermann und der Heinz Tovose, sie müßten genügen. Soll ich erinnern an Gabriele d'Annunzio, an Flaubert, Maupassant, Heysmans, Pierre Lati und die namenlos gebliebenen Sänger von Dirnenliedern und lyrischen Weisen?

Ist das wirklich unsere Klientin, wie wir sie kennen? Die Lustgespielin, die ungeahnte Genüsse bieten kann, das zukkersüße Verhältnis der schönsten Lust und Harmonie, die Nixchen eines *Hans von Kahlenberg* mit ihrer verwirrenden erotischen Atmosphäre, sind das wirklich die Prostituierten, wie sie leiden und getreten werden und wie sie hungern nach Sonne und Menschlichkeit?

Ist es nicht eine gemeine Lüge, wenn Max Kretzner in seinem Dirnenroman den »Geliebten« bei der Prostituierten freien Genuß finden und das Dirnenleben aus eitel Lust und Freude bestehen läßt? Wer kann sich aus solcher Kleckserei ein tatsächliches Bild dieses Lebens, dieses Berufes machen?

Und wer wollte nach den sexualpoetischen Visionen einer Marie Madelaine die nüchterne Welt messen. Auch ein Meyrink löst mit seiner blasierten Satire nicht das Problem, im Gegenteil, auch er unterstreicht nur noch diese falsche Welt pathologischer Genüsse.

Na und nun gar Roda Roda, der Propagandist eines blöden Lebejungendaseins. *Die* Weiber sind für uns da. Und was wäre auch *unser* Leben *ohne* diese Weiber. Was mögen diese Dichter schon für Unheil angerichtet haben. Wie staffiert bloß dieser Pierre Loti die Prostitution aus. Glut, Blumen, Liebe, Sonnenschein, Farbenseligkeit, erotische Schönheit, herziges Wesen, alles muß herhalten. Wir verschließen uns der Eindrücke dieser farbensatten Gemälde ganz und gar nicht, kennen auch ihren künstlerischen Wert, fürchten aber die falschen und verderblichen Anschauungen, die sie hervorrufen müssen. So geht es doch in keinem Buff zu! Sehen wir doch die Dinge wie sie sind. Kein Mann kommt als Gott ins Bordell, warum will er nun durchaus Bajaderen finden?!

Aber wir selbst sind daran schuld.

Wir müssen lernen, das Erotische als etwas Selbstverständliches zu sehen, als etwas Natürliches zu empfinden. Alles Geschlechtliche muß den Reiz des Geheimnisvollen, des Unerhörten und ungeahnte Wonnen Bietenden verlieren. Es muß in unserer Vorstellungswelt existieren, wie alle anderen physiologischen Geschehnisse. Betrachten wir es als etwas *Alltägliches* und im Bordell als etwas *Geschäftliches*.

1920

HANS OSTWALD

Der reine Zuhältertyp

Ich habe schon im letzten Abschnitt gesagt, daß das Zuhältertum durchaus keine notwendige Begleiterscheinung der Prostitution ist. Die Dirne braucht beim Geschäft der geschlechtlichen Hingabe keinen Freund und Beschützer. Gegen Benachteiligung schützt sie sich meistens dadurch, daß sie sich von jedem ihr nicht näher bekannten Mann im voraus bezahlen läßt. Auch sonst bringt es der stete Verkehr mit allen möglichen Männern mit sich, daß sie diesen gegenüber durchaus nicht auf den Mund gefallen ist. Aber der Zuhälter hätte auch gar keine Gelegenheit, die Dirne zu beschützen.

Wer die großstädtischen Verhältnisse kennt, weiß, daß er ihr auf ihren Geschäftsgängen gar nicht folgen kann. Er würde nur die Kundschaft verscheuchen und den Prostitutionsmarkt unsicher machen. Und der eigentliche Verkehr findet ja meist in Absteigequartieren statt, wo einfach kein Platz ist, sich zu verbergen, bei den zahlreichen Dirnen, die dorthin kommen. Auch der Sittenpolizei gegenüber kann er der Dirne nicht von Nutzen sein, die benachrichtigen sich schon selbst gegenseitig, wenn Kontrollbeamte nahen.

Wenn sich also trotzdem die Prostituierte einen Zuhälter hält, so tut sie das aus andern Gründen, als aus denen des Schutzbedürfnisses. Der Grund ist ihr Herz. Das Leben, das sie führt, zerstört fast alles Feinere und Weibliche in ihr. Sie ist losgerissen und ausgestoßen aus der anständigen Welt und hat keine Hoffnung, wieder hineinzukommen. Der Alkohol betäubt und erstickt jeden Aufschrei in ihr und macht sie jeden Tag stumpfer. Nur das Elementarste der weiblichen Seele, das Bedürfnis zu lieben und geliebt zu werden, scheint bei ihr geradezu gesteigert. Es ist fast krankhaft hysterisch und wird zum Mittelpunkt und einzigen Inhalt ihres Lebens.

In unserer nervösen, leidenschaftsarmen, kalten Welt gibt es in der Tat nichts heroischeres, aufopferndes, leidenschaftlicheres als die Liebe dieser Dirne. Sie gibt für den Gegenstand ihrer Liebe alles hin, erduldet von ihm alles und geht für ihn ins Gefängnis und ins Zuchthaus. Das Gefühl, einen Menschen zu haben, der sie wirklich liebt, der nicht mehr sein will, als sie selber ist, gibt ihr einen vollständigen Ersatz für alles andere.

Aber es ist kein begehrenswertes Ziel, der Geliebte einer Dirne zu sein! Im ersten Augenblick mag es ja manchem jungen Menschen verlockend erscheinen, loszukommen von der Fron der täglichen Arbeit, Geld zu haben und das Leben eines feinen Herrn zu führen. Aber er weiß auch wohl, daß er sich damit auf eine gefährliche, abschüssige Bahn begibt, er weiß, wenn er einmal Geld von dem Mädchen genommen hat, daß er dann in ihren Händen ist, daß sie ihn nicht mehr loslassen wird. Er weiß, daß er als Zuhälter aus der anständigen Gesellschaft ausgestoßen ist, daß er, wenn er auch sonst nichts begeht, ins Gefängnis und Arbeitshaus fliegen kann.

Darum drängen sich durchaus nicht sehr viele dazu, Zuhälter zu werden. Ein gesunder, frischer Mensch, der arbeiten kann, wird es immer vorziehen, sich selbst das Brot zu verdienen. Zuhälter wird immer nur der, der Schiffbruch im Leben erlitten hat, den moralisches und ökonomisches Elend langsam dazu reif macht. Denn Zuhälter wird er nicht auf einmal von heute auf morgen. Meist geht da eine lange Geschichte voraus.

Und weil nun so wenige Männer sich dazu drängen, finden nur wenige Dirnen einen Mann, der ihr Geld und ihre Liebe nimmt. Nur ⅕ bis ⅐ aller Prostituierten haben Zuhälter. Vielleicht liegt auch hier einer der Gründe, die soviele Prostituierte allmählich zur homosexuellen Liebe treibt. Das krankhaft starke, unbefriedigte Liebesbedürfnis sucht bei der Geschlechtsgenossin Befriedigung.

Den reinen Zuhältertyp stellt derjenige Zuhälter dar, der sich von der Dirne vollständig ernähren läßt, der nur ausnahmsweise einmal vorübergehend arbeitet, weil er die Behörde über seine Tätigkeit täuschen muß, oder auch, weil seine Braut im Gefängnis oder Krankenhaus ist und ein Ersatz sich nicht bietet. Dieser reine Zuhälter hält sich aber auch von jeder verbrecherischen Tätigkeit fern und betreibt selbst eventuelle Hochstapeleien nur, weil er sich nach Luxus, Sport und allem Glänzenden drängt. […]

Natürlich kann man bei dem Verhältnis von Dirne zu Zuhälter nicht von einem verführenden und einem verführten Teil reden. Die beiden finden sich, nachdem sie schon lange Dirne oder Halbdirne und er schon längere Zeit entweder Zuhälter oder Zuhältergenosse gewesen war. Doch findet man es immer noch häufiger, daß die Dirne bei der Anknüpfung des Verhältnisses der aktivere Teil gewesen.

Sie wirft sich auf den Mann, begünstigt ihn, beschenkt ihn und bringt ihn, falls er noch arbeitet, langsam dazu, das aufzugeben.

Der junge Zuhälter geht nun ganz in dem Dirnenmilieu auf. Mit jedem Tage merkt er mehr, daß er von der übrigen Welt durch eine unübersteigbare Schranke getrennt ist. Er lebt jetzt in einer ganz anderen Welt, mit eigener Lebensanschauung, mit eigenen Gesetzen und Gefühl.

Zunächst nimmt ihn die Dirne ganz und gar in Beschlag und überwacht ihn mit einer eifersüchtigen, egoistischen, krankhaften Liebe. Er soll den ganzen Tag zu ihrer Verfügung stehen, und während der Nacht will sie wissen, in welchem Lokal er sich aufhält, damit sie ihn jederzeit erreichen kann. Gewiß, sie tut alles für ihn und ist stolz darauf, wenn sie ihrem Luden mehr abgeben kann, als andere Dirnen den andern Zuhältern. Aber dafür glaubt sie auch ein Halsrecht über ihn zu besitzen. Sie hat ihn gekauft, und nun soll er auch ganz allein ihr gehören. Sie ist von einer manchmal lächerlichen Eifersucht erfüllt, besonders andern Dirnen gegenüber.

Hat sie ihn in Verdacht, daß er »fremd gegangen« ist, mit einer anderen verkehrt, dann kommt es zu den heftigsten Gefühlsausbrüchen und sie schreckt vor keinem Skandal zurück. In solchen Fällen kommt es auch häufiger vor, daß sie zur Polizei läuft und ihren Geliebten wegen Zuhälterei anzeigt. Bis zur Gerichtsverhandlung hat sie sich meist wieder beruhigt, und leugnet dann unter Eid ab, ihm jemals Geld gegeben zu haben. Oder sie verweigert die Aussage, weil sie ihm verlobt sei. Die Fälle, daß die Dirnen ins Zuchthaus gehen, weil sie für ihren Geliebten falsch geschworen haben, sind sehr häufig.

Die Dirne verlangt von ihrem Zuhälter handgreifliche Beweise seiner Liebe. Vor allem soll er seinerseits sehr eifersüchtig sein. Nicht gegen die Freier, von denen sie Geld nimmt, denn das ist nur Geschäft, aber gegen andere Zuhälter. Dann kokettiert sie absichtlich mit denen, um ihn zu reizen. Sie reizt ihn in der Kaschemme solange, bis er in Zorn gerät und sie verprügelt. Dann ist sie zufrieden und wird zärtlich und demütig, denn nun weiß sie, daß er sie liebt. Die meisten Dirnen zwingen die Zuhälter durch ihr ganzes Benehmen dazu, gegen sie brutal zu sein. Sie sind stolz auf die blauen Flecke, die sie von ihm haben, und renommieren damit bei den andern Dirnen. Oft genug kommt es vor, daß eine Dirne ihren Zuhälter laufen läßt, weil er sie nicht genug schlägt.

Wenn dieselbe Dirne, die ihren Geliebten förmlich zur Mißhandlung gezwungen hat, mit ihm später in Streit gerät – vielleicht weil er sie nicht heiraten will – und ihn dann anzeigt wegen Zuhälterei, Kuppelei und Mißhandlung, dann

entrüsten sich die Zeitungen über diese modernen Sklaven-
halter und Großstadtvampyre, die die Mädchen unter brutalen Mißhandlungen auf die Wege des Lasters zwingen.

In Wirklichkeit verhält sich die Sache ganz anders, und
vielfach ist es nicht das Weib, sondern der Mann, der ein
Sklavenleben führt. So oft er auch Anstrengungen macht,
aus diesen Verhältnissen herauszukommen, sie holt ihn sich
wieder, denn sie hat ihn ja in der Hand dank des Zuhälter-
paragraphen.

1907

GOTTFRIED BENN

Dirnen

Eine entkleidet ihre Hände.
Die sind weich, weiß, groß,
Wie aus Fleisch von einem Schoß. –

Ein Mund feucht und ausgefahren
Voll übelriechenden Lachens. –

Eine antwortet einem Mann:
Deine Eltern haben zwar sicher versehentlich
Deine Nachgeburt großgezogen,
Aber du hast einen englischen Anzug an.
Komm man mit.
Aber natürlich ein großes Goldstück. –

1913

FRANZ THEODOR CSOKOR

Das gelbe Lusthaus

GESTALTEN

SIE
DER GELBE MANN
DER GREISE DIENER

SCHAUPLATZ

Ein gelbtapezierter sechseckiger Raum. Die Mittelfläche, als die dritte der fünf sichtbaren, bildet den Hintergrund. Ein gewaltiger Geldschrank mit rotgelber Kupfertüre füllt seine Breite und zwei Drittel seiner Höhe aus. Darüber scheint ein ovales Fenster, ein sogenanntes Ochsenauge, im Lichte einer eingesetzten gelben Mattscheibe. An den Nachbarflächen des Geldschrankes hängen riesige Spiegel in schwerer barocker Goldfassung. In den symmetrischen Gegenflächen des Vordergrundes befinden sich zwei Türen, gleichfalls aus Kupfer, dem Geldschranke ähnlich, nur kleiner und nicht über die ganze Flächenbreite. Ein mächtiger Tisch, von einem gelben Seidentuch bedeckt, steht in der Raummitte. Gelbe Teppiche dämpfen den Boden. Ein goldener Kronleuchter, mit honigfarbenen Kerzen besteckt, hängt unentzündet von der Decke.

SIE *(kommt durch die Türe links, die sich nach innen öffnet, gefolgt von dem greisen Diener)*: Nach innen ging sie, die seltsame Türe?

DER GREISE DIENER: Hier gehen alle Türen nach innen. *(Will fort.)*

SIE: Warten Sie noch. *(Sieht sich mit scheuer Neugier um.)* Nie war ich da. Machen Sie Licht doch!

DER GREISE DIENER *(verneigt sich, holt aus der Ecke neben dem Schrank eine lange Messingstange mit Wachsstock, entzündet den Lüster, löscht wieder den Wachsstock, stellt die Stange an ihren Ort, verneigt sich neuerlich und geht ab nach links).*

SIE *(ist indes in dem Raum umhergegangen, und hat kopfschüttelnd seine Einrichtung betrachtet. Vor dem Geldschrank bleibt sie stehen).*

DER GELBE MANN *(tritt nach einer Pause durch die Türe rechts ein. Er trägt ein gelbes Kimono. Sein riesiger Körper ähnelt darin einem goldstrotzenden Sack).*

SIE *(fährt herum)*: Du?

DER GELBE MANN *(geht, ohne ihrer, die gegen den Tisch weicht, zu achten, an den Geldschrank und öffnet ihn. Gelbe pralle Leinwandsäcke stehen darin, dicht nebeneinander und übereinander).*

SIE *(mühsam)*: Ich denke, du wolltest mich sprechen? Dich entschuldigen, nehme ich an?

DER GELBE MANN *(zerrt an einem der Säcke).*

SIE *(lächelt gezwungen)*: Mich plagte nur Neugier, wozu du mich ludest; sonst wär' ich dir niemals gefolgt. Jetzt aber tust du, als sei ich nicht da, und dein Saal gibt sich gastlich, wie du. Keine Ruhstatt bietet er; nicht einen Stuhl. Nun, so setze ich mich auf den Tisch! *(Schwingt sich links auf die Tischplatte.)*

DER GELBE MANN *(schleift aus dem Schrank einen Sack, an dessen Stelle sofort ein anderer vorsinkt, zur rechten Tischkante und nestelt ihn auf).*

SIE *(gleitet vom Tischende)*: Es scheint, du duldest mich nicht einmal hier? – Darin vereint sich vielleicht unser Wunsch.

DER GELBE MANN *(beginnt, ohne nach ihr zu blicken, dem Sack Goldstücke zu entnehmen und reiht sie auf dem Tisch aneinander).*

SIE *(rauh)*: Zählst du dein Geld, dann mag ich nicht stören. Hilfe brauchst du ja keine dabei. *(Geht zur Türe links, wendet sich aber, ehe sie die Klinke drückt, nochmals um, als erwarte sie Antwort.)*

DER GELBE MANN *(schweigt und legt Gold auf).*

SIE *(zögernd)*: Etwa verrätst du mir doch, eh' ich scheide, was du verlangtest von mir? Riefst du mich bloss, dein Gold zu besehen? Aber mich locken sie nicht, deine Schätze!

DER GELBE MANN *(schweigt und legt Gold auf).*

SIE *(aufstampfend)*: Antwort! – Gib Antwort! – Ich will es! – Bin ich ein Tier, das du kaufst, – oder wem gilt dein Geschacher?

116

DER GELBE MANN *(schweigt und legt Gold auf).*

SIE *(ausser sich, zum Tisch hineilend, packt dort Goldstücke und wirft sie nach ihm wie Steine)*: Da! fühle, wenn du nicht hörst! – Da: Erz aus Hunger gehauen! – Da: Lungen, verkeuchte, um dich! – Da: Leben, die du zertratest! – Da: Tränen! Da: Fäuste! Da: Blut! – Alles, was leidet für deine Gelüste! – Da! – Da! – Da! *(Hält erschöpft inne.)*

DER GELBE MANN *(schweigt und legt Gold auf).*

(Der Tisch liegt fast voll Gold.)

SIE *(starr)*: Bist du taub oder närrisch geworden? *(Reisst die Tischdecke mit allem Gold herab.)* So! – Vielleicht redest du jetzt?

DER GELBE MANN *(hebt keuchend den Sack, bis seine Öffnung die Tischkante erreicht, klemmt ihn sich zwischen den Schenkeln fest und stülpt ihn ganz auf. Ein starker Schein strömt heraus. Er schaufelt nun aus vollen Händen Gold über den Tisch).*

SIE *(zornig, doch stets unsicherer)*: Merkst du mich immer noch nicht? – *(Schwingt sich wieder ihm gegenüber auf die Tischkante.)* Herab jetzt damit! *(Mit beiden Fäusten das gehäufte Gold zu Boden fegend.)* Ich stosse es weg! Ich speie darauf! Geschmeide und Kleider! Fahrten und Feste! Paläste und Güter! Glanz! Lachen! Gewalt! Ich stampfe es hier unter mich! *(Da er unbekümmert fortfährt, hastig, fast weinend)* So höre und halte doch ein! Lässt sich dein Gold nicht erschöpfen? – Aber nein: Dort staffelt sich Berg über Berg!? Wahnsinn von Reichtum! Ich will es nicht länger sehen, du! Will nicht!

DER GELBE MANN *(neigt den Sack und lehrt ihn über den Tisch).*

SIE *(von dem rieselnden Gold auf den Tisch gleichsam niedergezogen, sinkt rücklings hinein. Ihre Arme stossen immer schwerer darin. Immer schwächer sträuben sich ihre Glieder)*: Du sollst aber nicht! Du darfst nicht! Oh, wie sie sengt, diese Kälte! Sie lodert mir durch das Gewand! Sie wühlt ihren zuckenden Stachel in mich! – Nicht! – Das ertrage ich nicht mehr! – Genug! *(Völlig in das Gold geglitten, kreuzt sie in letzter Abwehr die Arme über den Brüsten und krampft die Beine zusammen.)*

DER GELBE MANN (*gleitet mit dem halbvollen Sack die Tischkante entlang zu ihr und legt ihr bedächtig und langsam Gold auf das Herz*).

SIE (*öffnet die Arme. Röchelnd*): Was machst du? – Erbarmen! Ich kann nicht mit dir –! Ich liebe ihn! Einzig nur ihn! Erbarmen!

DER GELBE MANN (*legt Gold in ihren Schoss. Ihre verkrampften Beine weichen auseinander*).

SIE (*aufgelöst*): Schnell! Ende! Ich hasse dich ja! Doch dein ist die Macht! – So ende!

DER GELBE MANN (*lässt den Goldsack fallen, der aufklirrt*).

SIE (*zuckt dabei durch den ganzen Körper, der in die Goldhügel eingesunken ist*).

DER GELBE MANN (*beugt sich über sie. Sein Antlitz ist von Gier und Qual verzerrt. Er legt die Hände an ihren Leib*).

Vorhang

1918

FRANK WEDEKIND

Aus dem Tagebuch

Ich gehe ins Café Bauer und von dort ins Elysium, wo die Kellnerinnen, einige hübsche Mädchen darunter, die Aufgabe haben, ihre Gäste zu unterhalten. Jede hat eine Reihe von sechs Tischen, der Tisch zu sechs Plätzen, macht sechsunddreißig Gäste oder zweiundsiebzig Hände, von denen sie sich ihre vier Gliedmaßen und speziell die von der Natur zum Geschlechtsgenuß, zum Gebären und Ernähren bestimmten Teile ihres Körpers von früh bis spät bereitwillig befühlen und drücken lassen müssen. Falls ein Gast nicht von selber damit beginnt, haben sie die Pflicht, ihn auf die ihm zustehenden Freiheiten aufmerksam zu machen, indem sie sich an seine Seite setzen, ein Gespräch einleiten und dasselbe so lange unterhalten, bis der Betreffende warm geworden. Es ist das zweifelsohne eine der gründlichsten Ausnutzungen, wie sie mit einem für einen bestimmten Zweck in Dienst genommenen Mittel überhaupt statthaben kann, indem diese Mädchen zur nämlichen Zeit aktiv sowohl wie passiv Geld einbringen. Sie bieten im Aufwarten ihre Arbeitsleistung und haben sich dabei zwischendurch zur Erhöhung der Frequenz selber bearbeiten zu lassen. Sie för-

Schwerarbeit
(Karikatur von
d'Ekman)

dern das Geschäft durch die ihrem Körper innewohnende Kraft und zugleich durch die äußere seiner Gestaltung. Bei einem schön gebauten Equipagenpferd, gesetzt den Fall, daß dasselbe vermietet wird, trifft insofern nicht das nämliche Verhältnis zu, als die Schönheit des Pferdes zwar bezahlt, aber nicht systematisch aufgebraucht wird. Selbstverständlich halten die Mädchen bei dieser Lebensweise nicht lange aus. Doch kann das dem Geschäftsinhaber insofern gleichgültig sein, als er sie nicht zu kaufen, sondern nur zu mieten braucht. Ob eine dreißig Jahre aushält oder dreißig je nur ein Jahr aushalten, hat auf seine Bilanz keinen Einfluß, zumal in einer Stadt wie Berlin das Angebot die Nachfrage immer noch weit übersteigt. Der Geschäftsinhaber steckt gewissermaßen eine Menge fremder Kapitalien in sein Geschäft, die er lediglich solange verzinst, und zwar zum gewöhnlichen Zinsfuß, bis sie im Geschäft aufgegangen sind. Bei besonders schweren Arbeiten, bei Straßenanlagen etc. findet ein ähnlich rasches Verbrauchen des Pferdematerials statt. Doch besteht dabei immer der Unterschied, daß hier die Tiere käuflich erworben werden müssen, somit das Kapital als solches vergütet wird. Es würde keinem Pferdeverleiher einfallen, seinen Bestand für derartige Unternehmungen zu vermieten.

1889

ELSE JERUSALEM

Die schwarze Katerine

Das Schicksal der Katerine erfüllte sich unheimlich rasch. In Braunau wurde sie von dem spekulativen Varietee-, Chantant- und Barbesitzer Markus Schleicher, der sehr bald einsah, daß diese Person nicht die seinen verehrten Gästen versprochene Großstadtakquisition vorstellen konnte, an einen

»Privatzirkel« verliehen, wo sie dreimal wöchentlich den abscheulichsten und niedrigsten Lastern dienstbar war. – Er vertröstete sie witzelnd: »Dabei kannst du dich schonen, mei Kind!« und räumte ihr ein kleines, unheizbares Loch im Hinterhause zum Wohnen ein. – Essen kaufte sie von den Trinkgeldern, die sie ab und zu erhielt. – »Und Kleider brauchst keine dabei« – belehrte sie der Unternehmer ... Die Katerine tat stumpf und apathisch, was man von ihr begehrte. Fast alle übrige Zeit lag sie in ihrem Bette, eingewurstelt in ein paar flickige Kotzen, während eine mürrische Taglöhnersfrau sie bediente und mit dem Nötigsten versorgte. Nur wenn der Hunger sie zu einem Extraverdienst trieb, stand sie auf, schlumpte hinter die Türe oder legte sich lockend ans Fenster. Auf die Straße zu gehen, war ihr untersagt. Mit ihrer Gesundheit ging es noch schneller bergab, als mit ihrer Laune. Ihr Magen vermochte die derbe Kost, die ihr das Weib reichte, nicht mehr zu vertragen; unter heftigen Atemnöten erbrach sie und betäubte dann den geschwächten und nahrungsbedürftigen Organismus mit Alkohol, den sie sich in großen Mengen zuführte. Wein war ihr zu teuer geworden, sie war bei Schnaps angelangt. Nach einer geraumen Zeit liefen Klagen ein; der »Privatzirkel« beschwerte sich.

– Es sei nichts mit der Person, hieß es, die sei gerade wie ein Schwamm, immer ang'soffen ...

»So latschet,« – sagte einer der Herren betrübt, »sie bringt kein' Schwung z'samm'. Steht und stiert. Man verlangt doch ein bissel mittun, nit?«

Der Schleicher begab sich wütend in das »Loch«, riß die Hindämmernde mit einem derben: »Sauluder, ausgefault's!« aus dem Bette, drohte ihr mit einer »Watschen«, und befahl ihr, aufmerksamer zu sein und besser zu arbeiten, sonst werde er dafür sorgen, sagte er drohend, – »daß kein Tröppel Schnaps mehr in ihre Pappen liefe. 's schönste Leben hat's, andere müssen Kohlen schleppen in der freien Zeit,« schimpfte er und warf die Türe zu.

Die Katerine faßte einen Entschluß; an den drei Tagen in der Woche, wo sie zur »Arbeit« ging, trank sie den ganzen

Vormittag keinen Schnaps. Erst knapp vor der Produktion gönnte sie sich eine erkleckliche Quantität, wodurch sie sich momentan frischer und angeregter fühlte und mit dämmerndem Bewußtsein den schmutzigen Vorgängen um sich herum folgen konnte. Aber das unselige Pech der vom Schicksal Gezeichneten verfolgte sie auch diesmal. An einem Tage hatte sie des Nützlichen zuviel getan. Nackt und mit einer Kerze in der Hand fiel sie mitten in dem zersprengten Kreise der Teilnehmer hin, und eine stinkende Flüssigkeit ergoß sich aus dem Munde der Unglücklichen auf die weißen Felle, die den Boden ringsum verschwenderisch bedeckten.

Schleicher löste sein Versprechen ein. Er gab ihr ein paar kräftige Ohrfeigen, packte ihr ein mageres Bündel Kleider und Wäsche, gab ihr eine Reisekarte und eine Krone in die Hand und spedierte sie in später Nachtstunde in die Großstadt zurück, aus der sie vor drei Monaten zu ihm gekommen war. – Zur Deckung seines »Schadens« behielt er den größten Teil ihrer Garderobe, die sie von der Goldscheider mitgebracht hatte.

Es war Spätherbst und die Saison die schlechteste und unergiebigste … Noch ein verschlumptes, unförmiges, ziegelrot geschminktes Weib mehr, das in den Straßen der Vorstadt sich an die Männer herandrängte und mit hungrigen Augen und schmutzigen Worten bettelte.

Die Tragödie des Lasters kennt keine Varianten. Wie es sich die blühende Katerine in den Stunden des Entsetzens ausgemalt hatte, so war es wirklich gekommen. Nur ließ es ihre körperliche Schwäche nicht zu, daß sie von Wirtshaus zu Wirtshaus pilgerte, unermüdlich, bis sie jemand zusammenpackte … Diese Prostitution macht sich mit Essen und Trinken bezahlt, und die spärlichen Kreuzer, die mitunter erbettelt werden, gehören der Herbergsmutter, die gierig darauf lauert.

Die alte widerliche Vorstadthexe verfluchte sehr bald den »Schragen«, den ihr das Pech da in die Hände gespielt hatte. Aber sie verkannte nicht, daß die Katerine mit ihren großen schwarzumränderten Augen und dem wirren roten Haar noch ganz ganz gut nach etwas aussah, wenn man sie zurichtete. »Zerreißt eh' mehr Schuh, als 's 'd verdienst,« sagte sie geringschätzig.

So legte sie sie also in ein zweifelhaft weißes Bett, das nach grüner Seife und Bleichpulver roch, gab ihr einen Fächer in die Hand, beschüttete sie mit Parfüm und führte ihr dann die Besucher zu, – Soldaten, – Arbeiter, – halbwüchsige Jungen, – betrunkene Gesellen, die sie mit geheimnisvollen Versprechungen lockte, mit widerlichen Andeutungen von einer feinen Dame, die mal Lust hätte auf so 'nen Kerl; umsonst natürlich; für sie sei nur ein kleines Trinkgeldchen – natürlich.

Nacht für Nacht und viele Nächte hindurch lag die Katerine mit keuchendem Atem, gewaltsam aufgerissenen Augen und Armen da und wartete.

Ein stinkendes Nachtlämpchen brannte auf dem Ofensims, und die Glut des eisernen Öfchens warf gefährliche Strahlen auf das käsige Gesicht, wenn sich die Liebende erhob und den Eintretenden schnapsselig zulächelte. Immer hinfälliger wurde sie dabei, immer schwieriger wurde es der Alten, die Bettlägerige ordentlich aufzuputzen und zuzurichten für die Kunden. Eines Abends aber versagten selbst die wildesten Schimpfworte und Roheiten der Alten, sie puffte und stieß, zeterte und beschwor, sie lockte endlich mit Schnaps und schüttete ihn gewaltsam zwischen die zusammengepreßten Zähne der Katerine, aber es half nichts, die blieb regungslos, und nur unartikulierte Laute drangen zeitweilig über die Lippen …

Jetzt begann der Alten bange zu werden. Sie lamentierte und heulte, alarmierte die Nachbarn, schwor jedem, der es hören wollte, daß sie »'s Katerl« gehalten habe, wie ein eigenes Kind, winselte den Polizeimann an, der sehr verdächtig die Situation überblickte, vergeblich nach Papieren verlangte, und fiel endlich in die Knie vor Angst und gleichzeitiger Erleichterung, als sich die Türe hinter den Männern schloß, die mit schwer aufpolternden Schritten die Bahre davontrugen. – Die Katerine war in der Luisenstraße angelangt; vergebens suchte man dort ihre Identität zu ermitteln, ließ sie aber, da der behandelnde Arzt den Fall als hoffnungslos und kurzwierig bezeichnete, mit Fragen und Drängen bald in Ruhe. Zumeist ganz bewußtlos, verlangte sie bei auftauchender Klarheit nur zu trinken und stöhnte widerwillig, wenn ihr die Wärterin Fruchtsaft oder Milch an die Lippen brachte.

Nach etlichen Tagen wurde sie von einem frisch eingebrachten Mädchen erkannt, das kurze Zeit gemeinsam mit ihr bei der Goldscheider gewesen war.

»Die hat ja a Madel dort,« – erzählte sie. – »A so a klans Dienstmensch bei der Goldscheider. No, sauber schaut's aus, die Carmen.« Mit einem leisen Schauder wandte sich das noch jugendfrische Geschöpf von dem aufgeschwemmten Körper, den bläulichen Lippen und dem wildatmenden, keuchenden Brustkorb ab.

Die Goldscheider wurde verständigt, und schon am nächsten Tage erschien die Polifka mit Milada, die bleich und verwirrt herumsah.

»Aus 'n Rothaus sind 's da!« schrie die Wärterin. Die Katerine atmete keuchend, die Augen öffneten sich langsam … »Geht's her, sie is bei sich« – erklärte die Wärterin und winkte den beiden.

»No freilich sein wir's, – wir sein's, – no ja, schaun's uns an,« – sagte die Polifka und schob Milada vor sich her. – Der Mund der Katerine schnappte auf. »Jan?« – flüsterte sie fragend …

Milada spreizte die Finger auf der Decke und sah in das leichenhafte Gesicht. – »Die Mutter? – Nein, nur Fräulein Carmen,« – dachte sie fluchtartig, – »wie die jetzt ausschaut! Schrecklich!«

Die Portierin mahnte: »Na, sag' ihr was!« … Miladas Gedanken liefen wild durcheinander … 's Rothaus. – Die Janka. – Die Mutter. – Die da – Mutter? Immer wieder stieg das unbegreifliche Nichterkennen in ihr empor und überwand das Grauen. Ihre Kehle war zugepreßt von Angst und Schrecken. Die Mutter starb da, die schwarze Katerine. Das Spitalszimmer, die eisernen Betten, der keuchende Körper da, die Mutter starb …

»Mutter,« flüsterte sie.

Ganz leise, versteckt, von Sehnsucht getrieben, vom Grauen zurückgestoßen streckte sie die braune, abgearbeitete Hand aus und tippte nach den gekrümmten Fingern, aus denen Eiseskälte in ihr junges Blut stieg. Hinter ihr flüsterte die Portierin eifrig mit der Wärterin. Sie steckte ihr etwas zu, die Wärterin nickte. Jetzt schob sie das Mädchen weg und beugte sich über das Bett.

»Jetzt is nich' bei sich ... Segen's alleweil, wenn der Atem aussetzt ... glei', in a Weilerl« – sie stemmte sich auf den Bettrand. – »Na, na,« rief sie überlaut, – »aufpassen jetzt, na, na, na, – tot sein mer nicht. Wird sich doch freu'n mit die Gäst aus 'n Rothaus ... Was? – Augen aufmachen! ... So! ... kriegst a Schnaps! ... Segn's das Mist? ... Da horcht's auf.« –

Die Katerine öffnete die Augen und sah herum.

»Vom Rothaus sind's da!« ... Schrie die Wärterin, schob einen Arm unter ihren Polster und hob sie.

»Janka!« – flüsterte die Kranke wieder ... »Narrisch is 's ... alleweil führt's die im Mund ... Also in Gottes Namen. Tu unterschreiben, damit die da im Rothaus bleiben soll ...« – »Unterschreiben – hörst!« Sie legte ein Papier auf und gab ihr den Stift in die Hand ... »A bissel früher hätt's leicht kommen können,« murmelte sie dabei und sah sich ängstlich um.

In die Augen der Katerine stieg ein Verstehen auf.

»Jan,« keuchte sie, »nit – nit – viel schlimm is 's.«

Die Wärterin legte ihr den Stift in die Hand und schloß ihre Faust darüber.

»Unterschreiben!« – drängte sie – »da hat's die Janka gut.«

Die Katerine wehrte sich. – Sie stieß das Papier weg und den Arm der Wärterin, die sie festhielt.

»Kommt's her!« – rief die – »zeigt's ihr's Mädel!«

Die Portierin trat ein: ... »Fräulein Carmen!« – rief sie – »i bin's, die Polifka; no freilich – die Polifka – geltns, das Mädel soll bei uns bleiben ... 's Mädel.«

»'s Mädel,« flüsterte die Katerine, dann wiederholte sie noch einmal: »'s Mädel!« – Ein leichtes Lächeln erhellte das

Gesicht, willig ließ sie sich die Finger zur Unterschrift führen. – »Jetzt geht's, geht's,« drängte die Wärterin, »wenn der Herr Doktor kommt, d' erwisch ich's.« … Unbeweglich lag die Katerine.

Der eigentümliche Zug um den Mund, der beinahe einem Lächeln glich, umspielte noch im Zustande der Agonie ihren Mund.

… Die Wärterin stand auf dem Gange und plauschte mit einer zweiten. – Es war Mitternacht. – Die sieben andern Kranken schlummerten in ihren Betten, und die Katerine wälzte sich in Todesnöten. … Der Schweiß stand klebrig auf ihrer Stirne, und die Zunge bewegte sich schwer in sinnlosem, leisem Geplauder … Türen wurden auf und zugeschlagen, hin und wieder kam ein Arzt, warf einen Blick auf das Bett und befahl der geschäftig hinzueilenden Wärterin: »Milch einträufeln!« Ohne sich an den Befehl zu kehren, schob die Frau wieder auf den Gang hinaus und setzte ihr Gespräch fort … Gegen ein Uhr kam der Portier herauf. »Ob a Bett frei is auf XXV, fragt der Doktor Rössler. – Es ist telephoniert worden – gleich bringen's eine 'rauf!« – »No das weiß er eh', daß i 's besetzt hab'. – All's –« – »Aber der Rössler mant – es könnt' eins frei sein heroben.« – »I bin oben un' sö san unten, aber wissen tuns alles besser.«

Aber sie entschloß sich doch hineinzuschauen und fand die Katerine im Erkalten. – Mund und Augen waren gespenstisch von Todesunruh aufgerissen, aber der Körper lag still im tiefsten Frieden.

Unter Streitreden und Widerworten hüllten sie den Leichnam in ein Tuch und trugen ihn hinunter in die Kammer, wo Doktor Rössler die Totenschau vornahm. – Er befahl, das freigewordene Bett sofort zu überziehen, da ein neuer Fall gekommen sei …

Die Katerine kam in die Leichenkammer.

1909

ELSE JERUSALEM
Selbstkommentar

Zwischen den Schilderungen, die dem Leben der Prostituirten entnommen waren, und meiner Erzählung liegt nicht nur eine gesegnete Spanne Zeit, sondern auch ein so bedeutsamer Unterschied der sozialen Schichtung innerhalb der selben Sphäre, daß ich fröhlich hoffen darf, losgelöst von meinen Vorgängern beurtheilt, verdammt und weggeworfen zu werden. Worum ich die Oeffentlichkeit also in erster Linie bitte, ist: ein eigener Scheiterhaufe. Ich habe mir ihn redlich verdient und will versuchen, im Folgenden noch auf meine besondere Unwürdigkeit hinzuweisen. Die Dirne in der Literatur ist nicht eben eine neue Erscheinung; doch selbst die ruchlosesten Schreiberseelen, denen nichts heilig ist, nicht einmal das harmloseste Vergnügen ihrer Nebenmenschen haben sie bisher nicht anders als nach einem festen, allen Erscheinungen zu Grunde liegendem Cliché vorzuführen gewagt. Die Bürgerlichkeit beider Geschlechter hat es als belehrendes und warnendes Exempel, als Familien- und Hausdirne acceptirt. Es lohnt die Mühe, dieses bleichsüchtige Wesen auf seine organische Zusammensetzung zu prüfen. Sie ist vor Allem »die Gefallene«, die, aus guter Familie stammend (unerläßlich), in frühester Jugendlichkeit übermannt wurde. Vollkommene Bewußtlosigkeit oder gar Abwesenheit während der Verführung schafft eine solide Grundlage für alle späteren Erlebnisse. Nachdem man sie verschwenderisch mit Schönheit, Geist und Edelmuth ausgestattet hat, mischt man dem Ganzen einen Schuß Hexenblut bei, eine Dosis Tuberkelbazillen und so viel Lüderlichkeit, wie zwischen zwei Finger geht, und wickelt den Braten in eine dicke Speckschicht von hohem Adel ein. In dieser Zubereitung allein ist die Prostituirte für bürgerliche Mägen verdaulich geworden und mit dem schmackhaften Bissen schlürft der Philister gern die pikante Sauce, die geschickte Autoren darüber auszugießen verstehen. Von dem heroischen Elend der Marguerite bis zur Tragoedie der sterbenden Thymian hat noch keine hüstelnde Dirne vergebens an das Mitleid der erschütterten Galerie appellirt. Unter der Protektion der trefflichen Tuberkulose, die ihre Schützlinge um die zwanziger Jahre herum einfängt und erwürgt und damit dem Autor wie dem Leser das häßliche Bild der alternden, armsäligen, hart gewordenen Prostituirten unter dem Leichentuch wegstiehlt, die dem Sittenschilderer überhaupt erspart, das wahre Wesen des Dirnenthumes zu zeigen (das erst hinter der Karriere des süßen Mädels oder der galanten Frau aufdämmert), läßt man sich also die Sünderin willig bieten und sie erlebt sogar im tugendreichen Deutschland fabelhafte Auflagenzahlen, ohne jemals Etwas von ihrem hippokratischen Reiz einzubüßen. So beschaffen, wird die herkömmliche Literatur-Prostituirte, die sich elegant kleidet, Jours veranstaltet, Tagebücher schreibt und deren Laster (l'art oblige) nur die hohe Aristokratie umrankt, zur Charge, die Dumas geschaffen hat und die bis in die jüngste Zeit vor einem verehrlichen Publiko tragirt.

Ich breche mit dieser Tradition. Die Thatsache der Prostitution, die durch die Gassen streicht und sich anbietet, die Leiber und Seelen vergiftet, entwerthet und jeden Morgen der Vernichtung preisgiebt, die wie ein schwärendes Glied am Körper der Gesellschaft fault, dem jede frische Blutzufuhr, jede barmherzige Regeneration versagt ist, diese soziale Erscheinung scheint mir kein Bühnenspektakel zu sein, dieses Erleben und Erleiden kein wollüstiges Ergötzen für die Thränendrüsen guter Bürger. Es ist die Sahara der Moral, die wir schaudernd betreten; Schutt und Asche des Lebenstriebes, die Schlacke aller irdischen Glückseligkeit liegen vor uns. Mein Buch ruft Menschen auf zu der Tragoedie von Ihresgleichen. Mahnt Mütter an ein Schicksal, das ihre Töchter täglich erfassen kann. Droht den glücklichen Bräuten mit dem Fluch der Unfruchtbarkeit. Stößt der lachenden Jugend die kalte Faust des Siechthumes in den Nacken. Ich erkenne keine Grenzlinien an. Es ist nicht wahr, daß wir hüben stehen und sie drüben, sie im Schatten, wir im Licht, daß wir ins Leben gehen und sie in den Tod. Seht Euch vor! Sie sind mitten unter uns! Und der gepflegte Dirnenfinger zeichnet Euch, zeichnet meinen Bruder, trifft Dein Kind. In ewiger, schaudervoller Wechselbeziehung mischt sich die Dirnentragoedie mit unser Aller Schicksal. Mischt sich das Elend der Niedrigsten unter ihnen geheimnißvoll mit dem Glück des Erhöhtesten unter uns. Könige bauen Throne auf; die Macht der Dirne stößt sie um. Erben sterben. Glückselige Frauen schwinden hin. Männer verzweifeln. Und Ihr Thoren sagt: »Hinweg, wir haben keine Gemeinschaft mit Euch!« Die Wirkungen der Prostitution strömen mit vehementer Kraft in unsere Sphäre hinüber; ob sie sich von uns ablöst oder uns angliedert: einerlei; durch alle Gesellschaftschichten hindurch kranken wir an dem Dasein der Dirne und hier allein schon zeigt sich uns die Welt der Erscheinungen als eine Einheit, in die kein Gesetz und keine Willkür Grenzen ziehen kann. Ich zeige die Prostitution in ihrer ganzen, jeden entschuldigenden Scheines, jeder Romantik entbehrenden Wahrhaftigkeit. Das Leben bedarf keiner Entschuldigung, keiner hohen Patronanz. Es ist so reich, in seinen scheinbar tiefsten Niederungen noch so mannichfach und üppig, daß es über die dürftige Erfindungsgabe des Modeautors spotten und mühelos triumphiren kann. Mein Buch ist keine Anklageschrift; beileibe kein reformatorischer Versuch. Wenn mir aber gelänge, in dem Bewußtsein Einzelner nur während des Lesens der Begebenheiten das Gefühl eines sozialen Unterschiedes, einer ideellen Trennung aufzuheben, wenn mir gelänge, den Gedanken eines einigen, unerschütterlichen Zusammenhanges und Zusammenwirkens aller Daseinskräfte zur Ueberzeugung dieser Einzelnen zu machen, so könnte ich freudig hoffen, daß ein Größerer nach mir kommt, der diese wahrhafte Idee von der Untrennbarkeit aller Materie zur Ueberzeugung seiner Zeit machen und damit Alles gethan haben wird, was Reformer für eine Idee zu thun im Stande sind. Reformiren: Das heißt, die Welt fühlen machen, wie ich fühle. Christus konnte es. Luther auch. Die Menschheit, die heute lebt, braucht ihre Einrichtungen noch. Die Menschheit, die nach uns kommt, in deren Geist die Ueberzeugung als inneres Prinzip wirken wird, die wird sich ihre Welt schon einrichten, wie sie sie braucht und fühlt. Mir ist nicht bang darum.

1909

ALBERT EHRENSTEIN

Tod eines Seebären

Seit Kaiser Schnurrbart die Mode auf dem Kontinent kreiert hatte und auch im Königreich Kujavien jene reizenden Galeeren, die man Dreadnoughts nennt, eingeführt worden waren, kannte der Hochmut der Marineoffiziere dieses Landes keine Grenzen. Daß Jeremej, der junge Herrscher, niemals in einer anderen als der Admiralsuniform gesehen und photographiert wurde, mußte die frevelhafte Überhebung der Seeleute steigern, namentlich aber den Neid aller Kasten hervorrufen, die bis dahin den Großherrn mit einiger Berechtigung den Ihrigen hatten nennen können. Dubrogin, der Oberste der Spione, welcher übrigens dieser Bezeichnung den Titel eines Polizeiministers vorzuziehen liebte, ergrünte vor invidiöser Wut. Hatte doch früher er den um seine Sicherheit bangenden Fürsten besessen und reichen Sold und große Ehrungen zur Stärkung seiner dem Regenten teueren Lebensenergien bezogen. Nun hingegen vertraute der treulose Monarch den Schutz seiner Existenz den Seefahrern an, in deren Gesellschaft er die Tage seines Lebens verabschiedete.

Dies war so gekommen: die Küste des Reiches, die Gestade des Blutigen Meeres, beschmutzten Stämme der Skiapoden und Monokotyledonen, und um deren Sprach- und Futterstreitigkeiten, sowie daraus erfolgenden Aufruhr in Schranken zu halten, bedurfte es einer stets paraten, bewaffneten Macht. Da die Seebehörden die nächsten am Platze waren, hatten sie wiederholt eingegriffen und durch ihre geräuschlosen Gewalttätigkeiten die Aufmerksamkeit des Landesherrn auf sich gelenkt und sie schließlich in dem angegebenen Grade zu fesseln gewußt. Der Oberste der Spione aß vor Wut darüber seinen Bart, ja, er ward der Freuden dieser Welt überdrüssig. Solches wurde also sichtbar: Im Königreiche Kujavien wie überhaupt in der gesamten Biosphäre sind die meisten Wesen genötigt, durch Einsatz und Preisgabe einzelner Körperteile und Fähigkeiten die übrigen zu ernähren. Dieses Lebensgesetz führt zu fast grotesken Nutzanwendungen. Zum Beispiel: eine verhältnismäßig große Anzahl von Mädchen kann nicht anders als durch jedermann anheimgestellte Benützung ihrer Leibesöffnungen den Magen mit Speisen füllen. Diese nichts als tragikomische Beschäftigung hatte aber irgendein alter Prophet, der sich von Gurkensalat nährte, scheinbar verurteilt. Demzufolge und aus vielen anderen ebenso triftigen Gründen müssen die Mädchen, wenn sie trotzdem auf die beschriebene Art zu eiweißhaltigen Substanzen gelangen wollen, Tribut zahlen, die Grausamkeit der über sie verhängten Gesetzesdrachen einlullen, in Schlaf wiegen. Also mußte, gleichwie jedes einzelne der Weibchen Körperteile zugesetzt, prostituiert hatte, auch die Gesamtheit, die Zunft, eines ihrer Glieder opfern, es den Spionen zum Fraße hinwerfen. So ward denn eines Tages nach alter Sitte ein Mägdlein namens Lisaweta seiner Schönheit wegen zum Opferlamm auserkoren. Mit Blumen, Bändern und Edelsteinen aufs herrlichste geschmückt, einen Myrtenkranz auf dem Haupte, wurde sie von ihren weißgekleideten Genossinnen unter frommen Gesängen unserem Dubrogin dargebracht, daß er segnend seine Hände auf sie lege und die Blüte ihres Leibes verkoste. Er aber befahl ihr nicht, ihren Körper zu entblößen und sich zu lagern, der Tyrann gab ihr keinen einzigen seiner Blicke, die Lieder ihrer Augen und der Gesang ihrer Schenkel rührte ihn nicht, und das arme Kind, sich so verschmäht sehend, vergoß reichliche Tränen, und es brach ihr das Herz.

Die Späher in ihren Höhlen sannen vergebens darüber nach, was wohl die Mißstimmung ihres Häuptlings hervorgerufen haben möge? Aber einer unter ihnen, der bislang noch nie eine Erhöhung der zu seiner Mast bestimmten Speiserationen hatte bewirken können, im Gegenteil von jedem diesbezüglichen Bittgang mit zertretenem Zylinder heimgekehrt war, besaß ein kluges und ehrgeiziges Weib. Sie erriet die Ursache der Verstörtheit des Gewaltigen, und nicht genug daran: es fiel ihr ein Mittel ein, wie geschaffen, dem Regenten die Freude am Umgang mit den Wassermännern zu zerstören.

Wenn nämlich die Seebären nach langer Fahrt ans Land steigen, befällt sie regelmäßig eine unendliche Sehnsucht nach Seebärinnen. Viele aber unter ihnen, nicht fähig, eine große Ewigkeit enthaltsam zu überstehen, hatten ihre Lust mangels an so vollendet angepaßten Materien, wie es Mädchen sind, an minder geeigneten Objekten gebüßt und fürchteten nun, dadurch an Liebenswürdigkeit verloren zu haben, die Prüfungen bei ihren Damen nicht zu bestehen und der Strenge des Auswahlgesetzes zum Opfer zu fallen. Obgleich manche aus ihrer Mitte berufen waren, dereinst an der Spitze ganzer Geschwader zu stehen, hatten sie doch nicht so viel allgemeine Bildung, um zu wissen, daß diese Verstimmung ihrer Generationswerkzeuge nur kurze Zeit anhalten, späterhin, kraft eines Weltprinzips, die Funktion das Organ tauglich schaffen würde. Unwissend lechzten sie nach Gewaltmitteln, die ihren Liebeswillen ins Ungeahnte steigern könnten. Diesem ihren Wunsche kam die Frau jenes beförderungssüchtigen Unterspähers entgegen. Sie erinnerte sich der Tage, an denen sie sich zu ihrer höchsten Befriedigung gemeinsam mit dem uralten Fürsten Yohimbin jenen transversalen Schwingungen überlassen hatte, deren innerer Gang und Rhythmus vielleicht dem der Bewegungen sehnsüchtig an- und auseinanderprallender Sterne gleicht. Tückisch sandte sie zahlreichen Kapitänen magische Zigarren, die angeblich ein vortreffliches Aphrodisiakum waren, in Wirklichkeit jedoch einen Stoff enthielten, zu dessen nebensächlichen Eigenschaften es gehörte, das menschliche Leben wesentlich abzukürzen. Ein Meergreis versuchte eine der Zauberzigarren, und sein Leib gab sich den Wirkungen des Giftes hin.

Dies geschah gerade zu der Zeit, da ein ansehnliches Kometenmännchen sich der Erde in Liebe zu nähern begann. Es wollte ein zartes Liebesspiel spielen, die Veteranen aber und die Bürger beschlossen aus einer Art Patriotismus, ihre Schädel recht hart zu machen, um, soviel an ihnen lag, Widerstand zu leisten, die Erde zu verteidigen. Vielleicht ganz gegen die Absicht ihrer Herrin und Ernährerin, die wohl längst von solchem Zusammenstoß geträumt hatte.

Trotz der Koinzidenz mit einem so seltenen Ereignis rief der Tod des Admiralaspiranten großes Aufsehen hervor. Von den Spionen bestochene Gazetten führten den Meuchelmord auf avancementlüsternen Brotneid zurück, und Jeremej, der junge König von Kujavien, entsetzt über so niedrige Gesinnungen und für sein Leben bangend, mied die Gesellschaft der Seeteufel und flüchtete eilends in die Windeln, die Dubrogin für ihn bereit hielt. Doch bald ermannte er sich wieder und verließ seinen Schlupfwinkel, ja! er konnte den Augenblick nicht erwarten, da ihm der Leibdiener die Admiralsjacke ausgezogen haben würde. Und jetzt geht der glorreiche Monarch auf und ab, rastlos auf und ab, Extraausgaben der namhaftesten Zeitungen sind in Vorbereitung, alle Untertanen harren in gespanntester Aufmerksamkeit des Momentes, der ihnen die Nachricht bringt, welche Uniform er nun tragen wird – dem Kometen entgegen.

1916

GOTTFRIED BENN

Kreislauf

Der einsame Backzahn einer Dirne,
die unbekannt verstorben war,
trug eine Goldplombe.
Die übrigen waren wie auf stille Verabredung
ausgegangen.
Den schlug der Leichendiener sich heraus,
versetzte ihn und ging für tanzen.
Denn, sagte er,
nur Erde solle zur Erde werden.

1912

6 *»Ordnung muß sein!«*
Reglementierungen der Prostitution

ILSE FRAPAN-AKUNIAN

Die Retter der Moral

Im Korridor der Polizeiwache.

Schlecht beleuchteter Gang, auf den sich mehrere Türen öffnen, die zum Teil offen stehn. An der Tür in der Mitte links ein Schild mit der Aufschrift: »Polizeiarzt.« Eine Tür daneben ist völlig offen und zeigt das Innere des Wachtlokals mit Tischen, langen Bänken, einen Regulator; an den Wänden sind Verordnungen usw. angeschlagen. Gerade der Tür gegenüber, so daß es genau die Mitte der ganzen Dekoration bildet, hängt das Bild des Kaisers an der Wand. Aus dem Wachtlokal führt eine Tür in das Zimmer des Polizeileutnants. Der Korridor hat rechts und links in der vorderen Kulisse einen Eingang. Im Wachtlokal sitzen Polizisten und trinken Bier. Hinter der Szene Lärm und Geschrei.

Erster Auftritt.

Nina, Betz und zwei Schutzleute. Polizisten im Wachtlokal. Dann Pfaff und Leinemann.

Polizisten *(im Wachtlokal).* Prost! Prost! Na, was ist denn da draußen? Wen bringen sie denn da? *(Sie stoßen mit den Seideln an.)*

Nina *(wird von zwei Schutzleuten, die je einen Arm gepackt haben, roh hereingezerrt, da sie Widerstand leistet).* Ich will nicht! Ich will nicht! Hilfe! Hilfe! Hilfe!

(Bewegung im Wachtlokal.)

Einige Polizisten *(kommen heraus und sehn neugierig zu).*

Erster Polizist *(gemächlich).* Das ist wohl eine ganze gefährliche Verbrecherin, die sie da gefaßt haben!

Zweiter Polizist *(lacht und gähnt)* Pah nein! 's ist nur eine Dirne!

Dritter Polizist *(lacht).* Soviel Aufruhr um eine Dirne?

Pfaff *(von rechts auftretend, erregt, argwöhnisch).* Aufruhr? Wer spricht hier von Aufruhr? *(Sich drohend umsehend.)* Was sind das für Worte? *(Er geht ab.)*

Nina *(sich sträubend).* Er lügt! Ich flehe Sie an! Ich will fort!

Zweiter Schutzmann *(links von Nina)*. Nur immer vorwärts! Vorwärts! Vorwärts!

Nina. Lassen sie mich los! Sie tun mir weh! Sie zerbrechen mir den Arm!

Betz *(rechts von Nina)*. Weil du renitent bist! Weil du um dich schlägst, Dirne!

Nina. Sie kennen mich nicht und doch beschimpfen Sie mich.

Betz. Na, muß man gnädiges Fräulein sagen? *(Auflachend.)* Gut, also gnädiges Fräulein, bald wird sich's zeigen, was für eine du bist.

Nina. Wohin soll ich denn kommen? Wenn ein Gott im Himmel lebt –

Betz *(auflachend)*. Erst liederlich und nu heilig? Du hast den Herrn auf offner Straße angesprochen!

Zweiter Schutzmann. Ein Frauenzimmer, was schamlose Anträge macht, wird eingesteckt. Das ist keine Kleinigkeit.

Betz. Ein anderer feiner Herr hat es bestätigt. Wo ist denn der Herr?

Nina. Er lügt! Er sagte abscheuliche Worte.

Zweiter Schutzmann. Er hat mir gleich seine Karte gegeben. Es ist ein feiner Herr. Wo ist er geblieben? *(Er sieht sich um.)*

Stimmen *(aus den Polizisten, die allmählich näher gekommen sind und einen Kreis um die drei gebildet haben)*. Das ist eine Junge! Die weiß noch nicht drauf zu laufen. Pikfeines Mädel! Niedlicher Käfer!

Zweiter Polizist. Hat wohl keine Konzession nicht. Schade!

Dritter Polizist. Liederlich sein ohne Erlaubnis? Hoho!

Nina. Rita! Rita! Hilf mir! Sie wollen mich umbringen.

Polizisten. Herren! Hier sind keine Herren mitgekommen.

Zweiter Schutzmann. Du lügst, mein Kind! Ihr lügt alle. Es ist ein Elend. Ja, wenn man auf euer Gejammer was geben wollte. Na, marsch! In die Stube, zum Leutnant.

Nina. Ich hab eine Schwester, die mich erwartet –

Betz. Und die ist auch eine Dirne? Das willst du doch sagen? Na, gnä–di–ges Fräulein, das geht uns nichts an. Das kommt beim Verhör –

Nina. Ich hab einen Bräutigam! Friedel! Friedel! *(Einstimmiges rohes Gelächter.)*

Erster Polizist. Bräu–ti–gam! So so! Wir nennen das hier anders.

Betz. Er war wohl nicht weit von dem gnädigen Fräulein. Er paßte wohl in der Nähe, um den Herrn, den das gnädige Fräulein angelockt hat, niederzuwerfen und auszurauben? *(Zustimmende Rufe. Gelächter.)*

Nina *(wild aufschreiend).* Lüge! Hilfe! Mord! Mord! *(Gelächter.)*

Leinemann *(kommt ärgerlich herausgelaufen).* Ich rat Ihnen dringend, sich ruhig zu verhalten, Gefangene. Vergessen Sie nicht, daß Sie auf der Polizeiwache sind. Durch törichtes Geschrei verschlimmern Sie Ihre Lage. Gestehn Sie alles ein, das ist das Beste für Sie.

Nina. Gestehen? Was soll ich gestehen? Ich bin unschuldig.

Leinemann. Gestehn Sie gleich, daß Sie den Herrn angelockt haben. Darum handelt sich's doch? Darum handelt sich's ja immer. Wir kennen Sie und Ihresgleichen ja längst!

Nina. Rita! Mámma! Friedel! Hilfe!

Leinemann. Gestehn Sie frei, es ist besser für Sie. Es ist zwar verboten, jedoch – Sie stehen doch unter Polizeikontrolle?

Nina. Ich? Unter Kontrolle? O Gott!

Leinemann. Nicht? Ja, dann ist's schlimm!

Pfaff. Zurück! Lassen Sie mich heran! Schutzleute, das Mädel loslassen, gleich wird sich alles klarstellen. Man muß deutsch reden! Also du stehst unter Polizeiaufsicht und hast dich erfrecht, auf offener Straße einen Herrn anzureden, um ihn zu veranlassen, daß er mit dir kommt oder dich mitnimmt?

Nina *(schreiend).* Nein! Nein nein nein nein!

Pfaff *(streng).* Nein? Warum sagst du nein, wenn alles klar am Tage liegt? Warum wärest du sonst verhaftet? Du bist überführt. Auf frischer Tat ertappt!

Nina. Ah! *(Sie sinkt zusammen.)*

Pfaff *(streng).* Wenn Sie nicht vernehmungsfähig sind, so behalten wir Sie hier, bis es uns nachher paßt. Verstehn Sie?

Einer der Schutzleute *(hält Nina aufrecht).*

Nina. Was hab ich getan?

Leinemann. Eben das sollen Sie uns sagen. Was verlangten Sie von dem Herrn, der Sie verhaften ließ? Laut unsrer Instruktion frage ich Sie!

Nina *(verwirrt).* Was ich von ihm verlangte? Nichts verlangt ich!

Pfaff *(sehr laut).* Warum sind Sie denn hier?

Nina. Ich weiß es nicht! Ein Herr hat mich roh angepackt. Ich lachte ihn aus und riß mich los und lief davon.

Leinemann. Sie leugnen die Aussagen jenes achtbaren Herrn?

Nina. Ich lachte ihn aus und lief davon! Ich lief davon!

Pfaff. Ja, als Sie sahen, daß er polizeilichen Schutz für sich anrief. Da liefen Sie fort.

Nina. Nein, als er mich anpackte. Was kann man denn anders tun, als fortlaufen? Immer, immer muß man ja vor ihnen laufen!

(Unwilliges Gemurmel und Gelächter.)

Pfaff. Sie spielen noch die verfolgte Unschuld? Natürlich.

Nina. Ich lief davon. Plötzlich versperrte mir jemand den Weg. Einer sagte abscheuliche Worte – es wurde gepfiffen – zwei Schutzleute liefen herbei –

Betz. Das sind wir gewesen!

Pfaff *(sucht mit den Augen).* Wo ist der Herr, der dies Mädchen verhaften ließ? Er wird gebeten, sich zu melden! Er hat der Polizei einen Dienst geleistet. Wenn alle so täten! Die Polizei unterstützten!

Erster Polizist *(kommt zu Pfaff).* Der Herr, der die da verhaften läßt, käme sofort. Es ist nämlich – *(Er spricht halblaut mit Pfaff.)*

Pfaff *(überrascht zum Polizist).* Er selber? Nun, das ist mir lieb! Da gehn wir ganz sicher!

Nina. Was hab ich denn verbrochen? Gott, der schändliche Mensch!

Pfaff *(mit großer Strenge und Pedanterie).* Sie sind nicht nur liederlich, Sie sind gänzlich verdorben und verlogen! Ja, ja, verdorben und verlogen! Sie wälzen Ihre Schuld auf einen hochachtbaren, hochgestellten Herrn und Beamten, der sich Ihrer Frechheit nicht anders erwehren konnte, als indem er die Polizei um Hilfe anrief! Und Sie wären vielleicht entschlüpft, hätte sich nicht ein andrer achtbarer Herr rechtzeitig der Polizei zur Verfügung gestellt! Und Sie – Sie wollen den Spieß umdrehen? *(Stark.)* Unsere Sitten sind sehr schlecht, wissen Sie das? Unsere Unsittlichkeit schreit zum Himmel und zur Polizei! Das ist Ihre Schuld! Ja, ja, Ihre Schuld! Sie und Ihresgleichen, Sie verderben die Männerwelt! Der Mann ist nirgends sicher! Der Mann muß geschützt werden vor euch Nachtgeflügel! Unsere Instruktion ist streng, verstehn Sie? Wir haben gemessene Befehle zur Ausrottung. Ausgerottet, ausgeräuchert, saniert muß werden, zum Donnerwetter! *(Er starrt Nina drohend an, eindringlich.)* Ich will dir sagen, was du bist. Du bist eine liederliche Dirne, und noch dazu ohne Kontrolle. Das ist haarsträubend, daß sich so eine selbst der Kontrolle entzieht! Du treibst dein Handwerk auf offner Straße und gefährdest dadurch die öffentliche Sicherheit. Du sahst, daß der Herr gut gekleidet war, und du dachtest: halt! den will ich zu meinem Opfer machen! Dein Helfershelfer wartete in der Nähe, um auf deinen Ruf herbeizustürzen und unter dem Schein der Hilfe das wehrlose unglückliche Opfer zu berauben. So wird es gemacht, so macht man das immer! Du siehst, wir wissen alles. Leugnen hilft dir nicht. Gestehe die Wahrheit.

Nina. Ich bin nichts von alledem! Ich bin ein anständiges Mädchen! Ich bin unschuldig! Unschuldig! *(Gelächter.)*

1905

Aus dem Strafgesetzbuch für das Deutsche Reich

§ 361

Mit Haft wird bestraft: [...] 6) eine Weibsperson, welche wegen gewerbsmäßiger Unzucht einer polizeilichen Aufsicht unterstellt ist, wenn sie den in dieser Hinsicht zur Sicherung der Gesundheit, der öffentlichen Ordnung und des öffentlichen Anstandes erlassenen polizeilichen Vorschriften zuwiderhandelt, oder welche, ohne einer solchen Aufsicht unterstellt zu sein, gewerbsmäßig Unzucht treibt.

§ 180

Wer gewohnheitsmäßig oder aus Eigennutz durch seine Vermittelung oder durch Gewährung oder Verschaffung von Gelegenheit der Unzucht Vorschub leistet, wird wegen Kuppelei mit Gefängniß bestraft; auch kann auf Verlust der bürgerlichen Ehrenrechte sowie auf Zulässigkeit von Polizei-Aufsicht erkannt werden.

1876

ALFRED BLASCHKO

Der Wiener Kuppeleiprozeß

Aus den Tageszeitungen werden die meisten unserer Leser bereits Einzelheiten über den sensationellen Wiener Kuppeleiprozeß Riehl erfahren haben, der soeben die Wiener Gerichte beschäftigt, und der so große Mißstände aufgedeckt hat, daß sich die städtischen und staatlichen Behörden ihrer Pflicht nicht werden entziehen können, »in diese dunkelste Ecke ihrer Ressorts hineinzuleuchten«, wie sich der Minister in der Antwort auf eine im Abgeordnetenhause eingebrachte Interpellation ausdrückte.

Unter der Maske eines Kleidersalons betrieb die mehrmals wegen Kuppelei vorbestrafte Regine Riehl jahrelang unter den Augen und unter Mitwirkung der zur Aufsicht berufenen Sittenpolizei ein Bordell, das die Mädchen ganz so wie ein Zuchthaus vollständig ihrer Freiheit beraubte, aber schlimmer als ein Zuchthaus ihnen auch grausame körperliche Züchtigungen auferlegte und ihnen jeglichen Lohn für ihre »Arbeit« vorenthielt.

Es ist unmöglich, hier auf alle Einzelheiten der mehrtägigen Verhandlungen einzugehen. Wir können uns jedoch nicht versagen, an der Hand der Zeitungsberichte einige besonders charakteristische Momente aus den Verhandlungen wiederzugeben.

Die Mädchen der Madame Riehl wußten nicht, daß sie beim Betreten dieses Hauses aufhörten, freie Menschen zu sein. Man sollte es nicht für möglich halten, daß in einer Großstadt zwölf bis zwanzig Mädchen einfach gefangen gehalten werden können, ohne daß es für sie eine Möglichkeit des Entrinnens gibt. Wie die Riehl dies bewerkstelligt hat, bildet ein ganz eigenes Kapitel und wahrscheinlich auch eine Spezialität des Hauses Riehl. Die Mädchen wurden bald gewahr, daß die versprochenen Seligkeiten höchstens im Zwang zu Trinkgelagen bestanden, während im übrigen ihnen jeder Kreuzer abgenommen wurde. Versuchte nun so ein Geschöpf seinem Kerker zu entrinnen, so wurde es geschlagen oder mußte fasten, bis es mürbe wurde. Nach den nächtlichen Orgien wurden alle Mädchen in ihre Schlafgemächer gesperrt, in elende Löcher, die kaum zehn Kubikmeter Luft für die Person hatten, und wo acht Mädchen in vier Betten schliefen. Die Fenster konnten nicht geöffnet werden, da sie mit Vorlegeschlössern von außen verschlossen waren. Mit der polizeilichen Revision aber wußte Frau Riehl sich durch besondere Freigebigkeit so gut zu stellen, daß kein Mädchen es wagen durfte, bei den Kommissären eine Klage anzubringen. Verschüchtert, mit Schub und Arbeitshaus bedroht, ertrugen die meisten in stumpfer Ergebenheit ihr Schicksal und duldeten eine Sklaverei, die nur vom gelegentlichen Aufenthalt im Spital unterbrochen wurde. Aber auch aus dem Spital führte der Weg immer wieder in den Kerker zurück, denn die Verbindungen der Frau Riehl reichten auch bis in das Spital hinein, aus dem sie immer erfuhr, wann eine ihrer Pensionärinnen als geheilt entlassen werden sollte. Dann fand sich das Faktotum Frau Pollak mit einem Wagen vor dem Krankenhaus ein, nahm ihre Ware in Empfang und brachte sie zuverlässig dorthin zurück, wo eiserne Vorlegeschlösser, der Hunger und die Hundepeitsche jeden Gedanken an Flucht niederhielten oder austrieben. War aber die Ware endlich verbraucht und geschäftlich gar nicht mehr verwendbar, dann öffnete sich endlich die Türe, und das Geschöpf, das jahrelang für Madame Riehl gefrondet hatte, wurde mit einigen alten Fetzen und ein paar Kreuzern Gnadenabfindung an die Luft gesetzt.

Der Prozeß legte das ganze Netz des Geschäftsbetriebs mit allen seinen Fäden bloß. Zunächst die Bezugsquellen, die Helfershelfer und Zutreiber, dann einige Beschützer in Amt und Würden und endlich das Zentrum selbst, die skrupellose Organisatorin des Unternehmens, die ihre Position für unangreifbar halten durfte.

Dem Redakteur Emil *Bader* vom »Wiener Extrablatt« gebührt das Verdienst, durch seine Veröffentlichung der krassen Zustände die Aktion gegen die Kupplerin in Gang gebracht zu haben. Bei seiner Vernehmung hob er hervor, daß er zunächst an die Polizei herangetreten sei, ferner an den Verein »Heimat« und an die »Liga zur Bekämpfung des Mädchenhandels«. Erst als die Polizei vollkommen versagt habe und auch die Interventionen der beiden Vereine nichts nützten, habe er seine Erfahrungen publizistisch verwertet. Seine ersten Versuche, Beobachtungen von der Straße oder aus den Fenstern benachbarter Wohnungen zu machen, waren erfolglos. So mußte er das Haus unter der Maske eines Besuchers betreten und verkehrte nun mehrere Wochen dort, wobei er mit fast sämtlichen Mädchen Protokolle aufnahm. Alles, was über die Einsperrungen, Mißhandlungen, Ausbeutungen und Vergewaltigungen der Mädchen im Riehlschen Hause als Gerücht umherschwirrte, wurde durch seine Feststellungen noch weit übertroffen. Speziell in bezug auf eine gewisse Marie König konnte er feststellen, daß bei jeder Auflehnung des Mädchens dessen Vater geholt wurde, der sie so lange prügelte, bis sie vor der Riehl niederkniete und diese um Verzeihung bat. *Fast alle Mädchen hatten schon vorher anderen Besuchern von ihrer traurigen Lage Mitteilung gemacht, allein diese schützten allerlei Rücksichten vor und taten nichts. Die meisten waren verheiratet und wollten ihre Bekanntschaft mit dem Hause nicht verraten.* Auf die Frage, weshalb sie der Polizei keine Anzeige gemacht hatten, erwiderten die Mädchen: Mit der *Polizei* steht Frau Riehl auf viel zu gutem Fuß. Sie erfährt von jeder Klage und dann werden wir noch ärger geprügelt. Weiter bekundeten die Mädchen, daß sie durch Drohungen und Mißhandlungen gezwungen wurden, sich auch von *perversen* Besuchern *prügeln zu lassen,* wozu Hundepeitschen und Rutenbündel zur Verfügung standen. Für das Prügeln bestand ein eigener Tarif. Die Herren zahlten 50 bis 100 Kronen dafür. Das Geld bekam ausschließlich die Riehl, die Prügel ausschließlich die Mädchen. Manche Mädchen waren am ganzen Körper mit blutunterlaufenen Striemen bedeckt. Der Zeuge selbst überraschte eines Tages Frau Riehl, wie sie mit einer eisernen Ofenstange nach einem der Mädchen schlug. Er setzte nun in aller Stille das Werk der Befreiung zunächst der Marie König in Szene. Auf seine Bitten wurde der *Oberinspektor Piß* von keiner der getroffenen Maßnahmen unterrichtet, nachdem alle an ihn gelangten Anzeigen des Zeugen ohne Erfolg geblieben waren. Als ein anderer Polizeibeamter zum erstenmal nach der König fragte, wurde sie verleugnet. Tatsächlich war sie in einer Kammer im ersten Stock eingesperrt. Bei dem zweiten Besuche war das Mädchen im Klosett versteckt und bei einem dritten in die Privatwohnung der Frau Riehl eingeschlossen. Bei einem vierten Besuch wurde die König in Straßenkleider gesteckt, gleichzeitig aber beauftragt, dem Beamten zu erzählen, daß man sie eben erst aus dem Caféhause geholt habe. Dabei schüchterte man sie mit der Drohung ein, sie würde ins Arbeitshaus gesteckt werden, wenn sie etwas Ungünstiges über Frau Riehl aussage. Dann sorgte Bader dafür, daß das Mädchen nicht wieder in den Salon Riehl zurückkehrte. Trotzdem sie eine Wienerin war, kannte Marie König infolge ihrer langen Gefangenschaft die Stadt gar nicht mehr wieder. Sie bewegte sich auf der Straße ganz linkisch, stieß an die Passanten an und litt an Platzfurcht.

Eine Zeugin bekundete, daß ein Mädchen von der Riehl und ihrem Portier einmal *so mit der Hundepeitsche geprügelt wurde, daß es in der Verzweiflung aus dem Fenster des zweiten Stockwerkes auf die Straße sprang und sich den Fuß brach.* Das Mädchen wurde in das Haus zurückgebracht und von neuem furchtbar mißhandelt. Ein unbescholtenes 16jähriges Mädchen, das die Beschließerin der Riehl in das Haus lockte, wurde vierzehn Tage lang gefangen gehalten und dann eines Nachts gewaltsam zu Falle gebracht. Als das Mädchen dann krank wurde, warf die Riehl es aus dem Hause hinaus.

Die als Zeugen vernommenen *Polizeibeamten verweigerten ihr Zeugnis,* weil sie sich sonst inkriminieren würden. Aus den Aussagen der anderen Zeugen ging hervor, daß die Polizei die Aufsicht über den Riehlschen »Kleidersalon« in nur sehr nachlässiger Weise geführt hat. Es kamen nur selten Inspektionen vor, und diese wurden von dem daran teilnehmenden Polizeikommissar einige Tage vorher der Riehl angekündigt. Dann wurden renitente und kranke Mädchen einfach während dieser Zeit eingesperrt und als verreist gemeldet und zu den Akten kam die Notiz: Alles in bester Ordnung.

Interessant ist auch der »Tarif« im Hause Riehl: Polizei zahlte überhaupt nicht, »Glücksgäste« und Steuerbeamte einen Gulden, »Italiener« (die andere Gäste mitbrachten) zwei Gulden, Ärzte des allgemeinen Krankenhauses drei Gulden, Stammgäste fünf Gulden und die gelegentlichen Gäste zehn bis zwanzig Gulden. Der »Hausmeister« nahm an »Sperrsechserln« allein monatlich zirka 100 Gulden ein. Man kann aus diesen Ziffern ungefähr erkennen, was ein derartiges Unternehmen in einer großen Stadt abwirft. Frau Riehl selbst hat 35000 Gulden jährliches Einkommen versteuert. Man wird aber auch verstehen, warum Klagen gegen Madame Riehl keinen Erfolg hatten. Ein Mädchen, dem es gelungen war, in einem unbewachten Augenblick aus dem Fenster des ersten Stocks zu springen, lief zur Polizei und verlangte, daß man ihr von dort zu ihren Kleidern helfe. Der Kommissär beruhigte sie und gab ihr – ein Dienstbotenbuch, mit dem Rate zu schweigen und sich einen Dienst zu suchen. Der Verteidiger der Riehl konnte mit vollem Rechte behaupten, Frau Riehl sei durch zehn Jahre von der Polizei unbeanstandet geblieben und sei also berechtigt gewesen, anzunehmen, daß ihr behördlich konzessionierter Betrieb allen billigen Anforderungen entspreche. Hat doch das städtische Arbeitsvermittlungsamt von Wien mit polizeilicher Erlaubnis an die Riehl kaum der Schule entwachsene Dienstmädchen vermietet.

Daß sogar auch das Krankenhaus Frau Riehls Interesse in loyaler Weise wahrnahm, zeigen die Angaben eines Mädchens, dem nach seiner Genesung nicht erlaubt wurde, sich allein aus dem Spital zu entfernen. Der *Arzt* sowohl wie die Wärterin sagten, die Frau Riehl habe sie gebracht und nur die Frau Riehl dürfe sie wieder übernehmen. Sie wurde von Frau Pollak, als der Vertreterin der Frau Riehl, nach Hause gebracht. Dort flüchtete sie aber sofort die Treppe hinab durch die zufällig offene Tür hinaus. Sie begab sich in das Kommissariat Alsergrund und erzählte dort alles, ohne daß jedoch gegen die Riehl eingeschritten wurde.

Die sämtlichen in Betracht kommenden Behörden funktionierten wie gut ineinander passende Räder einer Maschine zugunsten der Frau Riehl, die einen aus Korruption, die andern aus Indolenz und Gleichgültigkeit.

Der Chefarzt der Wiener Polizei, kaiserlicher Rat Dr. Anton *Merta*, gibt, als Zeuge vernommen, zunächst Auskunft über die Konduiten in sanitätspolizeilicher Hinsicht. Sodann fährt er fort: Im Jahre 1892 liefen zahlreiche Anzeigen wegen Straßenunfuges durch Mädchen ein. Der damalige Polizeipräsident R. v. *Stejskal* entschloß sich, das Unwesen einzuschränken und *geschlossene Häuser* einzuführen. Diese wurden damals probeweise geduldet. Im Jahre 1899 wurden die geschlossenen Häuser genehmigt. Die Erfahrungen waren jedoch nicht günstig, denn viele davon haben nicht prosperiert; auch war der polizeiliche Überwachungsdienst sehr schwierig, denn es bestand für die unteren Polizeiorgane die Gefahr, daß sie von den Inhabern solcher Häuser bestochen werden könnten. Leider haben sich diese Befürchtungen zum Teile auch bewahrheitet. Der Polizeipräsident bedauert, daß sich unter den viertausend Polizeiorganen zwei oder drei gefunden haben, die von ihrer Pflicht abgewichen sind. Gegen diese ist ein Disziplinarverfahren eingeleitet worden, und sie sind seit Monaten vom Dienste suspendiert. Die Folgen des heutigen Verfahrens werden auch ihre Rückwirkung auf die amtliche Behandlung dieser Fälle haben. Zeuge erklärt, *daß er zu dieser Erklärung vom Polizeipräsidenten ermächtigt sei.*

Der *Präsident* fragt nun, von welchem Gesichtspunkte aus die sanitäre Revision vorgenommen wurde, die gewöhnlich vor Eröffnung solcher Häuser stattfand. *Zeuge:* Man hat sich bei den Besichtigungen immer um die allgemeinen sanitären Verhältnisse gekümmert. Nur wenn eine anonyme Anzeige vorlag, ist dann auch näher untersucht worden. *Präsident:* Periodisch wiederkehrende Untersuchungen haben also nicht stattgefunden? – *Zeuge:* Nein. Der Zeuge gibt weiter an, daß nur von Geschlechtskrankheiten ergriffene Mädchen in das Spital überführt wurden, während Patientinnen anderer Art zu Hause blieben. *Präsident:* Es ist also Pflicht der Inhaberin eines solchen Hauses, erkrankte Mädchen dem Polizeiarzt vorzuführen? *Zeuge:* Der kontrollierende Arzt bekommt die Mädchen dem Namen nach zugewiesen. Ob außer den gemeldeten noch andere Mädchen im Hause sind, kann er nicht wissen; in einem solchen Falle kann er eben die Kontrolle *nicht ausüben. Eine Haussuchung vorzunehmen, ist der Arzt weder verpflichtet noch berechtigt. Präsident:* Sind Sie in die Lage gekommen, die Räume im dritten Stockwerke (die Kaserne) zu sehen? *Zeuge:* Jawohl. *Präsident:* Sie haben auch die versperrbaren Fenster gesehen. *Entspricht das den polizeilichen Vorschriften? Zeuge: Ja. Präsident:* Hat die Polizei bei der Kontrolle dieser Räume jemals Wert darauf gelegt oder angeordnet oder gutgeheißen, daß die Mädchen mit Ausnahme der Mahlzeiten und der Empfangsstunden der Herren in diesen Räumen eingesperrt worden sind? *Zeuge:* Das weiß ich nicht. *Präsident:* Haben Sie jemals so etwas angeordnet?

Zeuge: Ich nie. *Verteidiger:* Gibt es Vorschriften, daß, wenn sich unversehrte Mädchen in solche Häuser aufnehmen lassen wollen, die Eltern oder Vormünder mit größter Beschleunigung zu verständigen sind? *Zeuge: Das weiß ich nicht.*

Es ist bei dem ganzen Prozeß Riehl eine auffallende Erscheinung, daß von den *Besuchern* während der ganzen Verhandlungen überhaupt nicht die Rede war. Nur soviel ging daraus hervor, daß ihrer eine große Menge, und nach dem Tarif zu schließen, sehr solvente Leute waren, und ferner, daß unter den Besuchern sich zahlreiche verheiratete Männer befanden. Keiner von ihnen war als Zeuge geladen. »Es wäre doch«, schreibt der Korrespondent der »Münchener Neuesten Nachrichten«, »zu peinlich gewesen. Wo hätte man sie auch finden sollen? Nicht einer von ihnen hatte sich für den Jammer der Geschöpfe interessiert, die er sich als Lust-Automaten gekauft hatte. Nicht einer hatte es für seine Menschenpflicht gehalten, diese Eiterbeule aufzuschneiden. Warum? Darauf gab die Verhandlung eine Antwort, eine furchtbare Antwort. Weil ein jeder diese Zustände für notwendig, für selbstverständlich hielt ...«

Der Prozeß hat eine Fülle von schreienden Mißständen aufgedeckt, die dringend nach umfassenden Reformen verlangen. Es wird nun Aufgabe der österreichischen Regierung sein, an diese lange geplanten und immer wieder aufgeschobenen Reformen nun einmal ernstlich heranzugehen. Man hat das österreichische Regierungssystem einmal mit treffendem Witz als »Despotismus, gemildert durch Schlamperei« bezeichnet. Nirgends hat sich das deutlicher gezeigt als in der Gemütlichkeit, mit der die Wiener Polizei hier ihre Aufgabe der Überwachung der Prostitution erfüllt hat; diese Gemütlichkeit erstreckte sich aber nur auf die Bordellhalterin, und diese Gemütlichkeit gab die Vorbedingung ab für die grauenvolle Ausbeutung und Brutalisierung der armen Geschöpfe. Gewiß ist der Fall Riehl ein besonders krasser, aber die durch den Prozeß enthüllten Tatsachen sind im Grunde gar nicht neu, sondern nur in ihrer Gruppierung, Anhäufung und ihrem Grade originell. Und der Referent der Berliner Nationalzeitung hat ganz recht, wenn er sagt, die Entrüstung über die Wiener Skandale verliert ihre heilsame Wirkung, wenn wir sie lokalisieren. Es ist bei uns nur anders, nicht besser.

Die Versuchung liegt nahe, all die zahlreichen sozialen Gesichtspunkte zu berücksichtigen, all die juristischen und Verwaltungsfragen zu erörtern, welche in die Affäre hineinspielen. Wir müssen uns hier aber darauf beschränken, den hygienischen Standpunkt zu vertreten, und da zeigt sich, was ich auf der I. Brüsseler Konferenz ausgesprochen und seitdem immer wieder betont habe: das Bordellsystem ist nicht imstande, das Problem der Assanierung der Prostitution zu lösen. Bordelle, welche, um mit Lassar zu sprechen, »Kanäle eines reinen Geschlechtsverkehrs« darstellen, saubere, im modernen hygienischen Sinne geleitete Institute, in welchen die nun einmal leider vorhandenen geschlechtlichen Bedürfnisse der männlichen Bevölkerung all ihrer hygienischen Gefahren entkleidet werden können, wo Bordellwirte, Prostituierte, Besucher, Polizei und Polizeiärzte in einem edlen Wettstreit sich bemühen, jeden Krankheitsstoff fernzuhalten, derlei Institute bestehen nur in der Phantasie hygienischer Utopisten. Wie das Bordell seine Insassen, wenn sie nicht aus verbrauchten Veteraninnen ihres Gewerbes bestehen sollen, nur durch List oder Gewalt gewinnen kann, so kann es sie auch nur durch eine Fülle von betrügerischen und gewalttätigen Machenschaften zusammenhalten. Eine Bordellwirtin wird nie eine vertrauenswürdige Person sein, und sie wird in jedem Augenblick die Polizeiärzte und die Polizei zu täuschen suchen, wenn sie es nicht vorzieht, die letztere zu kaufen. Und daß ein solcher Kauf nicht etwa eine Wiener Spezialität ist, das haben hundertfältige Erfahrungen aus allen Großstädten gelehrt. Nehmen wir aber selbst an, es gelänge, mittels der Bordelle ein verhältnismäßig günstiges hygienisches Resultat zu erzielen, so darf nicht vergessen werden, daß die Bordelle nie und nirgends imstande gewesen sind, den Gesamtbedarf an Prostitution zu decken, und sie werden es im modernen Leben nur in immer geringerem Maße vermögen. Hier drängt sich auch noch die weitere Frage auf, ob es überhaupt Aufgabe der sozialen Hygiene sein kann, der jeunesse dorée gesundes Material zuzuführen, und ob nicht vielmehr alle wirklich sozialhygienischen Bestrebungen darauf hinauslaufen sollen, das hygienische Bedürfnis der *Gesamtheit* zu befriedigen. Aber selbst das erstere, wahrlich sehr bescheidene Ziel wäre nur um den Preis solcher unwürdigen Zustände zu erreichen, wie sie dieser Prozeß wieder enthüllt hat, und wie sie als untrennbare Begleiterscheinung des Bordellwesens nur mit diesem verschwinden werden.

Veranlaßt durch die Enthüllungen im Prozeß Riehl finden jetzt in verschiedenen Behörden und Körperschaften Wiens und Österreichs Beratungen darüber statt, wie man einigen der nunmehr ganz offenkundig gewordenen Mißständen am schnellsten abhelfen könne. Wir werden über diese Beratungen im nächsten Heft der Zeitschrift Bericht erstatten. Sollte man sich dort jetzt wirklich zu durchgreifenden Reformen entschließen (was freilich für den Kenner österreichischer Verhältnisse noch eine recht fragliche Sache ist), so würden die Mädchen der Frau Riehl wenigstens nicht umsonst gelitten haben.

1906

ELSE JERUSALEM

Der Salon Goldscheider

Bei der Goldscheider ging es indes lustig zu. Wieder war eine Saison glänzend abgelaufen. Da gab's eine Menge frischer, junger, eleganter Mädchen, temperamentvoll und mit angenehmem Witz, – freigebige Herren, die voll Interesse und Lachen mittaten, im Keller teuere Weine und im Salon ein feines Klavier mit Silberton, das der Herr Musikprofessor meisterlich behandelte. In freundlicher Stimmung und bei guten Einnahmen gab er eine Extraration »Klassik«, wie er stolz verkündete. – Ja, man konnte jetzt das »Gebet der Jungfrau« oder »Isoldens Liebestod« in diesen Räumen hören, und das war immerhin etwas wert.

Zweimal wöchentlich kam der Arzt ins Haus und untersuchte die Mädchen. Erkrankte wurden unverzüglich weggeschafft, und wenn die Herren Ärzte Gesichter schnitten und meinten, der Fall sei unbedenklich und Hauspflege genüge, die Goldscheider bestand auf ihrem Recht und brachte die Kranken immer unter; kamen sie ausgeheilt zurück, gingen sie schnell in andere Häuser, meist aber nach der Provinz ab, mit der sie stets einen lebhaften Tauschverkehr unterhielt. Die Madame ließ ein Mädchen nie gerne im Hause weilen, das von ihr aus auf A II, wie die Abteilung der Prostituierten auf der Klinik hieß, befördert worden war.

Freilich konnte die Goldscheider nur selten die Fräulein verwenden, die ihr zum Tausch zurückgeschickt wurden. Aber hier zeigte sich Theobald Sucher auf seinem Posten, und auch Carlotta, die sich jetzt zur untertänigsten Dienerin verwandelt hatte, schuf jedesmal Rat. Beide hatten eine enorme Bekanntschaft unter den Besitzern von Tingeltangeln, Weinstuben, Schaubühnen, öffentlichen und geheimen Bordellen und trieben geradezu Massenverwertung von verwelkenden, durch die Prostitution zugrunde gehenden Geschöpfen. – Carlotta sammelte sie bei der Goldscheider ein und verschaffte ihr als Gegenwert junges Material, das sie mit Vorliebe bei kleinbürgerlichen Tanzunterhaltungen und in Gasthäusern einfing; sie erschien dort mit der Moosmann, einer kleinen, grotesk häßlichen, aber zu allem verwendbaren Näherin, die die Goldscheider aus ihrem ehemaligen Geschäfte mitgenommen hatte. Selbstverständlich ging es in den meisten Fällen nicht an, diese angelockten und gewonnenen Mädchen gleich zu kasernieren. Da gab es solche, die tagsüber in den verschiedensten, freilich schlecht bezahlten Stellungen tätig waren, wie Gouvernanten, Empfangsdamen, Modistinnen, eine gewisse Sorte schicker Ladenfräuleins und Kassiererinnen, kleine unerfahrene Handarbeiterinnen, die von der Goldscheider für halbe Nächte engagiert wurden und den Reingewinn mit ihr zu teilen hatten ... Carlotta empfahl ihr auch verheiratete Frauen – die berüchtigten Frauen von Reisenden und Agenten, aber dieses Angebot lehnte die Goldscheider entschieden ab. – Die andern aber, zumeist alleinstehende Geschöpfe, zahlten im Salon für das Verzehrte die Gästepreise und kamen immer noch mit einem leidlichen Überschusse davon. – Sie kamen niemals aufs Geratewohl, sondern wurden von der Goldscheider zu gewissen Gelegenheiten verständigt, wenn sie vor jeder Überraschung gesichert war. Trotzdem klopfte die vorsichtige Frau bei Sucher an, und der gefällige Beamte verschaffte ihr dutzendweise Kontrollbücher, die sie in Aufbewahrung hielt.

Noch eine letzte sichere Quelle hatte sich die Goldscheider eröffnet, aus der sie ohne Gefahr Mädchen beziehen konnte, die sie in die Schule nahm, erzog und ausbeutete. Das waren die öffentlichen Gebäranstalten und Krankenhäuser. Sie unterhielt freundliche und gut bezahlte Beziehungen mit den Portiers und den Wärterinnen und konnte mit Sicherheit darauf rechnen, daß es ihr mitgeteilt würde, sobald etwas für sie Passendes eingegangen war.

Sozial entwertete und von widerwärtigen Schicksalen zerzauste Geschöpfe waren es zumeist, denen das Weiterleben wie eine Last erschien und die begehrlich und glückshungrig die Schilderungen und Verheißungen eines sorgenlosen Lebens in sich aufnahmen. Den Wärterinnen floß es honigsüß von den Lippen, wie herrlich dort alles sei; wie wunderfein und voll Vergnügen die Tage dort verfließen. Auf einen derart geebneten Weg kam dann die Goldscheider und räumte den letzten Widerstand mit resoluter Hand hinweg, das heißt, sie versorgte das Kind bei einer der Landweiber, die alltäglich anrückten und es war klar, daß die meisten herzlich froh waren, die drückendste Last vom Halse zu haben. Für sie alle war die Mutterschaft das grausame Erwachen nach einem leichtfertigen genußfrohen Sinnentraum.

Da lagen in den mit grobem grauen Leinen überbreiteten Eisenbetten Stundenlehrerinnen neben Dienstmädchen, Handwerkerfrauen neben Bürgerstöchtern, die die Provinz verstoßen hatte, – und ganz unreife, vierzehn- bis sechzehnjährige Proletarierkinder, die grau und abgezehrt in ihren Betten lagen, froh, daß sich ein Dach über ihrem Elend wölbte. Bei solchen und ähnlichen Geschäftsfahrten mußte Milada die gnädige Frau begleiten; sie saß neben dem Kutscher und beaufsichtigte das magere Gepäck, das die Angeworbene mit sich führte. Aus dem Innern des Wagens hörte sie anfänglich immer noch Gezeter und Geheul, aber die Goldscheider sprach mit freundlicher Ruhe darüber hinweg, so daß, wenn man bei der Carlotta oder im Rothause ankam, die Augen der »Frischen« begehrlich aufleuchteten. Diese ganz direkte und unleugbare Gravitation der Goldscheider nach Mitteltypen, die noch immer zwischen dem anständigen Mädchen und der bezahlten Dirne sich behaupten mochten, gaben dem Salon seine Eigenart und gewisse Nuancen, die in den Kreisen der Lebewelt Aufsehen erregten.

Es war ein Etablissement der Liebe, in dem der reguläre Dirnentypus beinahe durchgängig fehlte.

Mit gefährlicher Planmäßigkeit brach die Goldscheider räuberisch in die Reihen der Bourgeoisie ein und schlug Breschen, wo immer sie eine Lücke oder Schwäche in der Organisation entdecken mochte. Und wahrhaftig, sie fand deren viele.

Da die Besitzerin des Rothauses all das junge Menschenmaterial, das auf diese Weise in ihren Händen zusammenkam, in ihrem und Carlottas Geschäfte nicht unterzubringen vermochte, verfiel sie auf den Gedanken, damit zu spekulieren, und wie alles, was diese geniale Frau anpackte, gelang auch dieses auf die ausgezeichnetste Weise.

Es entwickelte sich in ihren Händen ein groß angelegter Mädchenhandel, der sehr bald allen europäischen Interessenten bekannt und von ihnen in Anspruch genommen wurde. Dieses letzte Unternehmen bildete nun die Hauptquelle, aus der das rasch sich anhäufende Vermögen der

Goldscheider stammte. Sie vermochte das Rothaus in dem vornehm originellen Stile weiterzuführen, dessen Aufrechterhaltung immerhin kostspielig war.

Dafür empfand sie eine geheime Genugtuung darin, daß sich jetzt häufig zu den Stammgästen auch Aristokraten, Fremde, Globetrotter und Schriftsteller von Rufe mischten, die den Salon als Merkwürdigkeit in seiner Art betrachteten. Manche unter ihnen ließen sich sogar in weitläufige Gespräche mit ihr ein und folgten interessiert den Ausführungen der praktischen Frau. Zu jener Zeit trug sie sich mit mancherlei Ideen und ehrgeizigen Plänen; sie wollte zubauen, ein paar intime klubähnliche Räume mit Zeitschriften und Billards, ebenso wie eines der modernen Cabarets eröffnen, aber die Vielbeschäftigte, deren Interesse an zu viele Punkte gebunden war, fand keine Zeit zur Ausführung. Doch auch ohne derartige Reorganisationen fühlten sich die Insassinnen des Rothauses zufrieden genug. Es gab keine Streitigkeiten und keine Klagen, man sah Geld, behielt es eine Weile und konnte fröhlich das junge Leben genießen. Ja, solange sie jung und froh waren, gesund und ergiebig, umgab die Goldscheider ihre Fräulein mit allem Komfort und mit jeglichem Behagen. Es war eine der größten und bestausgenützten Klugheiten der Goldscheider, daß sie niemals im einzelnen und kleinen ihre Machtvollkommenheit zuungunsten der Besiegten ausnützte. Nur mit dem großen sozialen Unrecht, das schwarz geflügelt über den Tiefen des Lebens schwebt, verband sie sich und triumphierte in seiner Gemeinschaft.

1909

IRMA VON TROLL-BOROSTYÁNI

Lieb Mütterchens Sorge

Eine Pause entstand. Da wurde an die Thür geklopft, sie öffnete sich ein wenig und in der Spalte wurde ein blonder, jugendlicher Mädchenkopf sichtbar. Es war das Stubenmädchen, das an ihre Herrin wegen einer häuslichen Angelegenheit eine Frage zu richten hatte.

»Gnädige Frau, – ich bitte,« sagte sie bescheiden.

Die Hausfrau wandte sich an ihre Freundin.

»Du verzeihst – einen Augenblick!« Dann rief sie das Mädchen heran. Als dieses sich nach rascher Erledigung der Sache wieder zurückgezogen hatte, entschuldigte sich Frau v. Hilldorf mit einem leichten Seufzer: »Sie ist noch so ungeschickt, weiß sich gar nicht zu helfen, bei jeder Kleinigkeit kommt sie zu mir, sich Rat zu holen. Es ist eine rechte Plage mit ihr!«

»Ja, sie ist noch sehr jung, fast noch ein halbes Kind,« antwortete Frau v. Werder. »Da läßt sich denken, daß sie in ihren Dienstleistungen noch wenig Gewandtheit besitzt … Aber hübsch ist sie, fast noch schöner als ihre Vorgängerin.«

Frau v. Hilldorf lächelte.

Frau v. Werder blickte sie zweifelnd an, dann nach kurzem Schweigen fragte sie, halblaut, mit vertraulichem Tone:

»Sag doch, Liebe, findest Du es denn nicht bedenklich, immer so bildhübsche Mädchen im Hause zu halten, wenn man einen erwachsenen Sohn hat? – – Mein Oskar – ich bin weit davon entfernt, in mütterlicher Verblendung ihn für besser zu halten, als er ist – aber er ist sicher nicht schlimmer als andere junge Leute seines Alters. Und doch würde ich es als ein gefährliches Wagnis ansehen, unter den Domestiken so hübsche Mädels zu haben. Gelegenheit macht Diebe.«

Frau v. Hilldorf antwortete nicht gleich. Sie hielt den Blick gesenkt und zupfte mit nervösen Fingern am Saume ihres Taschentuches.

Endlich erwiderte sie, ebenso leise:

»Ich glaube, daß dieses gefährliche Wagnis viel weniger gefährlich ist, als dessen Unterlassung.«

Frau v. Werder blickte sie betroffen an.

»Weniger gefährlich –?« wiederholte sie langsam und nachdenklich. »Verzeihe, aber ich verstehe nicht, wie Du das meinst.«

Frau v. Hilldorf hustete gezwungen.

Dann, mit einem halben Lächeln:

»Wirklich, ich hätte nicht gedacht, daß Du noch so schrecklich naiv sein könntest...«

»Ich – naiv!« lachte die andere.

»Gewiß! Du scheinst zu glauben, daß es in unserer Macht liege, gewisse Dinge zu verhindern. Aber das können wir nicht. Niemand kann gegen den Strom schwimmen. Wir Frauen können die Männer nicht ändern, wir Mütter können unsere Söhne nicht anders machen, als die Männer eben sind.«

»Du meinst, die Jugend müsse sich austoben?« frug Frau v. Werder.

Frau v. Hilldorf zuckte die Achseln.

»Ja, und nein, wie man's nimmt. Die männliche Jugend *wird* sich immer austoben, weil sie dies als ein ihr zukommendes Recht in Anspruch nimmt. Die meisten Mütter schließen die Augen dazu und lassen die Dinge gehen, wie sie eben gehen wollen. Das halte ich für entschieden unrecht. Wir müssen trachten, dieses Austoben, das wir nicht zu verhindern vermögen, eine so milde Form annehmen zu lassen als möglich, es so wenig gefährlich zu machen als möglich.«

»Ja gewiß, das ist auch meine Meinung,« bestätigte Frau v. Werder, obgleich sie noch immer nicht begriff, wohin ihre Freundin eigentlich zielte.

Plötzlich verstand sie, und unter der ihre Wangen bedeckenden zarten Puderschicht stieg eine leichte Röte auf.

»Du meinst, unter zwei Übeln müsse man das kleinere wählen. Ein Magnet im Hause...« Sie stockte.

»... bewahrt vor anderen, vor schlimmeren Thorheiten außer dem Hause,« ergänzte Frau v. Hilldorf. »Und dann, vor allem, diese Mädchen sind gesund, und das ist die

Hauptsache. Die Gesundheit unserer Söhne ist aber ein Gut, über das wir nicht sorgsam genug wachen können. Über dieses Gut zu wachen, ist eine Aufgabe, die unsere Mutterpflicht uns auferlegt.«

Frau v. Werder blickte verwirrt zu Boden. Ein Gedanke war in vagen Umrissen durch ihr Gehirn gehuscht. Es fiel ihr ein, daß diese gesunden Mädchen ja auch Mütter haben, und was diese wohl empfinden würden, wenn sie wüßten …

In diesem Augenblick aber ertönte die telegraphische Klingel der Eingangsthür und eine Minute später trat ein neuer Besuch in den Salon.

Frau v. Werder erhob sich, um zu gehen. Sie fühlte sich jetzt nicht in der Stimmung, an einer alltäglichen Unterhaltung teilzunehmen.

Als sie im Vorzimmer vor dem Spiegel ihren Schleier ordnete, hörte sie aus einem Nebengemach die voll- und wohltönende Stimme des jugendlichen Sohnes ihrer Freundin in fröhlichem Lachen herausschallen. Dann ging die Thür auf und das hübsche kleine Stubenmädchen glitt wie ein Schatten an ihr vorüber in das Mädchenzimmer.

Frau v. Werder konnte mit dem Arrangement ihres Schleiers nicht zustande kommen. Ihre Hand zitterte so sehr, daß sie sich mit der langen Hutnadel wiederholt in die Kopfhaut stach.

Als ihr aber zwei Stunden später, während sie nach Erledigung verschiedener Toiletteeinkäufe für die beginnende Herbstsaison, deren Besorgung sie den Rest des Vormittages gewidmet hatte, die Treppe zu ihrer Wohnung hinanstieg, ihre Unterredung mit Frau v. Hilldorf wieder einfiel, sagte sie sich, daß ihre Freundin doch in der That eine sehr kluge Frau und daß es einer reiflichen Überlegung wert sei, ob sie nicht auch den Versuch machen sollte, ihr Beispiel zu befolgen.

1900

158

ANNA PAPPRITZ

Herrenmoral

Daß die jetzige Reglementierung der Prostitution ganz
wirkungslos geblieben ist (was ja zur Evidenz durch die
schrecklichen Verheerungen der Venerie bewiesen ist)
wurde unumwunden anerkannt; daß das Bordellwesen zu
der schrecklichen Nebenerscheinung des Mädchenhandels
führt, bestritt niemand. Welches *neue* Mittel also wurde
in Vorschlag gebracht, die Prostitution zu assanieren?
*»Staatsbordelle unter Leitung und Aufsicht gebildeter
Frauen!«*

Die gebildete, anständige Frau soll dafür Sorge tragen, daß
die Insassinnen nicht ausgebeutet werden, weder in peku-
niärer Hinsicht von seiten der Wirtin, die für die Bekösti-
gung sorgt, noch in anderer Hinsicht von seiten der Besucher. [...]

Wie gestaltet sich nun die Ausführung dieses herrlichen
Planes in der Praxis? Natürlich müssen diese Häuser so gelegen sein, daß sie keine Gefährdung für die Kinderwelt darstellen, ebenso wenig dürfen sie *provozierend* auf die männliche Jugend einwirken, denn – das wurde immer wieder
und wieder betont – der Mann muß vor der *Verführung* geschützt werden; außerdem müssen sie, um nicht wirkungslos zu bleiben, die gesamte, also auch die *geheime* Prostitution beherbergen. Fassen wir nun einmal Berliner Zustände
ins Auge: Sachverständige taxieren die Zahl der Berliner
Prostituierten auf 20000 (natürlich inklusive der geheimen).
Man müßte also vor den Thoren Berlins eine Bordellstadt
von 20000 Einwohnerinnen errichten. Ein solches Gemein-
wesen bedarf doch natürlich eines Oberhauptes, einer Ver-
waltung, es muß Läden, Handwerker, Feuerwehr, Schornsteinfeger, Straßenbahnen, ein Krankenhaus u.s.w. u.s.w.
haben. Aus der Bordellstadt wird also ein Weiberstaat (denn
wegen der »Verführung« dürfen selbstverständlich *Männer*
diese Posten, Betriebe und Berufe nicht ausfüllen) und somit

wäre ja dann auch die *Frauenfrage* gelöst: alle Berufe, vom Bürgermeisterposten bis zum Schornsteinfeger stehen der Frau offen, – in der *Bordellstadt*. Abends kommen dann die langen Extra-Züge aus Berlin an, mit dem *»konsumierenden Publikum«*.

1903

OSKAR PANIZZA

Prostitution

Nicht an die Schloßkirche zu Wittenberg, aber an die Wand jedes polizeilichen Untersuchungs- und Anmelde-Saals für Freudenmädchen möchten wir folgende 15 Thesen anschlagen:

1) Die Ursache der »Prostitution« sind die *Männer*.

2) Die Freudenmädchen sind *Menschen,* und verdienen die Behandlung von Menschen, was auch Universitäts-Professoren, Bureaukraten und andere Lohnschreiber im Banne des gefesselten Gedankens dagegen offen oder versteckt sagen mögen.

3) Der Unterschied zwischen der Ehefrau und dem Freudenmädchen, der im Lichte einer geläuterten Naturbetrachtung Null ist, ist durch eine falsche Kulturauffassung so erweitert worden, daß das Freudenmädchen fast zum Tier herabgewürdigt wurde. Es ist Pflicht des Staates, diese Auffassung aus den Reihen der mit der Überwachung des Freudenmädchen-Wesens betrauten Organe zu verbannen.

4) Die Bezeichnung »Prostituierte« ist ein verächtlichmachendes Fremdwort, welches lateinisch verhüllt, was sich in der Landessprache nicht zu geben getraut. Der Deutsche ist gewohnt, die Dinge beim rechten Namen zu nennen. Die

ältere Bezeichnung *Freudenmädchen* ist richtig und erschöpfend. Wer aus dieser Quelle je Freude bezogen, habe den Mut, diese Bezeichnung anzuwenden.

5) Es ist undeutsch, feig, und Zeichen einer ethisch tiefstehenden Geistesanlage, wenn Männer, die – und das sind die Meisten und Tüchtigsten – von Freudenmädchen Freude genossen, sie eben wegen dieses Umstandes beschimpfen, als *genus neutrum* betrachten, und derart die Partnerinnen ihrer eigenen Rasse tiefst in der Abschätzung herabzudrücken bestrebt sind.

6) Die Basis für die menschenunwürdige Behandlung der Freudenmädchen ist die pietistisch gewendete christliche Moral-Doktrin, mit der sich der Staat stellenweise identifiziert. – Die Quintessenz dieser christlichen Moral war Nächstenliebe, Mitleid mit den Armen und Schwachen; was diese Armen und Schwachen in Gestalt von Freudenmädchen im Namen dieser Moral schon alles haben erdulden müssen, ist bejammernswert.

7) So wenig es gegen den Hunger eine Moral giebt, die sättigt, so wenig gegen den Geschlechtstrieb eine, die befriedigt.

8) Es ist ein Unglück, daß an Leib und Seele Geschlechtslose oder Geschlechtsschwache vorwiegend über das Freudenmädchen-Wesen sich äußern, und seine Maximen bestimmen; während Geschlechtstüchtige der Frage aus dem Wege gehen.

9) Wäre alles das gegen die Ehe versucht worden, was seit Christi Geburt gegen das Freudenmädchen-Wesen unternommen worden, die Ehe wäre längst verschwunden aus unseren Einrichtungen. Dies spricht nicht für die Ehe.

[...]

1892

7 »Zivilisation ist Syphilisation«
Die Gefahr der Geschlechtskrankheiten

»Geleitworte zur Fahrt in das Leben.«

Vortrag, gehalten am 21. Februar 1906 im Gemeindehause von St. Katharinen vor den Abiturienten sämtlicher höherer Lehranstalten in Braunschweig
von
Dr. med. **Alfred Sternthal,**
Oberarzt der Abteilung für Hautkrankheiten am Krankenhause vom Roten Kreuz in Braunschweig.

> »Sieh nach den Sternen!
> Gib Acht auf die Gassen.«
> *Wilhelm Raabe.*

Meine Herren!

»Geleitworte zur Fahrt in das Leben«, so möchte ich die Ausführungen nennen, die ich an Sie richten will. In wenigen Tagen verlassen Sie ja die Schule, reif gesprochen von Ihren Lehrern, um in das akademische Studium, in das Lehramt oder in einen praktischen Beruf einzutreten. Sie gleichen so dem Schiffer, der im sicheren Hafen vor den Stürmen, den Wogen und Klippen des Meeres geborgen war und der nun seine Fahrt antreten soll in den weiten Ozean hinaus. Auch Sie treten ja die große Fahrt an in das offene Meer des Lebens und der Lebensfreuden, auch der Kiel Ihres Schiffes wird umlauert sein von Gefahren aller Art, und gerade das, was Sie als Lebensfreuden erwarten, wird vielfach die schlimmsten Klippen und Untiefen bergen, an denen Ihnen Schiff und Schicksal scheitern kann. Alljährlich sehen wir Ärzte eine große Zahl junger Leute, deren erste Fahrt in den brausenden Ozean des Lebens mit dem Scheitern ihres Lebensglückes endete, alljährlich sehen wir trostlose Eltern das Geschick ihrer Söhne beweinen, alljährlich hören wir dieselbe Klage: »Ich wußte nicht, welche Gefahren mir drohten! Ich ahnte nicht, daß ich dem Rausche eines Augenblickes Gesundheit, Glück und Leben opferte.« Diese Klagen, sie tönten uns in das Ohr wie Anklagen; sie fielen uns schwer auf die Seele, und wir mußten uns fragen: »Muß diese Not endlos weiter auf der Jugend lasten? Ist es nicht an der Zeit, mit dem alten Vorurteil zu brechen, über natürliche Dinge nicht natürlich zu reden? Sollen wir nicht unsere Jugend, die doch die Zukunft der Nation ist, gesund zu erhalten suchen an Leib und Seele? Der Unkundige erliegt leicht jeder Gefahr, der Kundige aber kann sich auf sie rüsten, ihr trotzen und sie besiegen.« Gewiß, meine Herren, die Schule hat Sie wohl unterrichtet: sie bot Ihnen allen ein gewisses Maß von Kenntnissen, sie versuchte Ihren Charakter zu bilden, das Gute in Ihnen zu wecken und Reinheit der Seele und des Körpers zu erhalten. Das Elternhaus sucht oder sollte suchen, der Schule hierbei zu helfen, die ja doch nichts erreichen kann, wenn das Haus durch sein Vorbild das gerade Gegenteil von dem darstellt, was in der Anstalt gelehrt wird. Aber bei all diesen Lehren fehlt doch eines: Die Kunde von den Beziehungen der Geschlechter zueinander oder richtiger und deutlicher von den geschlechtlichen Beziehungen von Mann und Weib. Davon müssen Sie als »maturi«, als reife Menschen, wissen, und deshalb haben es wohlmeinende Freunde der Jugend unternommen, diese Lücke in Ihren Kenntnissen auszufüllen.

Im Auftrage des »Vereines für öffentliche Gesundheitspflege im Herzogtum Braunschweig«, dem die Gesundheit, das Glück und die Wohlfahrt der Jugend besonders am Herzen liegt, stehe ich hier vor Ihnen, um als Ihr Freund, als erfahrener Mann und vor allem als Arzt zu Ihnen zu sprechen, und ich wünschte, um bei meinem im Anfang gebrauchten Bilde zu bleiben, daß Sie meine Worte mit hinausnehmen möchten in das Leben wie der Schiffer seinen Kompaß. Richten Sie sich nach dem, was Liebe zur Jugend, gereifte Lebenserfahrung und ärztliche Wissenschaft mir auf die Lippen legt, und Sie werden dereinst wieder im sicheren Hafen landen, wie Sie sicher aus ihm ausliefen.

Sie wissen aus der Naturgeschichte, daß in der organischen Natur die Zweiteilung der Geschlechter ziemlich vollständig durchgeführt ist. Bis auf die niedersten Pflanzen und Tiere finden wir männliches und weibliches Wesen, und wir sehen überall, wie die Erhaltung der Art abhängt von der geschlechtlichen Vereinigung des männlichen und weiblichen Organismus. Sie wissen, wie bei den Pflanzen schon die männliche Geschlechtszelle sich vielfach aktiv zur weiblichen hinbewegt. Die weibliche Zelle verschmilzt mit der männlichen; die befruchtende Substanz der männlichen vermischt sich mit dem Protoplasma der weiblichen Zelle, und nun entsteht keimfähiger Samen, d. h. ein neues Wesen. Genau so ist es bei den Tieren. […]

Mag es sich nun um Samenfäden und Eier eines Spulwurmes oder eines Menschen handeln, der Vorgang ist stets der gleiche. Aber während das Tier nur in geschlechtsreifem Zustande zur Fortpflanzung der Art schreitet, während es zum geschlechtlichen Verkehr nur kommt, um die Art zu erhalten, ist dies beim Menschen anders geworden.

Wir kennen zwar beim Menschen die einzige Form des geschlechtlichen Verkehrs, die bestimmt ist, der Fortpflanzung der Art zu dienen, die *Ehe*. […]

Aber wir haben außer der Ehe auch das wilde Geschlechtsleben, den außerehelichen Geschlechtsverkehr, und neben dem sittlichen Zweck der Ehe haben wir den unsittlichen, sich um jeden Preis geschlechtliches Vergnügen zu verschaffen. Und aus dieser Quelle des schrankenlosen Geschlechtsgenusses um des Vergnügens willen, nicht um die Art fortzupflanzen, fließt die ungeheure Gefahr, welche die Jugend vergiftet und an den sonst so starken Wurzeln unseres Volkstums nagt. […]

Es ist hier nicht der Ort, ein ausführliches Kolleg über die ansteckenden Geschlechtskrankheiten zu lesen, zumal Ihnen auf den Universitäten Gelegenheit genug geboten wird, solche zu hören, aber Sie müssen wissen, daß auf jeden außerehelichen Geschlechtsverkehr eine schwere Ansteckung folgen kann. *Und hier gibt es keine Sicherheit!* Jedes Mädchen, das sich Ihnen hingibt, kann sich schon anderen hingegeben haben, sie kann dadurch angesteckt sein und Sie wieder anstecken. Glauben Sie ihr nicht, wenn sie sagt, sie sei gesund oder noch unschuldig. Diese Frauenzimmer lügen alle, alle! Fliehen Sie die angeblich Unschuldige ebenso wie alle anderen, denn sonst verfallen Sie in Krankheit schwerster Art, in Krankheiten, auf die der Fluch gefallen ist, daß sie sich forterben bis ins dritte und vierte Geschlecht. Glauben Sie noch weniger, daß Sie bei Prostituierten sicher seien. Jede Prostituierte, d. h. jede weibliche Person, die sich gewerbsmäßig Männern für Geld oder Geldeswert hingibt, wird kurz nach Beginn ihrer Tätigkeit mit schweren Geschlechtskrankheiten angesteckt und ist jahre-, oft jahrzehntelang ansteckend für jedermann. Daran kann die sogenannte Kontrolle und Untersuchung der Prostituierten gar nichts ändern, denn erstens wird nur ein verschwindend kleiner Bruchteil der Prostituierten überhaupt untersucht, zweitens ist diese Untersuchung ganz ungenügend, viel zu selten und zu wenig eingehend, und drittens nützt die Untersuchung schon deshalb nichts, weil es kaum einem Geschlechtskranken einfällt, sich so lange des Beischlafes zu enthalten, bis er geheilt ist. Noch krank gehen sie zur Dirne, die sie als »corpus vile« betrachten; sie halten es sogar für ihr gutes Recht, diese Mädchen anzustecken, an denen ja doch nichts gelegen sei! Welch eine Verirrung alles sittlichen Empfindens, welch ein Hohn auf den Begriff der menschlichen Nächstenliebe!

Damit Sie aber ungefähr ermessen können, was die Geschlechtskrankheiten bedeuten, will ich sie Ihnen in wenigen Strichen zeichnen.

Wir haben zunächst den weichen Schanker, ein örtliches Geschwür, das oft zur Vereiterung der nächstgelegenen Lymphdrüsen führt. Er kann große Zerstörungen anrichten, wird aber meist rasch und gut geheilt. Die vereiterten Lymphdrüsen müssen oft durch große Operationen entfernt werden, was zu heftigen Schmerzen, wochenlangem Krankenlager und Verlust an Arbeitsfähigkeit führt. Immerhin ist der weiche Schanker eine *örtliche* Krankheit, er geht nie in das Blut über und läßt nach seiner Abheilung nur einige Narben als dauernde Spuren seiner Anwesenheit zurück.

Ganz anders ist der Tripper geartet! Dieser ist durchaus nicht eine »harmlose Kinderkrankheit, ein Schnupfen in der Harnröhre«, wie man ihn mit witzig sein sollendem Leichtsinn genannt hat. Die Erreger dieser Krankheit, mikroskopisch kleine Pilze, Gonokokken genannt, gelangen in Blase und Nieren und bedingen so häufig schwerste Nierenkrankheiten, langes Krankenlager, dauerndes Siechtum, ja den Tod. Sie gelangen in die Gelenke und Sehnenscheiden und geben Anlaß zu unheilbaren Versteifungen der Glieder; sie gelangen in das Herz und bedingen schwere Herzerkrankungen, dauernde Klappenfehler, oft den Tod. Sie kommen häufig in die Augen und veranlassen dauernde Blindheit oder schwere Sehstörungen, die für den gewählten Beruf untauglich machen. Sie werden auf den Mastdarm verschleppt und geben zu so schweren Verengerungen desselben Anlaß, daß nur das Messer und die Kunst des Arztes das Leben zu retten vermögen. Sie dringen in das Rückenmark und Gehirn ein und rufen Siechtum und Lähmungen, Muskelschwäche, ja den Tod hervor. Wohl kann ein Teil dieser schweren Erscheinungen durch die ärztliche Kunst abgewandt werden, wenn die Kranken früh genug zum Arzt kommen und sich seinen Anordnungen bedingungslos fügen, aber leider können *nicht alle* geheilt werden. Ein großer Teil bleibt ungeheilt, und so entsteht ein Heer von Halb- oder Ganzinvaliden, von Menschen, die für den Beruf, den sie sich wählten, untauglich sind, oft für jeden anderen auch; die sich selbst und den Ihrigen zur Last fallen. Stellen Sie sich nur vor, ein junger Mann hatte die Absicht, Offizier zu werden. Er kommt in ein Regiment, das ihm behagt; der Dienst wird ihm leicht, die Vorgesetzten sind ihm gewogen, kurz alles geht gut. Eine glänzende Laufbahn scheint vor ihm zu liegen, und seine Phantasie gaukelt ihm schon den Marschallsstab vor. Da erwirbt er einen Tripper und im Anschluß daran einen Trippergelenkrheumatismus. Nach monatelangem Krankenlager steht er auf mit steifem Kniegelenk. Es ist und bleibt unheilbar versteift. Mit dem militärischen Dienst ist es für immer aus. Wohl ihm, wenn er noch so viel Kraft hat, mit einem anderen Beruf es zu versuchen. Wie so häufig scheitern solche jungen Leute bei jedem Versuch, etwas anderes zu lernen! [...]

Noch schlimmer steht es mit der Syphilis! Diese beginnt mit einem Geschwür viele Tage, oft erst viele Wochen nach dem ansteckenden Beischlaf, wenn der junge Mann schon gar nicht mehr an das Abenteuer denkt, das er hatte. Dann geht sie unaufhaltsam in das Blut über, dieses vergiftend. Wohl kann durch sorgsame und gewissenhafte Behandlung des kundigen Arztes, wenn der Kranke sich allen Anordnungen fügt, und wenn er sonst von guter Gesundheit war, die Krankheit ausheilen, doch geschieht dies nicht immer, zumal sich nur die wenigsten Kranken so verhalten, wie wir Ärzte dies verlangen müssen. Wenn also alles günstig verläuft, der Kranke genügend Quecksilber und Jod erhielt, so kommt es zu einigen oberflächlichen Hautausschlägen und Schleimhauterscheinungen, und damit ist die Krankheit verschwunden für immer. Doch wehe, wenn der Kranke ohne Quecksilber blieb oder doch dieses Mittel, vor dem ja gewissenlose Pfuscher ohne jeden Grund Angst und Sorge bei den Kranken erwecken, nicht oft genug und nicht in ausreichendem Maße erhielt, dann entfalten sich alle Schrecken der Syphilis, dieser Geißel der Menschheit. Sie ergreift mit zerstörenden Geschwüren Haut, Schleimhaut und Muskeln; sie zerstört Knochen und Gelenke, bringt die Nase zum Einfallen und verschändet das menschliche Antlitz; sie zerstört den Gaumen und läßt den Erkrankten dadurch gräßlich lallen und stammeln. Sie macht tödliche Leber- und Nierenkrankheiten, tötet durch Herz- und Blutgefäßerkrankungen, macht den Menschen taub und läßt ihn erblinden. Und nicht genug damit! Sie schafft durch Gehirn- und Rückenmarkserkrankungen ein Heer von Invaliden, von Geistesgeschwächten, die unfähig zu jeder geistigen Arbeit, ja zu jeder geistigen Regung sind. Sie läßt die Leute jahre- und jahrzehntelang allmählich, Glied für Glied, an Rückenmarksschwindsucht absterben, sie läßt sie jahrelang an Gehirnerweichung, sogen. Paralyse der Irren, verblöden, bis der Tod endlich ein Wesen erlöst, das vom Menschen nur noch die Gestalt hatte. Und diese Krankheit überträgt sich, wenn sie unbehandelt oder schlecht behandelt bleibt, oder bei zu früher Eheschließung auf die Kinder und Kindeskinder: sie läßt die Kinder schon zu Tausenden im Mutterleibe absterben; sie tötet sie gleich nach der Geburt oder in den ersten Wochen des Lebens; sie ereilt sie sogar noch, wenn sie schon herangewachsen sind und einer schönen Entwickelung entgegen zu gehen scheinen, mit dem tödlichen Ende. Und daneben läßt sie, wie zum Hohn, eine Anzahl von Kindern am Leben, die das große Heer der Idioten und Imbecillen bilden, verkrüppelt an den Gliedern, blind oder taubstumm, verkrüppelten Geistes. Ein Fluch für ihren Erzeuger bringen sie ihre Tage als unnütze Belastung der Familie, der Gemeinde, des Staates zu. Was, glauben Sie, empfindet eine Mutter, wenn sie Kind auf Kind dahin welken und sterben sieht an dieser schrecklichen Krankheit! Und welche Furien mögen den Mann hetzen, wenn er sich sagt: »Du selbst, nur du allein bist an all diesem namenlosen Unglück schuld!« Und mit der Erkrankung der Familie ist es nicht abgetan! Es droht ihr auch Schande und wirtschaftlicher Niedergang von dieser furchtbaren Krankheit. Ich erwähnte ja schon, daß sie die progressive Paralyse im Gefolge haben kann. Diese Geisteskrankheit, dem Laien in ihren Anfängen nicht erkennbar, bringt es mit sich, daß der Befallene von Größenideen getragen wird, daß er nicht mehr unterscheiden kann zwischen Möglichem, Erreichbarem und sinnlosem Streben nach Undenkbarem. So werden dann Vermögen in wahnwitzigen Abenteuern, in über alles menschliche Maß hinausgehenden Unternehmungen vergeudet, so daß selbst reiche Familien an den Bettelstab kommen. Die Paralyse führt aber auch dazu, daß die Fähigkeit schwindet, zwischen Recht und Unrecht, Zucht und Unzucht, Sitte und Unsittlichkeit zu unterscheiden. Dadurch begehen die Erkrankten Sittlichkeitsverbrechen und heften ihren Familien unauslöschlichen Makel an; sie begehen ungeheure Ausschweifungen, verprassen in Gesellschaft von Dirnen Arbeitsverdienst und Vermögen, Hab und Gut, Haus und Hof. So wird die Syphilis auch zu der furchtbaren wirtschaftlichen Geißel für die unschuldige Frau, die unschuldigen Kinder. Krankheit und Tod, Not und Armut, alles fließt aus derselben Quelle. [...]

Lassen Sie mich nur noch ein kurzes Streiflicht auf eine andere Seite der Frage von den Geschlechtskrankheiten werfen. Ich will hier gar nicht von dem beträchtlichen Verlust reden, der für das Nationalvermögen entsteht, indem eine ungeheuere Anzahl von Arbeitsverdienst den Kranken entgeht, indem unproduktive Ausgaben für Krankheiten und Todesfall entstehen; ich will auf etwas hinweisen, was der Jugend näher liegt. Sie alle lieben unser Vaterland und wünschen nichts sehnlicher als Deutschland groß und geachtet zu sehen im Rate der Völker. Wir können aber diese Stellung nur behaupten, wenn wir durch unsere Kraft Ansehen gebietend sind. Nun geht aber, nicht zum wenigsten durch die Geschlechtskrankheiten, der Geburtenüberschuß im Deutschen Reiche ständig zurück. Das muß dem Vaterlandsfreund bange Sorge für die Zukunft erregen, und jeder sollte sich für seinen Teil überlegen, daß er in dieser Welt nicht bloß Rechte hat, sondern vor allem auch Pflichten, und zu den obersten Pflichten gehört die, sich für das Vaterland gesund und kräftig zu erhalten. Wenn die Jugend immer mehr und mehr durch die Geschlechtskrankheiten verseucht und geschwächt wird, so daß es an Nachwuchs fehlt, möchte das Wort wahr werden, was Körner einst in trüber Zeit aussprach: »Deutsches Volk, du herrlichstes vor allen, deine Eichen stehn, du – bist gefallen.«

1906

Venus Pandemos

Das war das letzte Mal. Im Nachtcafé
der Vorstadt saß ich, müde vom Geruch
der schwülen Sofapolster und des Punsches,
der vor mir glühte, und vom Frauendunst
der feuchten Winterkleider; müde, lüstern.

Die Tabakswolken schwankten vom Gelächter
und feilschenden Gekreisch der bunten Dirnen
und derer, die drum warben. Das Gerassel
der Alfenide-Löffel am Büffet
ermunterte den Lärm des Liebesmarktes,
ununterbrochen, wie ein Tamburin.
Ich saß, den langen Mittelgang betrachtend,
und lauschte, wie das Licht des Gaskronleuchters,
der drüber hing, sich mühsam mit den Farben
auf den Gesichtern um die Marmortische
in seiner gelben Sprache unterhielt;
wozu der schwarze Marmor blank auflachte.

Ich war schon bei der Wahl – da teilte sich
die rote Türgardine neben mir:
ein neues Paar trat ein. Ein kalter Zug
schnitt durch den heißen Raum, und Einer fluchte;
die Beiden schritten ruhig durch den Schwarm.
Mir grade gegenüber, quer am Ende
des Ganges, als beherrschten sie den Saal,
nahmen sie Platz. Der bronzene Kronleuchter
hing über ihnen wie ein schwerer alter
Thronhimmel. Keiner schien das Paar zu kennen.
Doch hört ich rechts von mir ein heisres Stimmchen:
»Bejejent muß ik die woll schon wo sein.«

Er saß ganz still. Das laute Grau der Luft
schrak fast zurück vor seiner krassen Stirne,
die wachsbleich an die schwarzen Haare stieß.
Die großen blassen Augenlider waren
tief zugeklappt, auf beiden Seiten lag
ihr Schatten um die eingeknickte Nase;
der dürre Vollbart ließ die Haut durchscheinen.
Nur wenn die üppig kleinere Gefährtin
ihm kichernd einen Satz zuzischelte,
sah man sein eines schwarzes Auge halb
und drehte sich sein langer dünner Hals,
langsam, und kroch der nackte Kehlkopf hoch,
wie wenn ein Geier nach dem Aase ruckt.

Es wurde immer stiller durch den Raum;
sie blickten alle auf den stummen Mann
und auf das sonderbar geduckte Weib.
»Sie ist ganz jung« – war um mich her ein Flüstern;
auch trank sie Milch, und gierig wie ein Kind.
Doch schien sie mir fast alt, so oft die Zunge
durch eine Lücke ihrer trüben Zähne
spitz aus dem zischelnden Munde zuckte, während
ihr grauer Blick den Saal belauerte;
das Gaslicht gleißte drin wie giftiges Grün.

Jetzt stand sie auf. Sein Glas war unberührt;
ein großes Geldstück glänzte auf dem Marmor.
Sie ging; er folgte automatisch nach.
Die rote Türgardine tat sich zu,
der kalte Zug schnitt wieder durch die Hitze,
doch fluchte Keiner; und mir schauderte.

Ich blieb für mich – ich kannte sie auf einmal:
es war die Wollustseuche und der Tod.

1907

Helmut Harringa
Eine Geschichte aus unserer Zeit

Es war an einem Morgen drei Wochen darauf. Fitzwilliams hatte gesegelt und schlenderte nun, von der Bellevuebrücke her, den Düsternbrooker Weg entlang seiner Wohnung zu. Als er sich vor der Marineakademie befand, sah er sich auf der andern Seite der Straße einen jungen Herrn entgegenkommen. Es war die unverkennbare, hochgewachsene Gestalt Friedrich Harringas. Er hatte ihn seit dem Abend der Baltenkneipe nicht wiedergesehen und war im Begriff, auf ihn zuzugehn und ihn zu fragen, weshalb er in der letzten Zeit nicht mehr zu dem abendlichen Rudern gekommen sei. Aber Friedrich Harringa bemerkte ihn offenbar nicht, sah eigentümlich starr gerade aus, und bog, ehe Fitzwilliams ihn erreicht hatte, in die Reventloualله hinein, wo er gleich darauf in einem Hause verschwand. Fitzwilliams war kein neugieriger Mensch. Aber das Aussehen und Gebaren des jungen Chemikers hatten einen so unheimlichen Eindruck gemacht, daß der Engländer unwillkürlich seine Schritte bis vor das Haus lenkte, in das jener hinein gegangen war. Gleich darauf kehrte er mit betrübtem Gesicht um. Auf dem Porzellanschild am Eingang des Hauses hatte er den Namen eines berühmten Spezialarztes gelesen.

*

Eine Stunde später betrat Friedrich Harringa seine Wohnung in der Feldstraße. Er rief seine Wirtin: Sie möge dafür sorgen, daß er die nächsten drei Stunden völlig ungestört bleibe. Er habe dringend an seiner Doktorarbeit zu tun. Eine solche Anordnung war nichts Seltenes in diesem Semester. Der Wirtin fiel nur auf, daß es jetzt dicht vor Mittag war, und sie fragte ihren Zimmerherrn erstaunt, ob er denn nicht erst zum Essen gehen wolle, oder ob sie ihm etwas holen solle. Er habe keinen Appetit. Das konnte sie sich denken, er sah schlecht aus, soweit das bei seinem blühenden Gesicht überhaupt möglich war. Sie sagte genaue Ausführung des Auftrages zu und gab Fitzwilliams, der zwei Stunden später kam und nach Friedrich Harringa fragte, die Auskunft, ihr Mieter sei nicht zu Hause.

Friedrich Harringa war drinnen emsig mit Schreiben beschäftigt. Es war aber nicht die Doktorarbeit, woran er schrieb. Sondern ein Brief. Er schrieb ihn einmal, zweimal, und zerriß das Geschriebene wieder. Dann ein drittes Mal. Nun las er ihn durch, steckte ihn in einen Briefumschlag, den er sorgfältig zuklebte, und schrieb die Adresse seines Bruders Helmut darauf. Dann frankierte er ihn und legte ihn in ein Fach seines Schreibtisches. Vier weitere Briefe wurden etwas schneller fertig. Sie erhielten die Adressen der Eltern und der beiden Schwestern und kamen unfrankiert in dasselbe Schreibtischfach. Das verschloß er dann, steckte den Schlüssel zu sich und verließ die Wohnung, die er erst spät abends wieder betrat.

Der nächste Morgen war hell und strahlend, eine frische Ostbrise kräuselte leicht die Fläche der Föhrde. Es war erst sechs Uhr, als Friedrich Harringa aus dem Hause, worin er wohnte, auf die noch völlig leere Feldstraße trat. In der Hand trug er den Brief, den er gestern an Helmut geschrieben. Nach wenigen Minuten stand er vor dem Postamt an der Ecke der Düppelstraße und warf den Brief in den Kasten. Dann wendete er sich und schritt die Feldstraße in der entgegengesetzten Richtung hinunter. Kurz nach halb sieben Uhr stand er auf der ersten Seegartenbrücke, genau auf dem Fleck, wo er am Abend nach der Baltenkneipe mit Mosler und Fitzwilliams geweilt hatte. Eine Viertelstunde später verließ das erste Dampfboot nach Laboe die Brücke. Er war der einzige Fahrgast.

Nun war es eben halb acht vorbei, und der Dampfer hatte die Landungsbrücke in Laboe erreicht. Friedrich Harringa verließ das Schiff und schritt, ohne sich umzusehen, die Hafenpromenade entlang. Nach wenigen Minuten bog er links auf den Steg, der ihn zu dem schwarzen Schwimmponton mit den weißgrauen Karren darauf führte: dem Herrenbad.

Ja, der Badewärter war schon da.

»Also Karl,« sagte Friedrich, »heute schwimme ich weit hinaus. Daß Sie sich nicht etwa ängstigen!«

»Herr Harringa,« sagte der junge Mann und sah ihn besorgt an, »das sollten Sie heute nicht tun. Sie sehen gar nicht gut aus.«

»Ach was, bilden Sie sich nichts ein. Sie wissen doch am besten, wie ich schwimme. Oder haben Sie vergessen, wie wir voriges Jahr den dicken Brauer zusammen herausgeholt haben? Außerdem steht der Wind heute in die Bucht hinein. Mir kann also gar nichts passieren.«

Fünf Minuten später trat er entkleidet aus der Kabine. Und der junge Badewärter wird nie mehr das Bild vergessen, wie dort die hohe Gestalt eine halbe Minute lang auf den Brettern stand, die Arme hinter dem Kopf gekreuzt, die helle Haut und die starken Muskeln von der Sonne beschienen, die von hinten darauf fiel.

Und Friedrich Harringa sandte einen langen, langen Blick über die blaue Föhrde. Und grüßte die Ufer dort gegenüber. Die sanft ansteigenden Hänge mit den grünen Büschen und dem gelben Korn. Und den langen grünen Knick, der oben den Kamm entlang zieht, und die breiten Wipfel darüber. Und das steile Lehmufer von Schilksee, das weißgelb in der Sonne schimmerte. Und den mächtigen Panzer, mit dem eisernen Kreuz und dem schwarz-weiß-roten Eckfeld in der weißglänzenden Flagge am Heck, der dort vor dem Eingang der Föhrde kreuzte.

Dann ein Sprung vom Schwungbrett. Mit zwei Zügen war das braune Seil erreicht, das zwischen den drei verwitterten Holzpfählen die Grenze bezeichnete, wo er den Grund verlor. Und jetzt glitt der schöne weiße Körper mit mächtigen Stößen in die offene Föhrde hinaus. Dort in die Richtung, wo, kaum noch sichtbar, über das breite Wasser der Leuchtturm von Bülck herüberwinkte. Und der Badewärter Karl sah zu. Er mußte sich doch wohl geirrt haben. So schwamm keiner, der krank war. Aber es war doch besser, er paßte auf. Die Entfernung vergrößerte sich rasch, immer kleiner wurde das Bild dort im Wasser. Das Fernglas ans Auge – – –

Herrgott, das war ja unheimlich. Eine halbe Stunde lang schwamm der junge Herr nun schon mit aller Kraft auf den Bülcker Leuchtturm zu. Und machte noch keine Miene umzukehren. Jetzt waren es vierzig Minuten, seit er abgestoßen war. Karl starrte und starrte. Jetzt dreiviertel Stunden. Und da draußen gingen die Wellen schon höher. Die Brise frischte immer mehr auf. Das war ja Wahnsinn. Und jetzt, sein Atem stockte, jetzt zeigte das Fernglas deutlich, wie die Bewegungen des Schwimmenden schwächer und langsamer wurden, wie sein Kopf unter die Wellen tauchte, einmal, zweimal...

Mit einem gellenden Hülfeschrei rannte Karl den Laufsteg zurück. Aus Kurhaus und Strandhalle stürzten Kellner und Hausknecht heraus. Eine Minute später waren sie zu Dreien in dem kleinen Rettungsboot, und zwei legten sich in die Riemen, was die Kräfte hergaben; Karl stand mit dem Fernrohr am Bug. »Dort – dort« rief er, »schnell, schnell!«

Er hatte den weißen Körper mit dem blonden Haupt noch einmal auftauchen sehen. Nun sah er nichts mehr. Nach zwei Stunden vergeblichen Suchens kehrte das Boot an den Strand zurück.

*

[...]

Der Zug fährt langsam. Helmut Harringa hat fast vier Stunden Zeit, immer und immer wieder den Brief durchzulesen:

Kiel, Mittwoch, den 13. Juli 1904.

Mein einziger, inniggeliebter Bruder!

Ich weiß nicht, wie ich es fertig bringen soll, Dir das zu sagen. Und doch, um Gottes Willen, es hilft ja nichts: wenn Du morgen diesen Brief liest, dann haben unser Vater und unsre Mutter nur noch *einen* Sohn.

Helmut, Bruder, wenn einer in der Welt mich verstehen kann, dann mußt Du es sein:

Gestern vor drei Wochen war ich Gast auf der Kneipe meines Kartellkorps »Baltia«. Ich hatte wenig Lust hinzugehen.

Ich mußte. An der Kommenttrinkerei habe ich mich nicht beteiligt; wenn's hoch gekommen ist, sechs bis sieben Schoppen getrunken. Als ich wegging, fühlte ich mich sehr wohl. Es war eine köstliche Sommernacht, und ich dachte, es sei ihr Zauber, der mich so hob und mich fühlen ließ, als hätte ich alle Kraft der Welt in meinen Gliedern.

Jetzt, wo es zu spät ist, weiß ich, daß unser beider großer Lieblingsdichter Shakespeare auch für mich das Wort geschrieben hat: »O, daß wir einen Feind in den Mund nehmen, damit er unser Gehirn stehle!«

Meine Erinnerungen werden unklar von dem Augenblick an, wo wir – mein Freund Fitzwilliams, von dem ich Dir neulich schrieb, und mein Korpsbruder Mosler – aus einem Café herauskamen. Ich weiß nur noch ganz dunkel, wie Mosler mich aufforderte, mit ihm in ein Haus in der Straße »Hinter der Mauer« zu kommen. Dann ein Widerspruch von Fitzwilliams und heftige Worte Moslers. Plötzlich gehe ich an Moslers Seite eine düstere Straße entlang. Eine häßliche Haustür mit einer roten Laterne darüber. Und dann plötzlich helles Licht, ein schön eingerichtetes Zimmer, Sprechen und Lachen von einem halben Dutzend weiblicher Stimmen. Mosler bestellt Sekt und wir trinken. Von da ab verschwindet alles in einem rosenroten Wirbel. Heute, wo mein Geist wieder klar ist, ist davon nichts übrig geblieben als ein grauer, frierender Abscheu.

Denkst Du noch an den Abend vor Lili Brooks' Verlobung? Weißt Du noch, wie ich in unserm Gespräch an der Alster zu Dir sagte: »Es gibt ja arme Kerls genug, die sich einmal oder zweimal in ihrem Leben nicht haben halten können, und dann gleich Unglück gehabt haben?« Da ahnte ich nicht, daß ich bald selber zu diesen armen Kerlen gehören solle; daß es mir noch schlimmer gehen würde, als den meisten von ihnen.

Als ich es zuerst merkte, sagte ich mir: Also das ist nun eine Warnung fürs ganze Leben. Und ich habe, dessen sei sicher, vom ersten Augenblick an nichts vernachlässigt, was zu tun war. Bin vor allem sofort zum besten Spezialarzt in Kiel gegangen. Jetzt, in der Erinnerung, sehe ich genauer als damals, wie bedenklich das Gesicht war, das er gleich am Anfang machte. Heute morgen war ich wieder bei ihm, ich weiß nicht, zum wievielten Male. Jedenfalls zuletzt, obwohl er mich für morgen früh wieder bestellt hat. Ich weiß jetzt, wie die Sache steht: Fortschreitende doppelseitige Entzündung der Zeugungsorgane. Du und ich wissen beide, was das heißt: Daß meine Arme nie ein eigenes Kind in die Luft heben werden. Daß, wenn ich kein Schuft, kein – Wendberg bin, mir nie ein Weib gehören darf, das nicht von der Gosse ausgespieen ist. Der Arzt muß es mir wohl angesehen haben, daß ich mein Schicksal begriff, als er mir den Namen der Krankheit nannte. Man sagt, manche seiner Kollegen würden roh bei ihrer Beschäftigung. Dieser Mann jedenfalls nicht: Du wirst ihn ja sicher einmal besuchen, dann danke ihm für die freundlichen Worte, die er mir gesagt hat. *Das* braucht er nicht zu wissen, daß ich doch gehört habe, wie er, als ich aus dem Zimmer ging, in sich hineingemurmelt hat: »*Muß* das sein, daß solche Rasse ruiniert wird?«

Helmut, ich weiß, Tausende gibt's, die dasselbe Schicksal tragen müssen, ganz so schwer wie ich. Mögen sie's tun, wenn sie es *können*.

Ich kann's nicht. Erinnerst Du Dich noch der einen Stelle im Tacitus – der war ja, glaube ich, auch Dir ein Lichtpunkt in der Öde des Gymnasiums. Ich meine die Stelle in der »Germania«, die Stelle von den »corpore infames«, den Geschändeten an ihrem Leibe. Von denen er da berichtet, daß unsre Vorfahren sie im Sumpf erstickten. Man weiß ja nicht ganz genau, wie die Worte auszulegen sind. Aber *ich* weiß, daß sie jetzt auch mich angehen. An keinem Sumpf komme ich mehr vorbei, ohne das Gefühl: da gehörst Du hinein.

Mancher würde das überspannt finden. *Du* verstehst mich sicher. Du wirst es fühlen, daß Aylert Harringas Geschlecht nicht leben mag mit geschändetem Leibe. Durch tausend, tausend Jahre sind unsre Väter emporgewachsen in Kämpfen und Not. Und haben sich durchgesetzt gegen das Eis der Urzeit, haben dann durch viele Jahrhunderte siegreich gerungen mit Frieslands gieriger See und mit feindlichen

Menschen. Ihr Mark ist kräftig geworden und herrlich ihr Wuchs. Der Leiber stolzen Bau haben sie uns vermacht, daß wir ihn weiter geben sollen an die fernsten Geschlechter. *Ich habe ihr bestes Geschenk verloren, verloren in einer Viertelstunde schmutzigen Doppelrausches und mag nicht mehr den Blick erheben zu meinen Ahnen.*

Um eines bitt' ich Dich. Nie gib dem Gedanken Raum – und wo Du ihn finden solltest bei andern, da zerstöre ihn – daß es Reue sei, die mich forttreibt aus dem Leben. So schwächlich, Helmut, ist Dein Bruder nicht. Was ich tat war Torheit, Torheit von dem Augenblick an, wo ich mir die klare Vernunft in Bande schlagen ließ. Sie bereuen, wäre weibisch und fruchtlos zugleich. Wäre es mir gegangen wie den Millionen, die gleichermaßen töricht sind, die aber ihr Geschick bewahrt vor unheilbarer Wunde: ich würde nicht bereuen, sondern es künftig besser machen. Daß es mich, gerade mich, unheilbar getroffen hat, das ist Schicksal, nicht Schuld. Dem Unglück weiche ich, nicht der Reue.

Helmut, Helmut, Du wirst Dir die Lippen wund beißen und Dir die Fingernägel ins Fleisch drücken. Du wirst die Hände vor die Stirn pressen und die Fäuste zum Himmel ballen und Gott fragen, wie das geschehen konnte. Aber Du wirst nicht zusammenbrechen. Du wirst Dich doppelt fest hinstellen auf die Erde, und – wirst mich rächen.

Leb' wohl! Morgen wiegt die blaue Ostsee meinen Leib in Schlummer.

Und ich selbst? Wo ich sein werde? Und was? Bruder, wir haben beide nie zu den Rechtgläubigen der Kirche gehört. Aber auch nie zu denen, die gekniet haben vor den Pfaffen des Atheismus und vor dem blödsinnigen Dogma von Kraft und Stoff. Und jetzt, wo ich weiß, daß mein Leben morgen dahin schwindet, rufe ich Dir zu als letzten Gruß: in mir fühle ich etwas, das kann nicht vergehen. Wie sich morgen mein Leib bettet in die Wasser, so bette ich meinen Geist in den Glauben, den ich nie verlor: daß denen, die Gott lieben, alle Dinge müssen zum Besten dienen. Ich habe ihn immer geliebt, wie ich ihn verstehen konnte. Leb' wohl, Helmut! Auf Wiedersehen.

Nun kommt das Schwerste für Dich: die Eltern und die Schwestern. Grüße sie, grüße sie... Briefe für sie findest Du in meinem Schreibtisch.

Und noch eins: Sorge dafür, daß der Badewärter in Laboe auch keine Stunde lang unter dem Verdacht bleibt, als habe er irgendwie nicht aufgepaßt. Ich werde ihm vorher sagen, ich schwämme weit hinaus, und er weiß, daß ich ein sicherer Schwimmer bin. Das ist mein letzter Wunsch an Dich. Leb' wohl. Auf Wiedersehen.

Dein Friedrich.

1910

KARL KRAUS

Ö. G. Z. B. D. G.

So nannte sie sich. Ich fand die geheimnisvollen Zeichen auf dem Kuvert eines Briefes, den mir die Post brachte. So und nicht anders muß Belsazar zu Mute gewesen sein, als ein Finger an der Wand zu schreiben begann. Aber diese rätselhafte Inschrift zu deuten, hätte sich selbst ein Daniel vergebens bemüht. Ö. G. Z. B. D. G. Etwas stand mir bevor. Zögernd besah ich den Brief. Gewogen und zu leicht befunden? Immerhin, dafür muß man kein Strafporto zahlen. Um dieser schrecklichen Ungewißheit ein Ende zu machen, entschloß ich mich endlich, den Brief zu öffnen. Da stellte sich heraus, daß der Finger an der Wand einem gleichnamigen Spezialisten für geheime Krankheiten gehörte, der es mit Rücksicht auf die öffentliche Gesundheit nötig fand, den Sündern dieser Welt zuzurufen: Ö. G. Z. B. D. G. Ununterbrochen rief er es. In die Paläste der Reichen und in die Hütten der Armen erschallte sein Ruf, und wo zwei Übelberatene daran waren, der Stimme der Natur zu folgen, war der Ruf stärker als die Stimme. Ö. G. Z. B. D. G.! Erst später wurde es mir offenbar, daß es sich um nichts geringeres als um die Gründung einer »Österreichischen Gesellschaft zur Bekämpfung der Geschlechtskrankheiten« handelte. Ich hatte es also erraten, denn mir war sogleich beim Anblick der vorsichtigen Chiffre, die sich diese Kampfgesellschaft erwählt hatte, die »Öffentliche Geneigtheit zur Bewahrung des Geheimnisses« über diese Fragen eingefallen, und ich war nur im Zweifel, ob es sich nicht auch um eine Öffentliche Gelegenheit zum Beweise der Geistlosigkeit handeln könne. Als ich aber erfuhr, daß der Verein die Veranstaltung einer Enquête vorhabe, da verlor ich die Spur meiner ursprünglichen Auffassung und dachte nur mehr an die Öftere Geneigtheit zur Betätigung der Gschaftlhuberei. Und siehe, auch diese Deutung brachte mich dem wahren Sinn der Inschrift nahe.

Es handelte sich also um einen Verein, dessen Mitglieder statutenmäßig verpflichtet waren, keine Geschlechtskrankheit aufkommen zu lassen. Ich sympathisierte umsomehr mit den Bestrebungen dieses Vereines, als ich mich aus den Zeitungsartikeln, die der Vorstand zu propagandistischen Zwecken veröffentlichte, davon überzeugen konnte, daß er auf dem einzig richtigen Wege sei, das Ziel der Ausrottung der Geschlechtskrankheiten endlich zu erreichen. Der Vereinsvorstand ging von der Ansicht aus, daß man ihnen durch Enthaltsamkeit und tadellosen Lebenswandel ein sicheres Ende bereiten könne, und nichts schien mir logischer und unanfechtbarer. Hatte man doch auf Grund wissenschaftlicher Experimente festgestellt, daß die Ursache der Syphilis im Geschlechtsverkehr zu suchen sei. Nur Prüderie und falsche Scham hätten den Vereinsvorstand davon abhalten können, der Welt das einzig unfehlbare Mittel gegen die Infektion zu offenbaren. Freilich, so sehr man auch die Gesinnung anerkannte, die diese Aktion ins Leben rief, so mußte man doch die Schwierigkeiten bedenken, die sich ihr in den Weg stellen, und sich sagen, daß die Welt heute noch nicht auf der sittlichen Höhe solcher Anschauungen steht. Denn die Menschen sind Heuchler genug, um einem Verein, der so wertvolle Erkenntnisse wie die vom Nutzen der Enthaltsamkeit propagiert, bestenfalls als unterstützende, aber nicht als ausübende Mitglieder beizutreten. Ich beurteilte die Aussichten des Vereins nach meinem eigenen Verhalten und fürchtete vom ersten Augenblick an, daß seine idealen Bestrebungen an dem Widerstand des Publikums scheitern würden.

Die Ö. G. Z. B. D. G. ließ sich aber nicht einschüchtern, und um den weitesten Kreisen die Zweckdienlichkeit der eingeschlagenen Methode zu beweisen, entschloß sie sich, eben jene Enquête einzuberufen, an der die genauesten und fachlich geschultesten Kenner der Sittlichkeit dem Publikum auf gütlichem Wege zureden sollten, den Geschlechtskrankheiten das Feld zu räumen, da ja doch an ein nachgiebiges Zurückweichen des Feindes nicht zu denken sei. Noch weniger aber sei Hilfe von der Wissenschaft zu erwarten, die es vorläufig verschmähe, sich mit einem Gegner einzulassen, der seine Macht auf der Basis der Unmoral behaupte. Aus dem Einladungsschreiben, das ich erhielt, entnahm ich zu meiner Genugtuung, daß man zwar von vornherein darauf verzichtet hatte, mich als Vereinsmitglied zu gewinnen, aber den größten Wert darauf legte, mich als Experten in dieser Frage zu hören. Beides schmeichelte meiner Eitelkeit, aber vor allem fühlte ich, daß man in mir den Schriftsteller sah, der das unvergängliche Verdienst hat, in einer Zeit, die die Geschlechtskrankheiten zwar zu haben, aber nicht zu nennen wagte, als erster das Wort »Syphilis« ausgesprochen zu haben. Denn diese galt bis dahin als eine Krankheit, bei der Diskretion Ehrensache war, ja mehr als das, Hauptsache, und die Zeitungen schwiegen von ihr, als ob es sich um einen Aktienschwindel handelte, oder drückten sich so respektvoll um sie, als wäre die Erlangung einer wirklichen geheimen Krankheit mit dem Exzellenztitel verbunden. Hatte man also die Syphilis bis dahin totgeschwiegen, so schien es jetzt, als ob man sie eher durch »Besprechung« bannen wollte. Hatte man früher im Geheimen gesündigt, so wollte man jetzt im vollsten Lichte der Öffentlichkeit enthaltsam sein. Die neue Methode, die zur Ausrottung des Übels führen sollte, war die ungleich radikalere. Wenn's in ein Dach hineinregnet, so wird diesem Mißstand durch eine Demolierung des Hauses ein rascheres Ende bereitet, als durch die Vertuschung des Naßwerdens. Wenn man aber vorsichtshalber auch die Bewohner des Hauses aussterben läßt, so ist die Behebung der Fatalität mit unumstößlicher Sicherheit gewährleistet. Der Vorsatz nun, der Lustseuche nicht etwa durch eine Bekämpfung der Seuche, sondern durch Schutzmaßregeln gegen die Lust den Garaus zu machen, hätte mich keineswegs abgeschreckt, mich an der Enquête zu beteiligen, deren Plan mir im Gegenteil schon deshalb sympathisch war, weil ein Aussterben der Menschheit notwendigerweise auch ein Aussterben der Dummheit nach sich zieht, und in weiterer Folge dann auch jede Enquête zur Bekämpfung der Geschlechtskrankheiten im Keime erstickt wird. Aber leider konnte ich mit der Art, wie die Ö. G. Z. B. D. G. ihre Absichten propagierte, ganz und gar nicht einverstanden sein.

Nach der taktvollen Einführung auf den Kuverts der Ladungen hatte man erwarten können, daß die Vereinsleitung sich mit der Empfehlung der Enthaltsamkeit begnügen und den ohnedies genug verbreiteten Krankheiten nicht auch noch in einer das Schamgefühl des Zeitungslesers gröblich verletzenden Weise Reklame machen werde. Man kann es ja in der Tat nicht billigen, daß Spezialärzte vom journalistischen Ehrgeiz befallen werden und gegen die Lues nur mehr jene Schmierkur anwenden, die an und für sich schon mit der Pflicht ärztlicher Verschwiegenheit kollidiert. Allerdings fand ich in einem Artikel, den der Einberufer der Enquête als ein Mahnwort an die Menschheit veröffentlichte, die Namen jener Infektionen, vor denen gewarnt wird, feinfühlig verschwiegen und diese bloß als »eine bestimmte Gruppe von Krankheiten« definiert. Aber dafür beklagte sich der Verfasser über die Heuchelei der Gesellschaft, die sie aus lächerlichen Schicklichkeitsrücksichten nicht einmal mit ihrem wahren Namen zu nennen wage. Die Heuchelei ist gewiß eine noch gefährlichere ansteckende Krankheit, der auch die Ärzte nicht entgehen, aber der Verfasser nannte sie trotzdem, wir erfuhren sogar, daß Gelenksentzündung, Bauchfellentzündung und Wochenbettfieber die Folgen einer anderen ansteckenden Krankheit sind, aber diese selbst mußte sich damit begnügen, als »eine der uns hier interessierenden Krankheiten« bezeichnet zu werden. Leider bewahrte der Verfasser diese wohltuende Zurückhaltung nicht auch gegenüber der zweiten uns hier interessierenden Krankheit, und da er es für notwendig hält, daß unsere Gesellschaft den Standpunkt der Prüderie in diesen Dingen aufgebe, so entschloß er sich in einem unüberlegten Augenblick, glücklicherweise erst ganz zum Schluß des Artikels, ihr wenigstens den Namen »Syphilis« zu verraten. Diese Indiskretion verletzte mich derart, daß ich es nicht über mich bringen konnte, der Ö. G. Z. B. D. G. meine Expertise zur Verfügung zu stellen. Der Verlauf der Enquête war leider nur zu sehr geeignet, mich in meinem Mißtrauen zu bestärken. Ein Hofschauspieler hatte zwar die ausdrückliche Versicherung abgegeben, daß er gegen das Decolleté einer Kollegin Gottseidank gefeit sei, daß ihm also die Schönheit nichts anhaben könne, auch wenn sie nichts anhabe; ich freute mich, daß die Propaganda der Unterlassung wenigstens in Theaterkreisen auf einiges Verständnis stoße, und schöpfte die Hoffnung, daß am Ende vielleicht auch die Geistlichkeit sich für die Abstinenz gewinnen ließe, wenn etwa ein Komödiant sich entschließen sollte, einen Pfarrer zu lehren. Aber sonst boten die Sitzungen wenig Erfreuliches. Zeitweise wurde man sogar über den Sinn der geheimnisvollen Initialen wieder in die Irre geführt, denn manchmal klangs wie Öliges Geschwätz zur Beruhigung des Gewissens, und mit der Enthaltsamkeit schien einem das Mittel der Schadloshaltung sozusagen an die Hand gegeben, der Finger an der Wand schrieb seine eigene Schand, und das traurige Zeichen, in dem die Ö. G. Z. B. D. G. zu siegen schien, hielt einem die pädagogische Mahnung gegenwärtig: Öde Gewohnheiten zerstören bald die Gesundheit ... Dann aber kam das Thema jener Liebe an die Reihe, bei der nach der landläufigen Ansicht der eine Teil immer der Not gehorcht und nur der andere dem eigenen Trieb, nämlich die Prostitution. Hier glaubte man jeden Augenblick, der bekannte Major würde als deus ex machina erscheinen, der auf deutschen Sittlichkeitskongressen zum Zwecke der Ausrottung der Prostitution eine schlechtere Bezahlung der Prostituierten zu verlangen pflegt, wodurch zwar die Not vergrößert wird, aber wenigstens der eigene Trieb befriedigt werden kann. Zum Thema der »Sexuellen Aufklärung« hätte ich selbst sprechen sollen. Ich zog es vor, dem Vereinsvorstand schriftlich meine Absage zu erteilen, und zwar schon deshalb, weil ich fürchten mußte, gerade durch die Beantwortung dieser Frage Anstoß zu erregen. Nichts liege mir ferner, schrieb ich, als deren vitale Bedeutung zu unterschätzen. Aber was mir darüber zu sagen notwendig scheine, hätte ich oft genug schon gesagt, und ich könnte nur neuerdings bekennen, für wie dringend geboten ich es halte, daß die Kinder endlich die Eltern in die Geheimnisse des Geschlechtslebens einführen. Denn dunkel und verschlungen, schrieb ich, sind die Pfade, auf die es führt, und wie oft strauchelt ein Erwachsener!

Ich zweifelte allerdings, ob mein Schreiben in der Enquête zur Verlesung gelangen würde. Mit Unrecht würde man es als den Ausdruck einer zynischen Lebensanschauung auffassen. Aber ich weiß, daß die Zukunft mir Recht geben wird. Vorausgesetzt natürlich, daß die Menschheit, soweit sie sich der Propaganda der Keuschheit anschließt, eine Zukunft noch hat. Aber auch jetzt schon kann man an täglichen Beispielen sehen, wohin die Unerfahrenheit der Erwachsenen führt. Hätten die Mitglieder der Enquête sich von ihren Kindern rechtzeitig darüber aufklären lassen, wie rege die Geschlechtstriebe im Menschen sind, sie wären nie auf die Idee verfallen, die Enquête ins Leben zu rufen. Denn die Enthaltsamkeit ist zwar nach Busch das Vergnügen an Dingen, welche wir nicht kriegen, aber Max und Moritz wissen sich zu helfen, und man glaubt gar nicht, wie vergnügungssüchtig die Welt im Allgemeinen ist. Sie kriegt lieber Geschlechtskrankheiten, als daß sie auf deren Ursache verzichtet, denn sie ist von jenen noch immer leichter zu kurieren, als von der Geneigtheit, sie sich unabsichtlich zuziehen. Daß die Gehirnerweichung mit der Syphilis zusammenhängt, ersieht sie ohnedies aus den Sitzungsberichten jener Enquêten, in denen ihr zum Schutz gegen die Gefahr die Vermeidung des Genusses empfohlen wird. Sie läßt sich von Sittlichkeitskongressen ebenso wenig bange machen, wie von medizinischen Versammlungen, die sich als Sittlichkeitskongresse entpuppen. Sie liest Ö. G. Z. B. D. G. und hofft, es werde ihr endlich die Örtliche Gelegenheit zur Betätigung des Geschlechtstriebes verraten werden. Denn diese ist es, die ihr so oft durch einen Paragraphenzaun und durch die Dornenhecke der Moral unzugänglich gemacht wird. Müßte sie jetzt auch aus Furcht vor venerischen Krankheiten auf den Anblick der Venus verzichten, so würde sie trübsinnig. Sie riskiert lieber die Liebe, als die Niete der Verzweiflung zu gewinnen. Schlimmeres kann ihr nicht geschehen, als daß sich die Beschäftigung mit der Lues einigen strebsamen Professoren aufs Gehirn schlägt, so daß der Beförderung zu Hofräten nichts mehr im Wege steht, und sie gehorcht dem Naturwillen, wenn es auch vorläufig immer noch mehr Orden für die Bekämpfer der Geschlechtskrankheiten gibt als Mittel zu deren Bekämpfung. Die Spezialisten werden ihr vielleicht einmal in der Ordinationsstunde wertvolle Dienste leisten können. Wenn sie ihr aber in einer Enquête Enthaltsamkeit verordnen, so ist im Himmel mehr Freude über einen Sünder, der nicht bereut, als über hundert Gerechte, die Karriere machen.

1908

BRUNOLD SPRINGER

Die genialen Syphilitiker

Das Leben der Menschheit hat – im Lichte der Ewigkeit – keinen Sinn, solange es die Syphilis gibt. Sie ist nur durch das schrecklichste Bild des Altertums auszudrücken, den Sisyphus-Vergleich: die tausendjährige Mühe, mit der die Menschheit den Block ihrer Kultur bergan wälzt, ist immer wieder vergeblich, so lange dieses Gift der Gifte nicht nur Hekatomben der Zahl nach, sondern Menschenopfer unerhört – die Besten – frißt.

Selbst der Alkohol, wahrlich ein Moloch der Vernichtung, ist harmlos im Vergleich zur Syphilis. Sie besorgt die Zerstörung der Säfte, die Verseuchung der fernsten Geschlechter, die höllische Verbrennung der Zukunft noch um vieles gründlicher. Der Alkohol ist im wesentlichen das Laster der Minderwertigen. Die Zahl der Genien, die ihm erliegen, ist klein. Und die Trunksucht ist in den meisten Fällen nur eine Folge der syphilitischen Erkrankung.

Die Syphilis wirft sich gar zu oft auf die Besten, die heißen Herzen, die jugendlichen Stürmer. In frühen Jahren werden sie ergriffen, jahrlang und qualvoll vernichtet. »Hier ist ein edles Organon zerstört,« läßt Konrad Ferdinand Meyer in seiner herrlichen Dichtung »Huttens letzte Tage« den großen Arzt Paracelsus sprechen. Das Hirn, die Quelle des Geistes und des höheren Lebens, ist verseucht.

Das nächste Jahrhundert wird der Aufzucht, der Reinigung, der Wiedergeburt, der biologischen Hygiene gehören. Die Syphilis aber macht jede Hochzucht unmöglich.

Und was ist aus der Liebe geworden? – Die Wollust der Kreaturen ist gemenget mit – Syphilis.

Zivilisation ist Syphilisation, – solange dies nicht anders wird, ist das Schicksal der Menschheit besiegelt.

Zahlenangaben ergreifen nicht, alles Rechnen läßt kalt. Nach wieviel Millionen die Zahl der Syphilitiker in der Welt rechnet, stört niemandem die Ruhe; aber wenn ihm die große Verlustliste der Genien des Menschheitsgeistes vor die Augen gehalten wird, muß jeder Fühlende tödlich erschrekken, wird er ans tiefste Herz gegriffen. Wie anders wären Welt und Leben, wenn alle diese Geister in guten Säften erhalten geblieben wären.

Ein Beispiel aus unserer eigenen letzten Zeit: In einer und derselben Woche sind Woodrow Wilson und Wladimir Iljitsch Lenin ihrer Paralyse erlegen! Reicht die menschliche Phantasie aus, sich eine Vorstellung davon zu machen, wie alles gekommen wäre, wenn sie bei Kräften geblieben oder von der Krankheit früher weggerafft worden wären?

Man stelle sich vor: Napoleon des Ersten Ende ist durch die Syphilis beschleunigt! Und sein Schicksal war nicht nur Frankreichs Schicksal, sondern das Schicksal Europas.

Weiter! Ein General, der im Kriege ein ganzes Heer befehligt, ist geisteskrank infolge Syphilis. Der Wahnsinn, den er anrichtet, ist unmeßbar. Und doch, dieses Beispiel ist nicht erfunden. Hunderttausende von Österreichern hatten das Unglück, unter dem Paralytiker General Potiorek zu dienen und, was bei diesem Marschall des Irrsinns dasselbe war, zu sterben. Und es hat recht lange gedauert, bis man an höchster Stelle merkte, daß dieser mit der größten Machtfülle ausgestattete Mann wahnsinnig war. Sollte sich, da Krieg ja überhaupt Geisteskrankheit ist, das Handeln der anderen Generäle nicht allzusehr von seinem unterschieden haben?

Oder sind die Menschen etwa gegen paralytische Zugführer, Straßenbahnfahrer, Autokutscher, Köchinnen, Kellnerinnen gesichert?

Ging nicht unlängst durch die Zeitungen die Nachricht von einem paralytischen Apotheker, der die ungeheuerlichsten Gifte als Medizin verkaufte?

Man erinnert sich noch des geisteskranken Strafrichters, dessen Urteile von Blut trieften. Er war der letzte nicht. Gibt es überhaupt ein Feld des menschlichen Lebens, und sei es das kleinste, auf dem nicht ein unerkannter Paralytiker grauenhaften Schaden stiften könnte?

Und nicht besser steht es mit den Kindern der Syphilitiker. Zahllos sind die Krankheiten und besonders die geistigen Störungen, die diese ärmsten der Erben tragen. Die vielen unbenannten und unbenennbaren Zwischenstufen der Geisteskrankheiten, die man unter groben Sammelnamen, wie Neurasthenie, Hysterie, Neurose und ähnlichen zusammenfaßt, enthalten die größte Fülle menschlichen Elends, der Menschheit ganzen Jammer. Wäre es außer der Möglichkeit, daß einer der Brandstifter des Weltkrieges oder einer der Schuldigen des Versailler Friedens der eigenen oder der erblichen Paralyse verfallen wäre? Für einen von den Hauptspielern des Weltkrieges ist der Verdacht, daß sein Vater an Syphilis gelitten habe, sehr groß. Gibt es nicht noch heute oder gab es nicht bis vor wenigen Jahren Männer, die, nach Neros Wunsch, die Welt wie ein Taubenei in ihrer Hand hielten, um es zu zerdrücken?

Die Aufgabe ist, die Einwirkung der Syphilis auf die Kultur zu untersuchen. Die ärztliche und die rechtliche Seite können hier nicht behandelt werden.

Die Kultur in diesem Sinne, das geistige, seelische, künstlerische, wissenschaftliche Leben ist das Werk der Genialen. Für die Frage, wie die Syphilis unter den Genialen haust, ist das wichtigste, den Eintritt der Erkrankung und die Wirkung auf ihr Werk festzustellen; zwei schwierige Aufgaben, deren volle Lösung erst in später Zeit möglich sein wird, wenn die Geschichte der Literatur, der Kunst, der Philosophie, der Politik biologisch unterbaut sein wird.

Es fehlt nicht an solchen, die in den Geschlechtskrankheiten so etwas wie einen Kulturfaktor, einen Schutz sehen; sie wollen die Ausrottung der Geschlechtskrankheiten deshalb nicht, weil die Ansteckungsgefahr die Unsittlichkeit einschränke, weil viele, die heute aus Furcht vor der Ansteckung den Verkehr mit Dirnen und Dirnengleichen meiden, dann ein lockeres Leben führen würden. Sie wollen die Furcht vor der Ansteckung, die heute schon bei dem einzelnen oft zu einem ungesunden Zug ausartet, möglichst verallgemeinern. Sie vergessen, daß die Vertilgung der Geschlechtskrankheiten das ganze Bild mit einem Schlage ändern würde; denn sie würde der Unfruchtbarkeit der Dirnen, die heute die Vorbedingung dieses Gewerbes ist und lediglich in den Geschlechtskrankheiten ihren Grund hat, ein Ende machen. Wer aber das Elend der schuldlosen Frauen und Kinder und die Vergiftung alles Lebens begriffen hat, weiß, daß man von guten Seiten der Syphilis nicht reden darf; sie loben, ist ebenso wie den Krieg preisen, weil er hier und da einen edlen Zug im Menschen entwickelt.

1926

ALFRED ADLER

Syphilidophobie

Es kommt mir selten ein Fall von Neurose vor, der nicht in ausgeprägter Weise Gedankengänge der Syphilisfurcht verriete. Bald steht dieses Symptom im Vordergrund, ist oft scheinbar das einzige, dessentwegen der Patient den Arzt aufsucht, bald wieder verwebt es sich mit einer Unzahl anderer Symptome in der mannigfachsten Weise. Meist sind es Patienten, die noch keine Infektion durchgemacht haben. Aber auch ehemals infizierte Neurotiker zeigen zuweilen eine derartige Phobie, ersetzen sie jedoch häufiger durch die Furcht vor Gonorrhöe, vor Morpiones und Ungeziefer oder vor Tabes und Paralyse, oder sie zittern vor dem Schicksal ihrer noch lange nicht geborenen Kinder. Stets heftet sich ein ungeheueres Interesse an den Syphiliskomplex, in Wort und Schrift jagen sie diesem Thema nach, und nicht selten findet man auch, wie sich diese Aufmerksamkeit zeichnerisch, malerisch, erfinderisch betätigt, wie z. B. bei *Felicien Rops.*

Daß die Phobiker und Hypochonder *vorsichtig* sind, ist eine Binsenwahrheit, und es lohnte nicht der Mühe, davon zu sprechen, *wenn sie diesen Charakterzug nicht mit jedem Neurotiker teilten.* Eine eingehende Analyse ihrer Zustände

kann jeden leicht belehren, daß die phobischen und hypo-
chondrischen Symptome eine ausgezeichnete Eignung besitzen, ihren Träger vor einer Gefahr zu sichern, ja daß Vorsicht in unserem Sinne fast überflüssig erscheint, *da sie ganz
durch die Phobie ersetzt werden kann,* wie die Angst durch
die Sicherung. Nur daß die Phobie an einer anderen, früheren, rückwärts gelegenen Stelle des menschlichen Bezugs-
systems einsetzt und deshalb zu stärkeren, weiter greifenden
Ausschaltungen führt als die Vorsicht.

Nun entstehen jene Zustandsbilder, deren Auflösung und
Verständnis so große Anforderungen an den Neurologen
stellen. *Da die Phobie aus der Sicherungstendenz entspringt,*
den Patienten mehr als genugsam behütet, darf er sich schon
den Luxus erlauben, Unvorsichtigkeiten bei kleinen Anläs-
sen zu begehen. In der Tat wird jeder Syphilidophobe Beweise erbringen, wie unvorsichtig er sein kann. [...] »So unvorsichtig kann ich sein! Ich kenne keine Grenzen! Also
Vorsicht!« Dies ist die zwingende Seelenregung des Pho-
bikers, die er regelmäßig auftauchen läßt, ob er sich nun
irgendwelcher Unvorsichtigkeiten erinnert, oder ob er sie,
was wohl bedeutungsvoller wird, *im kleinen arrangiert.*

In dieses *neurotische Arrangement* gehört z. B. die dauernde oder gelegentliche Abneigung gegen Schutzmaßregeln. Als Erklärung für diesen »Leichtsinn« hört man stets
die gleichen scheinbaren Ungereimtheiten: »die Schutzmaßregeln taugen nichts!« – Oder: »Ich bin nicht imstande
sie zu benützen.« Und ähnliches mehr. [...]

In diesem Gebaren liegt derselbe Sinn, den ich in meinen
früheren Arbeiten wiederholt beschrieben habe: der Patient
spielt mit der Gefahr, läuft seinen Ohrfeigen nach, nur um
sich in sein Sicherungsnetz um so fester einzuspinnen, um
sich die sonstigen Gefahren der Außenwelt und seine eigene
Minderwertigkeit recht drastisch vor die Seele zu rücken.
Ein Patient, der kurz nach einer erworbenen Lues wegen
anderer nervöser Symptome in meine Behandlung kam,
drückte dieses Verhältnis mit den Worten aus: »Jetzt bin ich
erst von meiner Angst erleichtert, seit ich an Lues erkrankt
bin. Seit 10 Jahren habe ich auf diese Infektion mit Angst

und Bangen gewartet!« Was ihn wirklich erleichterte, war seine nunmehrige Enthebung von der Liebe und Ehe.

Die meisten der Syphilidophoben rücken allerdings mit ihrer Sicherungstendenz direkt gegen die Infektionsgefahr vor. Sie sichern sich auf allen entfernteren und näheren Gebieten, die mit der Infektionsmöglichkeit zusammenhängen, vermeiden sogar Berührungen, Trinken aus fremden Gläsern, schließen sich von Gesellschaften ab und können nur den eigenen Abtritt benützen. In den weiteren Kreis ihrer Sicherungen gehören Masturbation, Ejaculatio praecox, Pollutionen und psychische Impotenz. Auch gewisse Charakterzüge werden maßlos verstärkt. So der *Geiz*. Dadurch ist ihnen der Weg zur Liebe aufs äußerste erschwert. Ihre *Ästhetik und ihre ethischen Grundsätze* erreichen ein unheimliches Maß, ihre Augen, Ohren und Nasen wittern überall Unrat und Fehler, ganz so wie beim Waschzwang. Die syphilidophobischen Mädchen flirten oft unaufhörlich, schrecken aber vor der Liebe und Ehe wie die männlichen Patienten zurück. »Wegen des Geruchs, wegen der Unreinlichkeit, wegen der Flatterhaftigkeit, Verlogenheit, – weil die Männer nicht rein in die Ehe treten –,« also lauten die bezüglichen Erklärungsversuche. Nicht so selten hört man von Mädchen die Befürchtung, vom Manne in der Ehe infiziert zu werden. Weitere Sicherungen solcher Frauen sind Vaginismus und Frigidität, solcher Männer und Frauen Homosexualität und Perversionen.

Ist man in der Analyse bis zu diesen Zusammenhängen vorgedrungen, und versteht der Patient seine Syphilisfurcht als eine Form der Rückendeckung, als eine *halluzinatorische Erregung,* die ihm *fast* die letzte Konsequenz eines unbedachten Schrittes vorspiegelt, nämlich den bevorstehenden Eintritt der Infektion, so klingt die Syphilidophobie in vielen Fällen ab.

1924

8 »Kreuzzüge edler Seelen«
Mission und Leidenschaft der Sittlichkeit

MAX GRUBER

Die Prostitution vom Standpunkte der Sozialhygiene aus betrachtet

Als ein Schurke oder als ein Thor muss Derjenige bezeichnet werden, der dem Volke von einem Rechte auf unbeschränkten Geschlechtsgenuss, auf höchstes Liebesglück predigt. Mögen neun Zehntel aller Ehen sogenannte unglückliche Ehen sein, d. h. nicht das dichterische Ideal eines unerschütterlichen, von Zeit und Umständen unabhängigen Liebesbundes verwirklichen, das schadet dem Volkskörper viel weniger, als ihm die »freie Liebe« schaden würde, die – was auch Faselhänse von ihrer hohen Sittlichkeit schwärmen mögen – uns Alle wieder zu niedrigen Thieren machen würde. Denn man nehme den Zwang der Pflicht von uns, und man wird die Bestie sofort erwachen sehen, die in uns Allen schlummert. Ich fürchte, die Meisten von uns Männern würden sich nicht so benehmen, wie der edle Hengst, der betrogen werden muss, wenn er eine gemeine Rasse verbessern helfen soll, sondern wie die Hunde auf der Strasse: und nicht wie der mythische Pelikan, der sich die Brust aufreisst, um seine Jungen zu nähren, sondern wie der Kuckuck!

Man rede übrigens den Leuten nur nicht ein, dass sie unglücklich verheiratet seien, und sie werden nicht unglücklich sein. Jene feinsten Sinne, die nur vom Besondersten, Edelsten entzückt werden, jene eigenartig geformten Seelen, die stumm bleiben, bis jener einzige Ton erschallt, auf den sie gestimmt sind, um dann auf's Mächtigste mitzuschwingen, sind zum Glücke für die Gattung nur spärlich gesäet. Seien wir Wald- und Wiesenmenschen zufrieden, dass wir nicht so »wunderlich« sind. Wenn sich auch ein Jeder eine Frau zur Heirat suchen würde, der er von Herzen gut sein kann – und ein Narr, der anders handelt – jeder Hans könnte seine Grethe finden, mit der er zufrieden sein kann. Es gibt mehr als genug Frauen, die es verdienen, von ihren Ehemännern dauernd geliebt zu werden. Jedenfalls haben wir Männer viel weniger Ursache uns zu beklagen als die Frauen. Ich fürchte bei einer Statistik der Liebenswürdigen würde unser Geschlecht recht schlecht wegkommen. In dem Gemüth der lieben Frauen ruht ein unendlicher Schatz glückbringender natürlicher Güte. Mit ein wenig gutem Willen und Wohlwollen ist er leicht zu heben, und wenn er bei so mancher Frau in bodenlose Tiefe versunken ist, so ist daran zumeist der kalte Egoismus und die Brutalität des Mannes schuld.

Ohne Zweifel bieten sie ein erhabenes Schauspiel, jene himmelstürmenden Feuerherzen, denen nur das Herrlichste gut genug ist, deren Wahlspruch lautet: Alles oder Nichts!, jene Geister, die gewillt und fähig sind, an einen gotterfüllten Augenblick Jahre der Alltäglichkeit zu wagen, im Glück einer Sekunde Entschädigung für das Leid eines ganzen Lebens zu finden. Dieser Opfermuth darf sie zwar nicht straflos machen, wenn sie Gesetz und Sitte übertreten, aber er adelt sie. Aber man rede doch nicht dem Durchschnittsmenschen ein, dass er einer solchen Hingabe und Entsagung, oder um nüchterner zu reden, solchen Wahnsinns fähig sei. Wenn ich mir die »ungestillte Liebessehnsucht« des Philisters genauer besehe, so finde ich lediglich die sehr verbreitete und sehr begreifliche Neigung, von allen guten Dingen zu naschen. Soll das Naschen auch zu den ewigen Menschenrechten gehören?

Der Ueberschwang der Künstlerseelen bleibt dem Durchschnittsmenschen ewig fremd; glücklich, wenn er ihn nur ein wenig nachzuempfinden vermag. Dann wird für seine stumpfere, aber standfähigere und der Gattung nützlichere Seele der Brand, der die Romeos und Julien verzehrt, zum behaglichen Feuerchen, an dem er seine Hausmannskost wärmen kann; der Sonnenglanz, der die Sonnensöhne unwiderstehlich zum verderbenbringenden Fluge verlockt, zum Lämpchen, das über seine behagliche, wenn auch etwas nüchterne Stube einen poetischen Schimmer wirft.

Nein, dem Durchschnittsmenschen werden niemals Flügel wachsen. Befreie ihn vom Zügel, und er wird straucheln und fallen, er wird nicht zum Gott, er wird zum Thier werden. Er braucht die Führung, er braucht den Zwang zu seinem eigenen Besten und empfindet ihn auch in seinem Innersten unbewusst als Wohlthat. Indem unsere animalischen Begierden gezügelt werden, wachsen unsere menschlichen Empfindungen und Bedürfnisse, die für sich allein zu schwach gewesen wären, um neben jenen emporzukommen. Die Zwangsehe verbürgt gegenseitige Hilfe und Beistand bis in's Alter hinein, entwickelt Gefühle der Waffenbrüderschaft, des wechselseitigen geistigen Antheils, der Freundschaft, führt zu einem Austausche der Gedanken, wie sie ohne sie zwischen Durchschnittsmann und Durchschnittsfrau nie entstehen würden. Was strenge Ehegesetze dem Menschen an sinnlichem Genusse nehmen, das ersetzen sie ihm tausendfach durch diese Vortheile, durch die hier neu erwachsenden Lustgefühle.

Und wenn dem auch nicht so wäre, der Staat ist Macht und muss seine Macht gebrauchen auf dem Gebiete des Geschlechtslebens wie auf jedem andern zum Wohle der Gesammtheit.

Die Ehe und die Ordnung des Geschlechtsverkehres legt ohne Zweifel dem Einzelnen schwere Entbehrungen auf. Bei der wachsenden Dichtigkeit der europäischen Bevölkerung, bei der wachsenden Schwierigkeit, die nöthige Nahrung für alle herbeizuschaffen, bei der wachsenden Ungleichheit des Besitzes und den wachsenden Ansprüchen in der Lebenshaltung, kommen die Leute immer später dazu, normalen, ehelichen Geschlechtsverkehr pflegen zu können, wächst die Zahl Derjenigen, welche gar nicht zur Ehe gelangen, immer mehr. Und von allen Ledigen muss die Gesellschaft im Prinzipe Enthaltsamkeit vom Geschlechtsverkehre überhaupt verlangen.

Ist diese Enthaltsamkeit denn physiologisch möglich, hygienisch zulässig? Gewöhnlich hört man diese Fragen, häufig auch von Aerzten bezüglich des Mannes, ja selbst bezüglich der so ganz anders gearteten Frau verneinen.

Diese Verneinung ist aber ganz irrig. Die Absonderung der Geschlechtsdrüsen des Mannes erzeugt nicht ein Excret, das dem Körper schädlich ist. Sie hat mit Leben und Gesundheit des Individuums an und für sich gar nichts zu thun.

Sie erfolgt nur im Dienste der Gattung. Der junge Mann bildet sich sehr häufig ein, der Geschlechtsverkehr sei die höchste Bethätigung der Persönlichkeit. Thatsächlich ist er aber die Folge der Unterjochung der Persönlichkeit unter einen ihr ganz fremden Zweck. Thatsächlich zeigt die Natur darin, dass sie in vielen von uns schon den Trieb erweckt, wenn wir noch längst nicht ausgewachsen, noch nicht voll entwickelt sind, wie wenig ihr an dem Individuum gelegen ist, wie sehr es ihr nur auf die Erhaltung der Art ankommt.

Kein Schatten eines Beweises liegt dafür vor, dass die Enthaltsamkeit der Gesundheit schade, dagegen fühlen es alle Diejenigen, welche intensive geistige und körperliche Arbeit leisten müssen, gerade bei den höchsten Anspannungen der individuellen Kräfte, wie sehr Enthaltsamkeit ihren Schwung, ihre allerpersönlichste Leistungsfähigkeit erhöht. Das wussten die Athleten des Alterthums und wissen unsere Sportsmänner, das wissen die genialen Forscher wie die schöpferischen Künstler.

Wie wenig das Entbehren des Geschlechtsverkehres der Gesundheit schadet, das sehen wir auch bei manchen unserer Hausthiere, die zum Geschlechtsverkehre niemals zugelassen werden, z. B. bei Hengsten und Stuten, bei feinen Hühnerhunden. Alle statistischen Daten, die man als Beweise für die hygienische Nothwendigkeit des Geschlechtsverkehres hat beibringen wollen, halten die Kritik nicht aus. Mönche und Nonnen haben, wenn wir von besonders gefährdeten Kategorien, wie den barmherzigen Schwestern absehen, keine höhere Sterblichkeit als die Verheirateten und die höhere Sterblichkeit der ledigen Männer – abgesehen von Priestern und Mönchen – gegenüber den verheirateten kann schon desshalb nicht auf den Mangel des Geschlechtsverkehres bezogen werden, weil die ungeheure Mehrzahl der Ledigen heute gar nicht enthaltsam lebt. Der Unterschied wird völlig ausreichend dadurch erklärt, dass die Ehe von vornherein wenigstens in einem gewissen Ausmasse eine Auslese der körperlich und sittlich Tüchtigeren, der ökonomisch besser Situirten trifft, dadurch, dass das

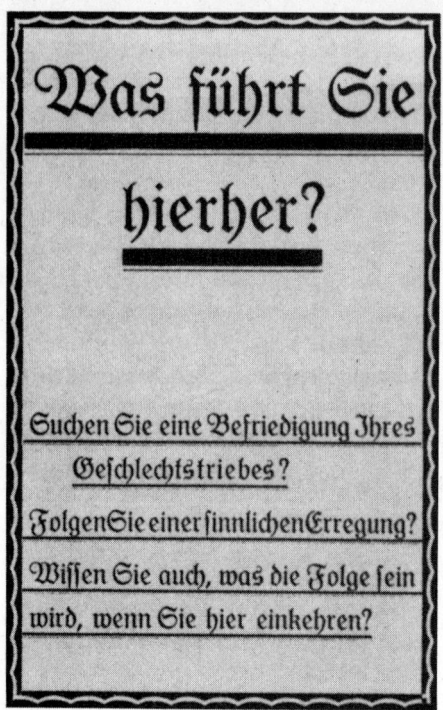

Flugblatt der
Mitternachts-
mission
um 1910

Was führt Sie

hierher?

Suchen Sie eine Befriedigung Ihres
Geschlechtstriebes?

Folgen Sie einer sinnlichen Erregung?

Wissen Sie auch, was die Folge sein
wird, wenn Sie hier einkehren?

Leben der Verheirateten viel ruhiger, gleichmässiger, geord-
neter, mit viel weniger Excessen verläuft, dass sie von
Geschlechtskrankheiten mehr verschont sind u. s. w. Ganz
ebenso erklärt sich die grössere Häufigkeit des Irrsinns und
der Selbstmorde der Ledigen. Die Sterblichkeit der verheirateten Frauen aber ist in dem Alter der Zeugungsfähig-
keit viel grösser als die der Ledigen. Die Schäden, die durch
das Fortpflanzungsgeschäft erzeugt werden, sind eben viel
gewichtiger als die angeblichen der Enthaltsamkeit. Dass
Bleichsucht, Geschwülste, Hysterie Folgen der Enthaltsamkeit der Frauen seien, sind Fabeln, die längst als solche erwiesen sind. […] Nein, wenn der Instinkt der Gattung in uns
nicht viel mächtiger wäre als der Instinkt des Individuums,

dann würden sich die Geschlechter meiden. Aus der bei halbwüchsigen Knaben so häufigen heftigen Abneigung gegen das weibliche Geschlecht spricht gewiss die instinktive Furcht des Individuums vor dem drohenden Verlust seiner Unabhängigkeit, vor seiner Knechtung durch eine seiner Persönlichkeit fremden Macht.

1905

ÖDÖN VON HORVÁTH

Der internationale Kongreß zur internationalen Bekämpfung des internationalen Mädchenhandels

DER KONGRESS *beim Bankett mit diskreter Tafelmusik von Mozart. Fressen und Saufen.*

DER GENERALSEKRETÄR *erhebt sich nervös:* Hochzuverehrender Herr Präsident! Mit ehrlicher Ehrfurcht, rein menschlichem Stolz und tatsächlich aufrichtiger Dankbarkeit dürfen wir im Namen unserer Nachwelt die überragenden Verdienste des Kongresses rühmend erwähnen und feiern. Ja!

EIN LAKAI *läßt eine Schüssel fallen, die klirrend zerbricht.*

DER KONGRESS *zuckt nervös zusammen.*

DER GENERALSEKRETÄR Das Unselbstische unserer Arbeit bietet die beste Gewähr für den endlichen Sieg unserer Ideale, den Triumph des An-sich-Seelischen über das An-sich-Körperliche, –

EIN DELEGIERTER *mit vollem Maul:* Bravo! Bravo!

EINE DELEGIERTE Hört! Hört!

DER GENERALSEKRETÄR – die Herrschaft der gereinigten Liebe und die unwiderrufliche Ausrottung der käuflichen

Fleischeslust. Ja! Und so erhebe ich nun im Namen des Kongresses mein Glas auf das geistige Wohl unseres hochverdienten Präsidenten, des Generaldirektors der Vereinigten künstlichen Ölwerke, des wirklichen Geheimen Rates Dr. Dr. honoris causae!

DER KONGRESS Hoch! Hoch! Hoch!

Fressen und Saufen.

EIN DELEGIERTER *leise zu seinem Nachbar:* Wie heißt der Präsident?

SEIN NACHBAR Honoris Causae.

DER DELEGIERTE Das klingt romanisch.

DER NACHBAR Ist aber ein guter Deutscher.

DER PRÄSIDENT *erhebt sich:* Mein Kongreß! Indem ich mir erlaube, für das mir dargebrachte seltene Vertrauen zu danken, begrüße ich vor allem den anwesenden Vertreter des Kriegsministeriums.

HAUPTMANN, *der in dieser Eigenschaft am Bankett teilnimmt, verbeugt sich leicht.*

EINE DELEGIERTE Hurrah!

DER PRÄSIDENT Hoffen wir auf die tatkräftige Hilfe der beteiligten Ressorts. Dann bin ich überzeugt, daß wir bis zum nächsten Kriege gewaltige Fortschritte erzielt haben werden. Danke meine Damen und Herren! *Er setzt sich.*

DER KONGRESS *erhebt sich, trinkt sich zu und setzt sich. Fressen und Saufen.* […]

DAS FRÄULEIN *erscheint vor dem Kongreß.*

DER KONGRESS *starrt sie verdutzt an.*

Pause.

DAS FRÄULEIN Als ich acht Jahr alt war, starb mein Vater, während meine Mutter noch lebt. Aber wir wollen nichts voneinander wissen, denn sie hat meinen Vater nicht ausstehen können. Ich hab sehr bald verdienen müssen, weil nichts da war, aber die ersten Jahre hat es mir nirgends gefallen, weil ich boshaft behandelt worden bin. Ich lernte nähen.

Pause.

DER PRÄSIDENT Was soll das? Wer ist denn die Person?

DER GENERALSEKRETÄR Pardon! Die Damen und Herren scheinen vergessen zu haben: diese Person ist jenes Fräulein, das nach Südamerika verkauft wird.

DER PRÄSIDENT Achjaja –

DER GENERALSEKRETÄR Laut Beschluß unseres achten Unterausschusses –

EINE DELEGIERTE *erhebt sich und unterbricht ihn:* Ich führe den Vorsitz im achten Unterausschuß. Wir hatten einstimmig beschlossen, diese Person zu analysieren, um auch von der seelischen Seite her die Prostitution bekämpfen zu können.

DER VORSITZENDE Achjaja –

DIE VORSITZENDE Wir legen dieser Person drei Fragen vor. Erstens: ob sie sich freiwillig oder gezwungenermaßen verkauft? Zweitens: wenn freiwillig, dann wieso? Drittens: wenn gezwungenermaßen, dann warum?

DER GENERALSEKRETÄR Also, bitte, Fräulein, antworten Sie. Ja!

DAS FRÄULEIN Ich bin Kindergärtnerin.

DER VORSITZENDE Lassen Sie das, wir sind unter uns!

DER GENERALSEKRETÄR Hat man Sie gezwungen, Kindergärtnerin zu werden?

DAS FRÄULEIN *schweigt.*

DER GENERALSEKRETÄR Ja oder nein?

DAS FRÄULEIN *schweigt.*

DER GENERALSEKRETÄR So antworten Sie doch, bitte! Ja!

DER PRÄSIDENT Na los! Los! Los!

DAS FRÄULEIN Ich habs mir überlegt.

DER GENERALSEKRETÄR Geben Sie acht! Hat Sie jener Herr Alfred etwa gezwungen –?

ALFRED *tritt rasch vor den Kongreß:* Halt! Ich verbitte mir jede Verdächtigung! Bitte, Fräulein, sagen Sie es dem Kongreß: hab ich Sie gezwungen oder sind Sie mir denn nicht direkt nachgelaufen? Antwort, bitte!

DAS FRÄULEIN Ich bin Ihnen direkt nachgelaufen.

ALFRED Na also!

DER GENERALSEKRETÄR Pardon, Herr, aber unsereins hört so mancherlei –

ALFRED Es gibt überhaupt keinen Mädchenhandel. Es gibt lediglich Stellenvermittler und das gewaltsame Fortschleppen der Fräuleins ist Quatsch!

EIN DELEGIERTER *erhebt sich:* Pardon, aber das dürfte stimmen.

ALFRED Und ob!

DER DELEGIERTE Ich bin Sanitätsrat in Santa Fé de Bogota und an Hand meiner reichen persönlichen Erfahrungen sehe ich die Urursache der Prostitution in einer gewissen Degeneration.

ALFRED Na was denn sonst!

DER SANITÄTSRAT In einer gewissen Entartung. Vor allem einzelner Muskelpartien.

ALFRED Na klar! *Er zündet sich eine Zigarette an.*

DER SANITÄTSRAT In Santa Fé de Bogota ist das Wetter meistens schön. *Er sieht in weite Fernen.*

DER PRÄSIDENT *lacht über einen Witz, den ihm sein Nachbar erzählt hat:* – wie? Und dann hat er gesagt sie wäre –

SEIN NACHBAR Kennen Sie den? Zwei Radfahrer treffen sich in Czernowitz – *Er flüstert.*

ALFRED Sagen Sie, Herr Sanitätsrat, würde sich nach Ihrer Erfahrung der Export nach Santa Fé de Bogota rentieren?

DER SANITÄTSRAT Sicherlich! Ich kenne jedes Bordell in meinem Vaterlande und kann Ihnen daher mit dem besten Gewissen nur raten zu exportieren. Leider Gottes sind derlei Geschäfte ungemein vorteilhafte Kapitalanlagen.

ALFRED Hm. *Er rechnet in seinem Notizbuch.*

DER SANITÄTSRAT Meine sehrverehrten Kongreßkommilitionen! Meiner Überzeugung nach kann bei einem etwaigen Exporte, zum Beispiel nach meiner Heimat, von einer Zwangslage der Exportierten nicht gesprochen werden. Wir sind doch immerhin noch Menschen und haben unseren freien Willen. Ich wiederhole: es ist lediglich Degeneration. *Er setzt sich wieder, frißt und sauft.*

ALFRED Lediglich. *Er rechnet mit dem Finger in der Luft.* Lediglich.

SCHMINKE *erscheint.*

DER GENERALSEKRETÄR *schnellt empor und starrt ihn an.*

SCHMINKE *zu Alfred:* Lediglich? Lügen Sie nicht, lügen Sie nicht.

ALFRED *sieht ihn nicht, er hat noch den Finger in der Luft:* Hat wer was gesagt?

SCHMINKE Hier dreht es sich nicht um Degeneration.

ALFRED Sondern?

SCHMINKE Sondern lediglich um wirtschaftliche Not.

ALFRED Natürlich. Aber als Kaufmann muß man doch mit der wirtschaftlichen Not rechnen. Mit der Bedürfnisfrage. Wo käm man denn hin?

DAS FRÄULEIN *zu Alfred:* Mit wem sprechen Sie?

SCHMINKE Mit mir.

DAS FRÄULEIN *starrt ihn ängstlich an.*

ALFRED Mir wars nur, als hätt wer was gesagt – was ganz blödes – *Er rechnet weiter.*

SCHMINKE *zum Fräulein:* Fräulein, vielleicht finden Sie es eigenartig, daß ich Sie anspreche und daß es sich dabei um Prinzipielles dreht. Ich kenne Sie. Es dreht sich hier nicht um Sie persönlich.

DAS FRÄULEIN *weicht scheu zurück.*

SCHMINKE Ich persönlich will nichts.

DAS FRÄULEIN Sie reden wie ein Buch.

SCHMINKE Bitte bilden Sie sich ein, Sie wären ein Buch und existierten in Millionen Exemplaren. Allein Ihre deutsche Ausgabe hat bereits die hundertste Auflage überschritten. Ich kenne das Buch. Ich kenne die Leser. Ich kenne den Verfasser!

DAS FRÄULEIN Ich versteh Sie nicht.

SCHMINKE Ich versteh, was Sie wollen, und weiß, was Sie müssen.

DER GENERALSEKRETÄR *hat sich gefaßt und schreit Schminke an:* Raus! Raus! Augenblicklich raus!

SCHMINKE Machen Sie sich nicht lächerlich!

DER GENERALSEKRETÄR Ich pflege mich nicht lächerlich zu machen, Sie! Raus! Raus! Oder –

SCHMINKE *unterbricht ihn:* Was oder? Wer mir droht, den lach ich aus! Sie vergessen: ich bin ja bereits ausgezählt.

Hier steht eine Idee, Herr Generalsekretär! Lassen Sie es sich sagen: selbst wenn das Fräulein degeneriert sein sollte, so verkauft sie sich dennoch lediglich unter dem Zwange der wirtschaftlichen Not, als Folge der bürgerlichen Produktionsverhältnisse! [...]

DER PRÄSIDENT Zur Geschäftsordnung!

DER GENERALSEKRETÄR *leert noch ein Glas Sekt:* Ich bin schon heiser, aber weiter! Nicht nur dieses Fräulein, sondern Millionen Fräuleins leiden unter akkurat derselben typischen Not, ohne sich dieserhalb zu verkaufen. Wir kommen jetzt zum psychologischen Kern. Wir fragen das Fräulein: warum verkaufen Sie sich? Warum bringen Sie sich nicht um?

DIE ALTMODISCHE DELEGIERTE Wäre ich gezwungen, zwischen Tod und Prostitution zu wählen –

DIE VORSITZENDE *schnellt empor und unterbricht sie kreischend:* Meine Herren! Wir alle würden uns erschießen!

ZURUFE Bravo! Bravo!

DAS FRÄULEIN Ich wollt mich schon mal umbringen, aber dann hab ich mir gedacht, ich verkauf mich doch lieber. Weil es leichter geht.
Pause.

DIE ALTMODISCHE DELEGIERTE Ist das noch ein Mensch?

DER STUDIENRAT Ist denn diese schamlose Person bar jeder menschlichen Scham?

DER PRÄSIDENT Bitte Herr Studienrat, nehmen Sie trotz Ihrer berechtigten Empörung Rücksicht auf die anwesenden Damen.

DER STUDIENRAT An mir zittert alles –

DIE ALTMODISCHE DELEGIERTE *zum Generalsekretär:* Bitte fragen Sie doch die Person, ob sie den Begriff ›reine Liebe‹ kennt?

DER GENERALSEKRETÄR Fräulein, kennen Sie –

DAS FRÄULEIN *unterbricht ihn:* Nein.

DER GENERALSEKRETÄR Und warum nein?

DAS FRÄULEIN Weils das nicht gibt.

HAUPTMANN *lacht hellauf.*

DIE ALTMODISCHE DELEGIERTE Charmant!

DER GENERALSEKRETÄR Geben Sie acht, Fräulein! Woher wollen Sie wissen, daß es keine reine Liebe gibt?

DAS FRÄULEIN Ich war mal verheiratet.

DER STUDIENRAT Korrekt?

DAS FRÄULEIN Sogar kirchlich. Aber nicht lang.

DER GENERALSEKRETÄR Weshalb nicht lang?

DER PRÄSIDENT Bitte um eine zusammenfassende Darstellung!

DAS FRÄULEIN Mein Mann war sehr moralisch. Er hatte ein Zigarettengeschäft und ließ sich scheiden, weil ich mal mit einem fremden Herrn zu einer Gartenunterhaltung ging. Mein Mann hieß Ferdinand.

DER PRÄSIDENT Weiter!

DAS FRÄULEIN Dann ließ mich aber auch der fremde Herr stehen, weil ich ihm auf die Dauer zu langweilig war. Ich glaub, er war ein Schuft.

HAUPTMANN So wird man zum Schuft, meine Sehrverehrten!

DER STUDIENRAT Toll! Fürwahr!

HAUPTMANN Ein Cabaret!

DER PRÄSIDENT *höhnisch:* Das gnädige Fräulein hofften wohl wieder kirchlich getraut zu werden?

DER SANITÄTSRAT *kichert.*

DAS FRÄULEIN Nein.

DER GENERALSEKRETÄR Sondern?

DAS FRÄULEIN Ich hätt nur nicht gedacht, daß er mich hernach sofort stehen läßt. Heut bin ich ihm ja nicht mehr bös.

DER PRÄSIDENT *spöttisch:* Was Sie nicht sagen!

DAS FRÄULEIN Er hieß Arthur.

DIE ALTMODISCHE DELEGIERTE Weiter!

DAS FRÄULEIN Dann gings halt so dahin mit mir.

DER PRÄSIDENT Wohin?

DAS FRÄULEIN Ich hatte halt nichts.

DER PRÄSIDENT *grinst:* Keinen Arthur?

DAS FRÄULEIN Kein Geld.

DER SANITÄTSRAT Wer arbeiten will, der kann.

SCHMINKE Verzeihung! Sie sind doch Sanitätsrat?

DER SANITÄTSRAT Ja. Und?

SCHMINKE Ihr Vater war doch Fabrikbesitzer?

DER SANITÄTSRAT Wer arbeiten will, der kann.

SCHMINKE Und Sie heirateten die Tochter eines Juweliers aus der Bremerstraße.

DER SANITÄTSRAT *brüllt Schminke an:* Wer arbeiten will, der kann!

DAS FRÄULEIN Ich konnt nicht.

DER SANITÄTSRAT *schlägt mit der Faust auf den Tisch:* Ich verbitte mir das!

DAS FRÄULEIN *zuckt die Achsel.*

DER PRÄSIDENT Also das mit dem Nichtkönnen ist keineswegs zwingend.

DAS FRÄULEIN *zuckt die Achsel.*

DER STUDIENRAT Faul und frech.

DER SANITÄTSRAT Und degeneriert.

DIE ALTMODISCHE DELEGIERTE *zum Generalsekretär:* Bitte, Herr Generalsekretär fragen Sie doch diese degenerierte Person, ob ihr die Ausübung ihres schändlichen Gewerbes besondere Lust bereitet?

DAS FRÄULEIN Pfui!

ALFRED *sieht auf seine Uhr.:* Darf ich den Kongreß darauf aufmerksam machen, daß sich das Fräulein bald einschiffen muß. Es wird allmählich Zeit. Ich bitte also die Fragen –

DER PRÄSIDENT *unterbricht ihn:* Ich glaube, der Kongreß kann auf weitere Fragen verzichten. Wir haben soeben schaudernd einen Fall außerordentlicher Gefühlsroheit erlebt.

SCHMINKE Wann werden Sie Wohlfahrtsminister?

DER PRÄSIDENT Zur Geschäftsordnung!

DER GENERALSEKRETÄR *erhebt sich:* Herr Alfred! Es bereitet mir eine besondere Freude und Ehre, Ihnen für Ihre aufopferungsvolle Mitarbeit den tiefempfundenen Dank des internationalen Kongresses für internationale Bekämpfung des internationalen Mädchenhandels aussprechen zu dürfen. Ihre solide Sachkenntnis lieferte dem

Kongreß neue Waffen, neuen Mut, neue Ausdauer in seinem homerischen Kampfe gegen die Hydra der Prostitution, in einem mörderischen Schlachten, das zu guter Letzt schlechterdings den Sieg des Irrationalen über das Rationale erstrebt!

SCHMINKE Bravo!

DER GENERALSEKRETÄR Ich erhebe mein Glas auf Ihr ganz Spezielles – *Er trinkt auf Alfreds Wohl.*

ALFRED *verbeugt sich vor dem Kongreß.*

DER KONGRESS *applaudiert.*
Musiktusch.

1929

ERICH MÜHSAM

Meta und der Finkenschafter

Herr Kunze stand als Hausverwalter
in Lohn bei einem Häuserwirt,
und seine Tochter in dem Alter,
wo so ein Mädchen liebend wird.

Er war ein Witmann, sie war Waise,
seitdem Frau Kunze jüngst entschlief;
sie teilten sich ihr Amt, wenn leise
des Nachts des Hauses Klingel rief.

Doch nach und nach ergab Herr Kunze
sein Witwerherz dem Alkohol
und überließ die Pförtnerfunze
der Tochter samt des Hauses Wohl.

Er schlief so fest als wie ein Igel;
doch Meta, denn so hieß das Kind,
schob treu besorgt des Tores Riegel
für Herrschaft sowie Hausgesind.

Erst fünfzehn und noch unerfahren,
erwuchs sie neben dem Portal.
Herr Kunze meint: In ihren Jahren
hat's Zeit noch, sie erfährt's schon mal.

Und sie erfuhr's nur wenig später,
und, wie so oft, auf schlimme Art.
Die Mütter sterben, und die Väter
versaufen Pflicht und Gegenwart.

Es wohnte dort in Aftermiete
im Bodenstübchen ein Student –
ein Finkenschafter, Halbsemite,
rothaarig, mit Kritiktalent.

Der hatte einmal schon beim Scheuern
das gute Mädchen angegrinst.
Doch deucht ihn, nächstens zu erneuern
die Freundlichkeiten, sei Gewinst.

Nun hatt er freilich zu dem Schlosse
den Schlüssel, so wie jedermann
als zahlungsfähiger Hausgenosse
ein solches Möbel fordern kann.

Doch einst in seines Nachttischs Lade
vergaß er ihn mit Vorbedacht,
und trank mit den Finken Limonade
und redete die halbe Nacht.

Er sprach von den sozialen Pflichten,
verwarf den Zweikampf voller Hohn,
und ihm begeistert beizupflichten
versäumte kein Kommiliton.

Dann trennt man sich mit Händedrücken,
auch unser Studio ging nach Haus,
und unterwegs sann er die Tücken,
die ihn beseelten, einzeln aus.

Dann riß er an des Hauses Glocke
um fünf Minuten nach halb drei,
und Meta kam im Unterrocke,
zu sehn, wer es so spät noch sei.

»Verzeihn Sie«, so begann der Bube,
»die Störung teuerste Mamsell.
Denn ich vergaß in meiner Stube
versehentlich den Hausschlüssell.«

Und während er die Zähne fletschte
aus falscher Liebenswürdigkeit,
nahm er den rechten Arm und quetschte
ihn um den Leib der jungen Maid.

Zwar wehrte sie sich erst des Bösen,
doch zog er ein Fünfmarkstück vor,
begann ihr vorn das Hemd zu lösen
und küßte sie aufs linke Ohr.

Nun könnte man mit Recht erwarten,
er trüg sie in sein Kabinett.
Spielt dort sein Spiel mit offnen Karten,
ein ehrlich Liebesspiel im Bett.

Dann hätte sie mit fünfzehn Jahren
geliebt, und das ist nicht zu jung,
und tät ihm ewiglich bewahren
die dankbarste Erinnerung.

Jedoch der rote Finkenschafter
zog sie im Hausflur nackend aus
und riß aus einem Brennholz-Klafter,
der dalag, einen Scheit heraus.

Den ließ er lichterloh entflammen,
und selbst entblößt – so gut wie ganz –,
vollführt er mit dem Kind zusammen
um diese Fackel einen Tanz.

Dann rief er aus: »Ist dieser Fetisch
nicht edler als die Sinnenlust?
Mein Kind, o bleibe stets ästhetisch!«
Und griff ihr an die weiße Brust.

Und ohne ihr Gefühl zu kennen,
löscht' er die Glut, die er entfacht,
ließ nur den Scheit zu Ende brennen
und wünscht' ihr trocken gute Nacht.

Doch Meta blieb zurück und weinte
und staunte dessen, was sie sah;
sie wußte nichts, wiewohl sie meinte,
daß nicht genug mit ihr geschah.

Dann nahm sie ihre paar Gewänder
und ging zu Bett, doch schlief sie nicht.
Sie dachte nur an ihren Schänder
und an sein rotes Bocksgesicht.

Besudelt blieb ihr ganzes Leben,
vergiftet war ihr reiner Sinn,
sie wollt sich nur ästhetisch geben
und wurde Frauenrechtlerin.

Nur einmal hatte sie für Liebe
fünf kümmerliche Mark erwischt,
doch waren dabei ihre Triebe
mit dem Scheit Holze aufgezischt.

O kommt mir nicht mit euerm keuschen
ästhetisch lüsternen Gegrein.
Ein liebes Mädchen zu enttäuschen,
vermag in Wahrheit nur ein Schwein.

1909

Prostituiertenbriefe
Von Frau Eggers-Smidt

Wenn ich nachfolgend einige Briefe von Prostituierten der
Öffentlichkeit übergebe, so beabsichtige ich damit nicht nur
denjenigen Lesern und Leserinnen der Zeitschrift, welche
keine Gelegenheit haben, diesen Mädchen menschlich näher
zu treten, einen Einblick in das Seelenleben derselben zu
verschaffen und so zu einem Verständnis der Denk- und
Empfindungsweise der Prostituierten beizutragen; was ich
vor allem möchte, ist, dem Vorurteil entgegenzutreten, daß
es unmöglich ist, gewerbsmäßige Prostituierte wieder zu
einem ehrlichen und anständigen Leben zurückzuführen.
Daß dies in den meisten Fällen außerordentlich schwer und
in vielen Fällen unmöglich ist, da es sich oft um erbliche Be-

lastung durch trunksüchtige Eltern und äußerste Verwahrlosung von Jugend auf handelt, ist selbstverständlich, aber die Zahl derjenigen, die nicht für immer verloren sind, ist doch bedeutend größer, als gemeinhin angenommen wird. Freilich bedarf es dazu der Hilfe, des andauernden tatkräftigen mütterlichen Beistandes vorurteilslos gesinnter Frauen, welche es verstehen, das volle Vertrauen dieser Mädchen zu gewinnen, und sich auch durch Mißerfolge nicht abschrekken lassen. [...]

Da eine dauernde Rettung dieser Mädchen aber nur durch gänzliche Loslösung von ihrer bisherigen Umgebung, durch Arbeit, d. h. durch Erziehung zur Freude an Arbeit und Ordnung, zu erreichen sind, da jede Gerettete einen Ansteckungsherd *weniger* für die Gesellschaft bedeutet – und zwar bildet, wie wir oben gesehen haben, jede Gefallene einen Ansteckungsherd in physischer Beziehung für das männliche Geschlecht und in moralischer Hinsicht für das weibliche, durch den vergiftenden Pesthauch des bösen Beispiels, das sie gibt – so sind wir schließlich berechtigt, *vom Staate zu fordern,* daß er seine volle Macht einsetze und durch Gründung von Fürsorgeanstalten und Erziehungsheimen, durch Fortbildungsschulen und Besserungsanstalten, vor allem aber auch durch Aufklärung und erzieherische Einflüsse bei der männlichen Jugend, durch die Erleichterung früher Heiraten usw., durch die allein die unheilvolle »Nachfrage« gemindert werden kann, an seinem Teil dazu beitrage, daß Gefängnisse und Krankenhäuser sich leeren möchten von diesen Ärmsten der Armen.

Und nun will ich die Mädchen selbst zu Worte kommen lassen:

K. A. Dies Mädchen, das ich im Krankenhaus traf, macht sich ganz vorzüglich. Sie ist in der Anstalt, in die ich sie brachte, besoldete Helferin geworden. Sie ist sehr guter Leute Kind.

Auch ein anderes armes Mädchen aus Bremen, dem ich eine mütterliche Freundin geworden bin, macht sich dort so

214

gut, daß sie ebenfalls dort angestellt ist. Sie schreibt nicht selbst, da es ihr schwer wird.

X., den 17. Mai 1903.

Sehr geehrte Frau Eggers!

Ihre liebe Karte habe ich erhalten und mich sehr darüber gefreut. Und habe heute die Erlaubnis erhalten Ihnen zu schreiben, ich freue mich sehr das Sie mich hier her gebracht haben und es gefällt mir sehr gut. Es ist hier alles so schön im Garten alles grünt und blüht. Auch haben wir schon verschiedene Male in der Laube gesessen. Ich bin bei Schwester Anna in der Waschküche und habe auch schon mit gepletten wir haben immer fiel fremde Wäsche. Ostern war es hier auch sehr schön und 8 Tage später wurden die Kinder konfirmiert hier im Hause und wir andern waren mit zum heil. Sacrament daß war aber sehr feierlich. Auch kann ich ihnen mittheilen das die Oberschwester von hier versetzt ist und eine andere Oberschwester wieder bei uns. In der Woche haben 3mal aufsage-Stunde einmal Katechismus 2. Gesang 3. Epistel und wer das nicht kann die bekömmt kein Kaffee oder kein Sonntagskleid deshalb will ich immer tüchtig lernen und beten das ich den Schwestern und meine Eltern sehr fiel Freude mache. Auch das Sie sich auch mal wieder freuen wenn ich ein recht gutes Mädchen bin, denn ich möchte doch so gern ein gutes und frommes Mädchen werden und werde auch den lieben Gott fleißig bitten das Er mir dazu helfe. Hiermit will ich schliesen und hoffe das Ihnen dieser Brief bei guter Gesundheit antrifft und wünsche Ihnen ein gesegnetes Pfingstfest. Bitte grüßen Sie doch Schwester Klara u. Schwester Karoline von mir.

Mit vielen Grüßen

Ihre dankbare

K. A.

Die Briefe der E. L. sind sehr bemerkenswert. Ich habe sie im Oktober 1898 zuerst im Gefängnis gesehen.

Die E. L., ein sehr geschlechtskrankes und sehr wildes Mädchen, von dem der Sittenpolizist mir sagte, sie sei halb verrückt, sie führe dem Schutzmann direkt in den Bart wenn er sie arretiere, habe ich zweimal selbst in ein Asyl gebracht. Sie hat auf dem Krankenhause dem Arzt eine Schüssel an den Kopf geworfen, so daß er eine schwere Wunde davontrug; ihr Vater war ein Trinker (jetzt Guttempler). Geisteskrankheit ist in der Familie nachgewiesen, und dennoch ist es gelungen, dies Mädchen zu einer absolut fleißigen Arbeiterin zu machen und gänzlich der Prostitution zu entreißen, nun schon seit mehreren Jahren. Ihre Eltern sagten mir, man könne jetzt vor Freuden weinen wie man früher vor Kummer geweint habe.

Ich frage oft bei der Sittenpolizei in Bremen der Mädchen wegen nach und bekomme über die Schreiberin dieser Briefe immer die Antwort: »Wir sehen und hören nichts mehr von ihr.« Jetzt heiratet sie.

Oslebshausen bei Bremen, den 9. d. 02.

Liebste Mutter!

Betreffs Eures lieben Briefes den ich erhalten habe, theile ich Euch mit, daß ich mit Freuden in die Anstalt gehe: Darum lasse ich Frau Eggers-Schmidt herzlich bitten, mir doch zum Frauenheim zu bringen, wo B..... A..... gewesen ist. Liebe Mutter gehe bitte nach Frau Eggers, sobald Du meinen Brief empfangen hast und mache daß in Ordnung und sage zu Frau Eggers, ich möchte gerne ins Frauenheim. Ob sie mir nicht hinbringen möchte, kannst diesen Brief mitnehmen. Wenn dann alles soweit in Ordnung ist, dann benachrichtige mir bitte und komme zum Bahnhof, wenn ich hier frei komme. Ich habe noch einige Sachen die kann ich nicht mit nach der Anstalt nehmen. Schreibe hier auch gleich einige Zeilen für Frau Eggers bei.

Mache bitte alles in Ordnung liebe Mutter und lebt wohl.

Es grüßt herzlich Eure E.

Anbei: Grüße Frieda, Tine und Konni.

Wehrte Frau Eggers-Schmidt!

Entschuldigen Sie bitte diese wenigen Zeilen, habe nähmlich eine Bitte an Sie. Ich möchte gerne zum Frauenheim. Wollten Sie nicht so gut sein und mir dahinbringen. Bitte thun Sie es! Ich habe es ja nicht verdient, daß ich dahin komme. Aber ich bin jetz überzeugt, daß es nicht so weiter geht und mir im Frauenheim geholfen werden kann. Schlagen Sie mir darum die eine Bitte nicht ab und bringen Sie mir dahin.

Im Voraus besten Dank und Gruß

E... L...

Himmelsthür d. 6. April 1902.

Liebe Frau Eggers-Schmidt!

Endlich habe ich die Gelegenheit an Sie zu schreiben, es ist mir ordentlich wohl, daß ich Ihnen noch mal von Herzen danken kann. Sie glauben garnicht wie glücklich ich hier bin, denn es gefällt mir hier sehr gut. Die ersten sechs Wochen war ich im Nähsaal und jetz bin ich in der Waschküche, wo es mir sehr gut gefällt. Wie ich hier acht Tage war, hatten wir ein Fest, da wurden die Arbeitsräume eingeweiht. Es war wirklich schön, so schön hätte ich es mir nicht gedacht.

Liebe Frau Eggers ich habe mich hier sehr schnell gewöhnt. Ich habe ja manchmal Heimweh, aber das vergeht schnell wieder, denn ich bin hier gerne und wünsche mich hier garnicht fort. Ostern war es hier auch ganz schön, bei meinen Eltern habe ich ja schon schöne Ostern verlebt, aber es war hier doch viel besser. Denn wenn es Ostern ist, gehört man in die Kirche, draußen bin ich aber nicht zur Kirche gegangen, die letzten fünf Jahre nicht. Es ist ja sehr traurig, aber bei solch einen Lebenswandel konnte daß ja nicht ausbleiben. Da denkt man nicht ans Kirchen gehen. Darum habe ich mich stets gefreut wenn Schwester Wilhelmine Andacht hielt. Am Harmonium saß und spielte und vier Mädchen sangen. Hier ist es nun doppelt schön, wir haben hier Morgens und Abends Andacht und auch Sonntags ist Kirche. Hätten Sie Sich meiner nicht so freundlich angenommen, dann säße ich im Arbeitshaus in Bremen. Und da wäre ich viel verstockter geworden, darum bin ich Ihnen viel Dank schuldig. Danken kann ich Sie aber nur, indem ich mich recht gut halte und ein ganz anderes Mädchen werde, damit Sie Sich freuen können, ich weiß, dann sint Sie zufrieden. Darum will ich arbeiten so viel ich kann, damit ich nicht wieder zu höhren brauche, daß ich undankbar gegen Sie war. Leben Sie wohl, Liebe Frau Eggers in aufrichtiger Dankbarkeit sende ich Ihnen die herzlichsten Grüße.

E... L...

Grüßen Sie bitte Herrn und Frau Commissar E. und schreiben Sie mir bitte mal Auch einen schönen Gruß an Schwester Wilhelmine.

Liebe Frau Eggers-Schmidt besorgen Sie bitte den Brief an meine Mutter.

Bremen, 7. September 1902.

Wehrte Frau Eggers!
Sage Ihnen nochmals meinen herzlichsten Dank. Am Donnerstagmorgen, bin ich schon an zu arbeiten gefangen. Ich brauche blos fünf Minuten zu gehen nach der Arbeit.*

Besten Gruß

E... L...

Bremen, d. 10. Dez. 04.

Liebe Frau Eggers.
Wenn es Ihnen recht ist, komme ich Sonntag mal bei Ihnen vor denn ich muß Sonntag Morgen nach der Prangenstr. und Krankengeld hinbringen. Vor der Kirchzeit um 9½ Uhr komme ich dann. Liebe Frau Eggers, vierzehn Tage nach Ostern habe ich dann Hochzeit. Mit der Zeit geht es mir dann noch besser. Denn, wenn ich verheiratet bin, will ich noch tüchtig arbeiten. Und bei Mutter werde ich wohnen bleiben. Dann kann mein Mann mit ruhigem Gewissen fahren, er braucht dann keine Angst zu haben. Ich werde ihm eine gute treue Frau sein. In der Hoffnung, daß alles gut wird, grüßt herzlich.

E. L.

[...]

H. M. Über diesen Brief habe ich mich ganz besonders gefreut. Das Mädchen habe ich, weil sie unmündig war, auf den

---

* A. d. V. In derselben Fabrik arbeitet sie bis heute sehr fleißig und wird sehr gelobt.

Wunsch unseres Waisenrates selbst aus einem Bordell in Hamburg geholt. Sie ging freiwillig mit mir und ich brachte sie ins Asyl.

Leider wurde sie wieder krank und mußte ins Krankenhaus. Dort, unter den schlechten Einflüssen, wurde sie wieder ganz rückfällig, wurde in Hannover von der Polizei aufgefangen und in die Korrektionsanstalt gebracht. Ihr Vater war Trinker, jetzt Guttempler. Sie ist dann freiwillig noch ins Asyl zu Pastor *Isermeyer* zurückgegangen.

Correctionsanstalt H. 4. Sept. 1904.

Geehrte Frau Eggers-Smidt!

Liebe Frau Eggers-Smidt sie werden sich wol freuen von mir zubekommen einen Brief ich mir nie getraut an ihnen zu schreiben da ich mich doch nicht Benehm – u. auch nicht ordentlich schreiben kann. Liebe Frau Eggers-Smidt ich freue so sehr da meine Eltern mir wieder vergeben haben ich bin kanz anders zu mute, ich habe einen lieben Brief bekommen. Liebe Frau Eggers-Smidt wenn ich mit Gottes Hülfe meine Strafe beendet habe und sie Gesund und Munter bleiben daß ich ihnen später doch noch Freude mache.

Liebe Frau Eggers-Smidt, wenn damals sie mich nicht aus dem …. geholt hätten ich währe sicher zu Grunde gegangen. Ich habe noch drei Monate ……………………………… ich bin doch so glücklich daß ich daß Sticken gelernt habe und bei Herrn Pastor lerne ich noch daß Weisplätten dann kann ich mich draußen helfen. Daß flicken und Nähen daß lerne ich nebenbei, denn bin ich doch nicht zuspät gekommen. Liebe Frau Eggers-Smidt ich kehre nicht er zurück bis ich ordentlich in Zeug bin und einen schönen Dienst habe dann besuche ich ihnen und meine lieben Eltern. Ich werde meine Eltern nie wieder sorgen bereiten was ich versäumt habe daß hole ich jetzt alle wieder nach. Hiermit will ich schließen damit der Brief bei ihnen Gesund und Munter antrieft wie er mir verläßt

verbleibe ich ihre treue

H. M.

1905

Der Pranger
Organ der Hamburg Altonaer Kontrollmädchen

Für den Inhalt verantwortlich: Ketty Guttmann

Hamburg, 9. Februar 1920.

An das Publikum!

Oeffentliche Dirnen nennt man uns! Wir gehören allen, jeder, der uns bezahlt, erhält von uns, was er bezahlt; wir betrügen niemanden.

Da wir nun der Oeffentlichkeit gehören, so hat auch die Oeffentlichkeit ein Interesse daran, ihr Eigentum kennen zu lernen und darüber zu verfügen. Nicht einzelne und nicht Behörden, die nur Beauftragte der Allgemeinheit sind, sollten über uns zu befehlen haben, sondern die Gesamtheit selbst soll es tun. Unser Gewerbe, da es ein öffentliches genannt wird, soll auch eine Angelegenheit der Oeffentlichkeit sein, und deshalb geben wir eine Zeitung heraus.

Was weiß man denn überhaupt von uns und unserem Leben? Wer, der uns besucht, weiß genau, was er tut und zu wem er kommt?

Ihr, die Ihr unsere Zeitung kauft, Ihr halbwüchsigen Boten mit Stulpenstiefeln – Ihr Arbeits- und Hoffnungslosen im alten Militärzeug – Ihr Blassen und Blasierten mit der Zigarette im lässigen Mundwinkel – Ihr grimmigen Ehemänner – Ihr vor Kraft wütenden und vor Schwachheit lüsternen – Ihr seid allzusammen hungrig nach dem Brot, daß wir feilhalten. Laßt es Euch nicht gefallen, daß die Euren, die wir sind, bestohlen und verkürzt werden. Ihr werdet von freien, schönen und heiteren Mädchen mehr Freude haben, als von gedrückten und geplagten Wesen.

Wir sind Euer aller Liebchen. Und wir werden Euch Liebesbriefe schreiben, in dieser Zeitung hier. Wir werden uns bei Euch beklagen und Ihr werdet uns helfen. Ihr seid stark; wenn Ihr unsere Quälgeister verjagen wollt, so seid Ihr mächtig genug dazu.

Seit langen Jahren gibt es Vereine von Damen und Herren, die sich mit unserem Geschäft befassen und uns in unsere Arbeit hineinreden wollen. Einige möchten uns mit Feuer und Schwert ausrotten, andere wollen uns mit Salbung kurieren, wieder andere möchten uns in eine Art Ställe treiben, um uns bequemer unserer Süßigkeiten zu berauben. Alle diese Leute wollen uns nicht helfen. Sie fragen gar nicht nach unserer Meinung. Sie glauben, daß man bloß über uns zu verfügen brauchen.

Heutzutage vertritt jedermann sein Recht in corpore. So vertreten wir unsere Angelegenheiten jetzt gemeinsam.

Wir hätten z. B. schon ein großes Ziel, wenn wir anstrebten, ehrlich erklärt zu werden. Früher gab es sehr viele Beschäftigungen, die für unehrlich galten und die Ausübenden aus der menschlichen Gesellschaft ausstießen. Wer wird heute so verrückt sein, einen Bader für einen verächtlichen Mann zu halten? So könnte später vielleicht der Beruf einer Liebesmeisterin ohne Vorwurf sein. Wenn wir notwendig sind, weshalb sind wir verfehmt?

Der Richter im würdevollen Talar, der über unsere »Schamlosigkeit« urteilt – der Arzt der uns hochnäsig keine Antwort gibt, wenn wir ihn fragen, ob eine Qual, die er uns zufügt, notwendig sei – der Polizeier, der mit grober Ehrenhaftigkeit uns von den Türen wegjagt – die solide Dame, die naserümpfend die Röcke zusammenrafft, wenn sie an unseren Quartieren vorübermuß – alle, alle, die uns verachten – sie sind dienstbar der schnöden Notwendigkeit, Geld verdienen zu müssen. Auch wir dienen nur dem Götzen Geld!

Man meint, unser Geschäft sollte überhaupt nicht existieren. Wir können nicht dafür, daß es da ist. Es wird gebraucht und darum ist es da.

Ach wieviel Sehnsucht und kraftvolle Schönheit flüchtet zu uns Verachteten, da es ihr zu kalt ist in Euren rationierten Zwangsbetten. Eure kargen Erlaubtheiten und eingeklemmten Genüsse, sie peitschen nur den Hunger. Jetzt – besonders jetzt – da die Kraft von Nationen aufschäumen muß, um sich aufs neue zu regenerieren, jetzt sind wir am not-

Erscheint wöchentlich.   30 Pfennig

der Pranger

Organ der Hamburg Altonaer Kontrollmädchen

1. Jahrgang   **Nr. 1**

Hamburg, 9. Februar 1920.

An das Publikum!

Oeffentliche Dirnen nennt man uns! Wir gehören allen, jeder, der uns bezahlt, erhält von uns, was er bezahlt; wir betrügen niemanden.

Da wir nun der Oeffentlichkeit gehören, so hat auch die Oeffentlichkeit ein Interesse daran, ihr Eigentum kennen zu lernen und darüber zu verfügen. Nicht einzelne und nicht Gebohrene, die nur Beauftragte der Allgemeinheit sind, sollten über uns zu bestehen haben, sondern die Gesamtheit selbst soll es tun. Unser Gewerbe, da es ein öffentliches genannt wird, soll auch eine Angelegenheit der Oeffentlichkeit sein, und deshalb geben wir eine Zeitung heraus.

Was weiß man denn überhaupt von uns und unserem Leben? Wer, der uns besucht, weiß genau, was er tut und zu wem er kommt?

Ihr, die Ihr unsere Zeitung kauft, Ihr halbwüchsigen Boten mit Stulpstiefeln — Ihr Arbeits- und Hoffnungslosen im alten Militärzwang — Ihr Blassen und Blasierten mit der Zigarette im lässigen Mundwinkel — Ihr grimmigen Ehemänner — Ihr vor Kraft wütenden und vor Schwachheit lüsternen — Ihr seid allzusammen hungrig nach dem Brot, das wir feilhalten. Laßt es Euch nicht gefallen, daß die Euren, die wir sind, bestohlen und verkürzt werden. Ihr werdet von freien, schönen und heiteren Mädchen mehr Freude haben, als von geknechteten und geplagten Wesen.

Wir sind Euer aller Liebchen. Und wir werden Euch Liebesbriefe schreiben, in dieser Zeitung hier. Wir werden uns bei Euch beklagen und Ihr werdet uns helfen. Ihr seid stark; wenn Ihr unsere Quälgeister verjagen wollt, so seid Ihr mächtig genug dazu.

Seit langen Jahren gibt es Vereine von Damen und Herren, die sich mit unserem Geschäft befassen und uns in unsere Arbeit hineinreden wollen. Einige möchten uns mit Feuer und Schwert ausrotten, andere wollen uns mit Salbung kurieren, wieder andere möchten uns in eine Art Ställe treiben, um uns bequemer unserer Sittigkeiten zu berauben. Alle diese Leute wollen uns nicht helfen. Sie fragen gar nicht nach unserer Meinung. Sie glauben, daß man bloß über uns zu verfügen brauchen.

Heutzutage vertritt jedermann sein Recht in corpore. So vertreten wir unsere Angelegenheiten jetzt gemeinsam.

Wir hätten z. B. schon ein großes Ziel, wenn wir anstreben, ehrlich erklärt zu werden. Früher gab es sehr viele Beschäftigungen, die für unehrlich galten und die Ausübenden aus der menschlichen Gesellschaft ausstießen. Wer wird heute so verrückt sein, einen Bader für einen verächtlichen Mann zu halten? So könnte später vielleicht der Beruf einer Liebesmeisterin ohne Vorwurf sein. Wenn wir notwendig sind, weshalb sind wir verfemt?

Der Richter im würdevollen Talar, der über unsere "Schamlosigkeit" urteilt — der Arzt, der uns hochmütig keine Antwort gibt, wenn wir ihn fragen, ob eine Qual, die er uns zufügt, notwendig sei — der Polizist, der mit grober Ehrenhaftigkeit uns von den Türen wegjagt — die

---

Der Pranger. Organ der Hamburg Altonaer Kontrollmädchen.
Titelseite vom 9. Februar 1920.

wendigsten. Nun müßten unsere Quartiere zu Blumengärten werden und unsere Wünsche müßten die wichtigsten sein.

Warum muß die Ausübung des Geschlechtsverkehrs eine beschmutzte Abortangelegenheit sein. Der Zorn darüber hat schon manch ehrlichen Kerl in die Wolle gebracht. So dichtete einst Ludwig Thoma im Simplizissimus in einem Ton, den wir uns des Herrn Staatsanwalts wegen nicht zu eigen machen wollen, über die Muckerei eine ganz grimmige Schimpfkanonade. Ein Mann in Amt und Würden, der sich besonders getroffen fühlen mochte, hat damals eine Beleidigungsklage gegen Thoma durchgesetzt und auch gewonnen. Die Sache selbst ist veraltet, aber nicht die frische Empörung darin über die muffigen Verlogenheiten. Deshalb möge das Gedichtchen hier stehen:

Was schimpfen Sie denn so, Herrn Lizentiate
Ueber die Unmoral in der Kemenate?
Was erheben Sie denn für ein solches Geheule?
Sie gnadentriefende Schöpfenkeule!

Ezehiel und Jeremia Jünger
Was beschmeußen Sie uns mit dem Bibeldünger?
Was gereucht Ihnen denn zu solchem Schmerze?
Sie evangelische Unschlittkerze!

Als die Menschen noch glücklich waren
Herr Lizentiate, vor vielen Jahren
Da wohnte Frau Venus im Griechenlande
In schönen Tempeln am Meeresstrande.

Man hielt sie als Göttin in hohen Ehren
Und lauschte innig den holden Lehren;
Sie reden von einem schmutzigen Laster
Sie jammerseliges Sündenpflaster!

Sie haben den Schmutz wohl häufig gefunden?
In Ihren sündigen Fleischesstunden?
Bei Ihrem christlichen Eheweibchen
Bei der Frau Pastorin Flanellenleibchen?!

Wir und Ihr – alle zusammen – leiden unter der Qual, nicht zu wissen, was recht und gut ist. Suchen wir gemeinsam! Wir von Liebe Ueberschütteten, Begrabenen und Ueberschwemmten – wir sind nicht satt der Liebe! – Menschlich sind unsere Ziele und rein sind sie! So strecken wir unsere Hand aus und wollen uns mit Euch verständigen.

Wir verstehen die Zwangsmaßregeln, die Ihr in Form von Kontrolle, von Gefängnis, von Arbeitshaus, von Kasernierung über uns verhängt habt.

Wo Eure Polizei, oder Euer Arzt, oder Euer Richter, oder der Bordellwirt in seinem Sinne recht hat, da fallen wir ihm nicht in den Arm.

Wenn sie aber ihre Macht über uns fühlen lassen wollen – wenn sie ihr Mütchen an uns kühlen wollen, dann haben wir uns nun entschlossen, uns zu wehren. Ihr habt uns angewöhnt, rücksichtslos zu sein – seien wir es! Wir haben Haare auf den Zähnen! Unser verschwiegenes Symbol da am Kopf des Blattes kann manchmal Wirklichkeit werden!

Ihr lügt, wenn Ihr Euch über uns erhebt. Ihr seid infam, wenn Ihr uns verleugnet, während uns Eure Sehnsucht gilt. Eure Ehre ist fadenscheinig und Eure Tugend wankt. Wir wissen zu viel von Euch, als daß Ihr uns imponieren könntet.

Wir werden uns zur Geltung bringen suchen und werden langsam schon den richtigen Weg finden. Was frei und ehrlich und groß ist, das hat von uns nichts zu fürchten. Und wir reichen die Hand aus unserer dunklen Versunkenheit:

Dem Wahren, dem Schönen und Guten!

Aus dem Leserkreis.

Hamburg, den 2. August 1920.

Dieser Bogen ist eigentlich noch viel zu gut für Dich, Du verkommenes dreckiges Judenweib. Ich habe heute Dein Schmutzblatt den Pranger Nr. 8 gelesen. Sag einmal, schämst Du Dich als Weib eigentlich garnicht, solchen Schmutz herauszugeben? Pfui, bist Du verkommen. Was willst Du eigentlich damit bezwecken? Ich will es Dir sagen, Du Schwein. Du willst nur Geld verdienen. Auf welche Art, ob anständig oder unanständig, dies ist euch Juden ja ganz gleich. Ich werde heute alle nur möglichen Schritte unternehmen, um Dir Dein schmutziges Geschäft zu legen. Weißt Du, was Du verdienst? Die anständigen Hamburger Frauen müßten Dich aus Deinem Stall herausholen, Dich unter Hurrah nach dem Rathausmarkt bringen. Da müßten Dich einige kräftige Männerhände in Empfang nehmen, Dir Deine stinkigen Lumpen vom Leibe reißen, Dich dann ganz nackt an einen Pfahl binden und Dich mit einer russischen Knute solange hauen, bis Du Biest krepiert bist. Dann müßte Dein dreckiger Körper auf den Mistwagen geworfen werden und in die Verbrennungsanstalt.

Ich glaube, Du bist so ein geiles Weib, welche sich dabei aufregt, wenn Du Deinen Schmutz schreibst.

Pfui, Du verkommenes Judenbiest.

Dies schreibt Dir ein anständiger Hamburger Bürger.

ALEXANDER BERG

Juden-Bordelle

Die Nachwirkungen des Ursprunges der Menschen aus niederen Tierformen gänzlich auszulöschen, vermochte die Bewegung der Menschheit in der Richtung der immer höher und höher steigenden Kulturentwicklung noch nicht gänzlich. Vielmehr haften den Menschen noch vielfach Züge tierischer Roheit an; aber bei den verschiedenen Menschenrassen in verschiedenem Grade. Läßt man nun diese verschiedenen Menschenrassen an dem geistigen Auge vorüberziehen, und prüft sie auf das Maß, in dem sich bei ihnen diese Nachwirkungen der tierischen ursprünglichen Wildheit und Roheit erhalten haben, dann ist es vor allen andern *eine* Rasse, die durch die Zähigkeit des Stehenbleibens auf der niedern Stufe der Bestialität ganz besonders die Aufmerksamkeit erregen muß, und das ist das der semitischen Rasse angehörige Volk der Juden. Ist die semitische Rasse schon an sich der unverfälschteste Träger des Raubtiercharakters innerhalb des menschlichen Geschlechtes, so hebt sich innerhalb dieser semitischen Völkerfamilie das Judenvolk noch ganz besonders von den übrigen semitischen Völkern durch die ausgeprägteste Bewahrung dieses Raubtiercharakters ab. Und nichts hat, trotz der tausendjährigen Berührung dieses Volkes mit den Völkern von besserer Naturanlage, vermocht, diese so überaus gemeingefährliche und verworfene Anlage des jüdischen Rassencharakters zu mildern. Im Gegenteil, die Gefährlichkeit dieser Rasse nahm immer mehr und mehr zu und wußte sich immer drohender dem Wohlergehen der andern Völker entgegen zu stellen. Denn zu der unausrottbar im Blute liegenden tierischen Schlechtigkeit dieses semitischen Volkes gesellten sich im Laufe der steigenden Kultur und der damit verbundenen Höher-Entwickelung der übrigen Seiten der menschlichen Natur eine gesteigerte Tragweite des menschlichen Verstandes und der geistigen Fassungskraft überhaupt. Diese ganze

Höher-Entwicklung des menschlichen Wesens hat nun bei dem Judenvolke keine andere Wirkung gehabt, als die, der Bethätigung seiner verworfenen Raubtiernatur einen größern Umfang, eine reichlichere Mannigfaltigkeit und gesichertere Garantie zu verleihen. Nicht, wie bei allen andern, an der Entwickelung der Kultur beteiligten Völkern, zur Milderung und Bändigung der tierischen Erbschaft aus grauer Vergangenheit hat beim Judenvolke die Entfaltung der höhern Geisteskräfte beigetragen, sondern vielmehr allein zur Steigerung des verbrecherischen Bewußtseins, daß seine ursprüngliche Schlechtigkeit, gepaart und geleitet von raffiniertester Schlauheit, sich um so weniger vor den Folgen einer wenn auch noch so brutalen Hervorkehrung seiner gemeinen und blutgierigen Rassentriebe zu scheuen braucht. Nur Menschen, die selbst einer gänzlichen Verjudung anheim gefallen sind, d. h. in denen, mit vollständiger Selbstentäußerung ihrer bessern Rassenanlage, die gleiche Bastardbildung von raffinierter Zügellosigkeit und raubtierartiger Heimtücke, wie bei der Judenrasse zur vollen giftschwangern Entfaltung gelangt ist, werden allein damit auch in den Genuß der nötigen Verlogenheit gelangt sein, um die Wahrheit und einzige Berechtigung dieses Höllen-Breughels von jüdischem Seelengemälde in Abrede zu stellen.

Aber man würde ein Unrecht begehen, wenn man zur Beleuchtung und Veranschaulichung des jüdischen Rassencharakters ganz im allgemeinen von Raubtieren sprechen wollte. Es wäre ungerecht, dabei ohne Unterschied an die Raubtiere der Wildnis, wobei gemeiniglich die großen Raubtiere des Katzengeschlechtes angezogen zu werden pflegen, zu denken. Von Sympathieen kann natürlich auch diesen Tieren, den Löwen, Tigern und Panthern, gegenüber nicht die Rede sein; aber gleichwohl muß man sich füglich scheuen, diese doch immerhin mit Mut und Kraft ausgestatteten Raubtiere durch die Vergleichung mit den Juden zu beleidigen. Der Raubtiercharakter der Juden steht denn doch noch eine bedeutende Stufe niedriger. Nicht dem warmblütigen Katzengeschlecht, sondern einer andern Tierklasse gehört die Sorte von Löwen an, die uns mit ihrem ganzen

Wesen, und ihrer Raubmethode nach, wie geschaffen zu sein scheinen, um zur Veranschaulichung des Judencharakters zu dienen: es sind das die sogenannten Ameisenlöwen, das ist wohl mit das raffinierteste und heimtückischste und in der Wahl der Mittel zur Vernichtung und Verspeisung seiner Mitgeschöpfe hinterlistigste von allen Tieren unter dem Himmel und unter der Erde.

Ein paar Worte dürften genügen, den raffinierten Raubapparat dieses blutgierigen und tückischen Insektes zu kennzeichnen. Wer einmal an sonnigen Tagen über Land gewandert ist, der wird an sandigen Stellen kleine Vertiefungen von sonderbarer Form bemerkt haben. Es sind das kleine, trichterförmige Löcher, die scheinbar dem Zufall ihr Dasein zu verdanken haben. Aber man beobachte einmal das, was an diesen Stellen vorgeht. Es falle zum Beispiel eine geschäftig dahineilende Ameise zufällig in solch einen Trichter. Man sieht, wie sie sich eifrig bemüht, heraus zu kommen; ihre Anstrengungen werden immer größer, und jetzt scheint sie heraus zu sein, fast hat sie den Rand des Trichters erreicht. Doch, sieh da! In diesem Augenblick fliegt, von unsichtbarer Kraft getrieben, der lockere Sand vom Boden des Trichters in die Höhe, überschüttet die Ameise und reißt sie von neuem auf den Grund des Trichters herab. Wieder beginnt das arme Tierchen seine Anstrengungen und wird wieder durch dieselbe Kraft im entscheidenden Augenblick hinuntergerissen. Dieses Spiel erneuert sich immer wieder, bis allmählich das arme Tierchen zu ermatten beginnt; denn auch des Trichters Wände sind von lockerem Sande und gleiten unter der Ameise bei jedem Tritte abwärts. Schließlich sinkt das Tierchen, gänzlich erschöpft und wehrlos, auf den Grund des Trichters. Nun naht auch des Rätsels Lösung. Aus dem Grunde des Trichters wird eine Schere oder Zange sichtbar, die Ameise wird von ihr ergriffen und verschwindet vollends im Sande des Trichters. Will man nun den Vorgang ganz durchschauen und begreifen, so hebe man schnell mit einem Messer oder einer Schaufel den Sandtrichter aus und suche nunmehr sorgfältig darin; und was findet man schließlich? Ein kleines, borstiges, rötlich gefärbtes Tier mit dickem Unterleib und kurzen

Beinen und einem zangen- oder scherenartigen Apparat am Kopfe. Das ist also der versteckte Räuber, der unsichtbar am Grunde des Trichters mit den lockern, gleitenden Wänden lauert, und von dem der herabreißende Sandregen in die Höhe geworfen wird, wenn ihm sein Opfer gerade entschlüpfen zu wollen scheint! der im sichern Hinterhalte verborgen den Augenblick gänzlicher Erschöpfung abwartet, um dann die widerstandsunfähige Beute vollends in den finstern Abgrund des Verderbens herabzuziehen! In dem Lebensbilde dieses heimtückischen, blutgierigen Raubinsekts spiegelt sich nun vollständig das Thun und Treiben der Judenrasse innerhalb der Nationen, unter denen sie lebt, wieder. Aufgelockert in der Glut-Athmosphäre des fieberhaften rasenden Treibens des modernen Erwerbslebens befindet sich auch der sociale und wirtschaftliche Boden der modernen Welt in jenem Zustande der gleitenden Unsicherheit, der es dem Judentum im höchsten Grade ermöglicht, seine entsprechende Rolle im Schooße der arischen Völker zu spielen. Immer dichter und enger sind die Judentrichter an einander gerückt, der ganze sociale Boden ist damit schon bedeckt, auf Schritt und Tritt lauert das Unglück, niemand ist vor dem Schicksal sicher, in einen solchen Judentrichter hinein zu geraten, aus dem es kein Entrinnen giebt. Im dunklen Untergrunde verbirgt sich, arglistig auf Beute erpicht, der nimmersatte, alles verschlingende Drache der jüdischen Zerstörungsgier. Unübersehbar ist die Mannigfaltigkeit der verschiedenen Arten, in denen die Judenrasse den wirtschaftlichen Boden des modernen Erwerbslebens mit solchen Raubapparaten übersät hat, und es würde den uns zu Gebote stehenden Raum weit überschreiten, wollten wir sie hier alle aufzählen und beschreiben. Genug, wenn man sich die Frage stellt, auf wen das höchste Maß von infamierender Besudelung der modernen Civilisation zurückzuführen ist, so wird man immer mit dem Finger auf den Juden hinzuweisen das vollste Recht haben. Wo man nur immer auf schmachvolle Auswüchse des modernen Kulturlebens treffen mag, wird man als den Urheber desselben immer und immer wieder auf den Juden stoßen.

Er ist das schändende Element im Rahmen des modernen Lebens.

So kann man von vornherein gewiß sein, daß es Juden sein werden, die durch Zahl sowohl und als ruchloseste Verworfenheit in ganz besonders auffallendem Maße an der furchtbarsten Schattenseite der modernen Menschheit, *an der Prostitution,* beteiligt sein werden und zwar sowohl im Sinne ihrer ununterbrochenen Speisung, als auch ihrer rücksichtslosen Ausbeutung. Der Niederschleuderung des wehrlosesten Teils des menschlichen Geschlechtes, des weiblichen Teiles derselben, unter das schändlichste Joch der modernen Versklavung, das ist so recht das Metier, wo sich alle die schmutzigen und ehrlosen Triebe des niederträchtigen, feigen Raubtiercharakters der Judenrasse schrankenlos entfalten dürfen.

Alles, was sich zum Mißbrauch und zur Ausbeutung an Gelegenheiten darbietet, um Lücken in den weiblichen Teil der anderen Nationen zu reißen und die vernichteten weiblichen Existenzen in den Abgrund der Prostitution herabzustoßen, das wird auch von den Angehörigen der Judenrasse gierig angewandt. Daran beteiligt sich die ganze Bande ohne Unterschied von Stand und Bildung, von gesellschaftlicher Stellung und Beruf. Geradezu gewerbsmäßig aber betrieben wird diese allgemeine Verhurung des weiblichen Teils der arischen Völker von der Unmasse derjenigen Juden, die sich an der ausgebildetsten Stätte der Prostitution, im besondern im *Bordellwesen,* festgenistet haben. Das Bordellwesen ist die beinahe unbestritten von Juden beherrschte Domäne der allgemeinen Prostitution. Man kann sagen, Bordellwirt und Jude sind gleichbedeutende Begriffe überall dort, wo überhaupt Bordellwirtschaft besteht.

1892

ANNA PAPPRITZ

Die Stellung des Reichskanzlers zur Frage der Eugenik und der Prostitution

In seinem Buch »*Mein Kampf*« schreibt Adolf Hitler:
»Es ist eine Halbheit, unheilbar kranken Menschen die dauernde Möglichkeit einer Verseuchung der übrigen Gesunden zu gewähren. Es entspricht dies einer Humanität, die, um dem einen nicht wehe zu tun, hundert andere zugrunde gehen läßt. Die Forderung, daß defekten Menschen die Zeugung anderer ebenso defekter Nachkommen unmöglich gemacht wird, ist eine Forderung klarster Vernunft und bedeutet in ihrer planmäßigen Durchführung die humanste Tat der Menschheit. Sie wird Millionen von Unglücklichen unverdiente Leiden ersparen, in der Folge aber zu einer steigenden Gesundung überhaupt führen. Die Entschlossenheit, in dieser Richtung vorzugehen, wird auch der Weiterverbreitung der Geschlechtskrankheiten einen Damm entgegensetzen. Denn hier wird man, wenn nötig, zur unbarmherzigen Absonderung unheilbar Erkrankter schreiten müssen – eine barbarische Maßnahme für den unglücklich davon Betroffenen, aber ein Segen für die Mit- und Nachwelt. Der vorübergehende Schmerz eines Jahrhunderts kann und wird Jahrtausende vom Leid erlösen. ... Der Kampf gegen die Syphilis und ihre Schrittmacherin, die Prostitution, ist eine der ungeheuersten Aufgaben der Menschheit, ungeheuer deshalb, weil es sich dabei nicht um die Lösung einer einzelnen Frage an sich handelt, sondern um die Beseitigung einer ganzen Reihe von Schäden, die eben als Folgeerscheinungen zu dieser Seuche Veranlassung geben. Denn die *Erkrankung des Leibes ist hier nur das Ergebnis einer Erkrankung der sittlichen, sozialen und rassischen Instinkte.*« (S. 279 und 280)

Wir begrüßen es mit großer Genugtuung, daß der Reichskanzler in diesen Worten dieselben Ansichten äußert, für die der Deutsche Zweig der Internationalen Abolitionistischen

Föderation* von jeher eingetreten ist. Gleichzeitig weist Adolf Hitler auch auf die Zwecklosigkeit der »jämmerlichen Maßnahmen« hin, die einzelne Prostituierte einer ärztlichen Untersuchung und Beaufsichtigung zu unterstellen. (S. 280.) Wir dürfen darum hoffen, daß der Reichskanzler den Bestrebungen auf Wiedereinführung der Reglementierung seine Zustimmung versagen und in Uebereinstimmung mit unseren abolitionistischen Grundsätzen hauptsächlich den Kampf gegen die *Ursachen* der Prostitution und der Geschlechtskrankheiten führen wird, wie er auf S. 278 sagt:

»Gleichzeitig mit der Erziehung des Körpers hat der Kampf gegen die Vergiftung der Seele einzusetzen. Unser gesamtes öffentliches Leben gleicht heute einem Treibhaus sexueller Vorstellungen und Reize. ... Diese sinnlich schwüle Atmosphäre führt zur Vorstellungen und Erregungen in einer Zeit, da der Knabe für solche Dinge noch gar kein Verständnis haben dürfte. Das Ergebnis dieser Art von Erziehung kann man an der heutigen Jugend in nicht gerade erfreulicher Weise studieren. ... Nein, wer der Prostitution zu Leibe gehen will, muß in erster Linie die geistige Voraussetzung zu derselben beseitigen helfen. Er muß mit dem Unrat unserer sittlichen Verpestung der großstädtischen ›Kultur‹ aufräumen. ... Wenn wir die Jugend nicht aus dem Morast ihrer heutigen Umgebung herausheben, wird sie in demselben untersinken. Wer diese Dinge nicht sehen will, unterstützt sie und macht sich dadurch zum Mitschuldigen an der langsamen Prostituierung unserer Zukunft.«

Möchten doch diese Worte des Reichskanzlers ein lebhaftes Echo in den Herzen aller Eltern und Erzieher und in den Herzen der Jugend selbst erwecken und sie anspornen, danach zu handeln.

1933

* Organisation, die für die Abschaffung der Prostitution und für die Beseitigung der staatlichen Reglementierung von Prostitution eintritt (Anm. d. Hrsg.).

9 »*Nach der Orgie*«
Prostitution am Jahrhundertende

BODO KIRCHHOFF

Zwiefalten

Have a look! Ein kleiner Mann mit zählbaren Haaren am Kinn, der in einem schillernden, zu weiten Hausmantel steckt, bittet ihn rein. Zwiefalten, auf dem Weg zum Hotel, nachdem er in mehreren Flugbüros war, um Preise und die Abflugzeiten zu vergleichen, überall erfuhr, daß er ein Visum brauche für Hawaii und wo er es bekomme, tritt in das Haus, auf dessen Dach Sangsong, Turkish Bath steht. Er kommt in einen unübersichtlichen, von Qualm und Beifall erfüllten Raum mit niedriger Decke.

Seine Augen folgen dem Licht, das im Hintergrund auf eine Behelfsbühne fällt. Der Mann, der ihn hereinbat, bringt ihn auf einem umständlichen Weg, zwischen kreuz und quer stehenden Tischen, durch das Lokal. Alle Tische sind besetzt. Einheimische, die trinken oder Blätter kauen. Die meisten sehen zu der Bühne, auf der ein Zauberkünstler seine Tricks vorführt. Im Augenblick verknüpft er Ringe und entzweit sie wieder, jedesmal mit einem Überraschungsschrei, als begreife er es selbst nicht. Er ist blaß und so dürr im Gesicht, daß der Schweiß eine ungewöhnliche Bahn nimmt. Er rinnt ihm durch die Hohlwangen, wie sonst nur Tränen laufen.

Neben der Bühne ist ein türbreiter Vorhang; der kleine Mann schiebt den Vorhang beiseite und führt Zwiefalten in einen wohnzimmergroßen Raum, der von einer Glaswand halbiert wird. Jenseits der Trennscheibe sitzen, auf drei über die Raumbreite gehenden Stufen, etwa zwanzig Mädchen, weißgeschminkt wie die beiden, die er im Vorbeifahren schon sah, nur daß sie ihm jetzt etwas älter erscheinen. Sie gucken fern und stricken, meist in Babytönen, lindgrün, kotzigrosa, augenblau. Sweet little birds, sagt der Mann und zieht sich zurück. Er stellt sich draußen vor den Vorhang, eine Hand um den Stoff, ein lockerer Zugriff, und Zwiefalten tritt an die Scheibe und versucht ungerührt in die andere Hälfte zu blicken.

Die Mädchen sind vollständig angezogen und haben alle dicke, rote Lippen. Wie aufeinanderliegende Blutegel, denkt er. Mädchen, die paarweise sitzen, scheinen zu tuscheln. Er kann kaum etwas hören, nur ein leises Wispern, Gurren und Piepsen, fast als laufe ein Stummfilm; sie mustern ihn mit halbem Auge. Alleinsitzende richten beide Augen auf ihn, so unverwandt, daß er sich plötzlich ertappt fühlt. Wie durch die Augen der äthiopischen Frau auf dem Foto. Die Mädchen sind numeriert, aber nicht so hübsch wie die numerierten Mädchen im Brandenburg Club. Nummer Fünfzehn schaut ihn gleichgültiger an als die anderen, weniger wach, und rückt nun sogar, so daß ihre Nummer durch die Schulter eines anderen Mädchens verdeckt wird. Als wollte sie ihn nicht.

Zwiefalten geht zum Vorhang. Er empfindet mit einem Mal Angst. Which one? fragt der Mann, hält ihn zurück und stellt sich auf die Zehenspitzen. Wenn er die Vögelchen nicht möge, sagt er ihm schnell ins Ohr – es gebe auch boys. Zwiefalten schüttelt den Kopf. Also ein Mädchen, sagt der Mann, which one?, und führt ihn wieder hinein. Fifteen, sagt Zwiefalten, und der Mann verlangt zweihundert Baht. Nach der Bezahlung drückt er eine verborgene Schwingtür, und Zwiefalten sieht einen Gang, ein Geruch steigt ihm zu Kopf, löst einen Widerhall aus. Wolle und Handkrem, wie auf dem Flug nach Dschidda. Der Mann ruft einen Namen, so mundartlich, daß ihn Zwiefalten nicht aufschnappen kann. Aus dem Lokal dringt heftiger Beifall, eine Schwingtür in der Gangwand klappt auf, das Mädchen mit den gleichgültigen Augen erscheint, winkt ihn heran. Zwiefalten dreht sich um. Der Mann ist schon fort.

Sie verneigt sich vor ihm und läuft dann voraus. Kurz vor dem Gangende führt eine steile Eisenstiege in den ersten Stock. Der Geruch nach Wolle und Handkrem nimmt zu. Oben ist wieder ein Gang, jedoch mit Türen, über denen rote oder grüne Lämpchen brennen. Das Mädchen geht in die zweite Tür rechts, in eine quadratische Zelle, in der das flaschige Licht von Aquarien herrscht. Er erkennt eine Wanne, eine Liege, eine Ablage. Die Wände reichen nicht ganz bis zur Decke, so daß aus beiden Nebenzellen verschiedene Geräusche, von Wasserrauschen etwas gedämpft, zu ihm herüberklingen. Hände, die auf Haut auftreffen, Gelenkknacken, singendes Keuchen, rasches Einseifen in- und außerhalb von Wasser, Flüstern in englischer Sprache, Flüstern auf deutsch. ... Nicht so hastig, mein Junge, he, he ... Ritzis Stimme. Das Mädchen geht zur Wanne, Zwiefalten gibt ihr ein Zeichen: kein Bad.

Only massage?

Er schweigt, und sie knöpft ihm das Seidenhemd auf, faßt dann sein Jackett an, will es ihm ausziehen, und er hält ihre Hände.

You want live-show? fragt sie leise.

Zwiefalten merkt, daß er nickt, sie löst mit einem Griff den Gürtel, der ihren Rock zusammenschnürt, der Rock rutscht zu Boden. Sie streift ihre Bluse über den Kopf und öffnet das Haar, das auf dem Wirbel aufgetürmt ist, bückt sich und läßt es fallen, steigt dabei aus dem Höschen und steht jetzt nackt und barfuß vor ihm. Klein und stämmig wie ein Liliputaner. Nebenan wird Wasser abgestellt, das Geräusch verebbt, einen Augenblick lang ist es still. Dann ruckt ein Körper in der Wanne, so daß das Wasser schwappt. Das Mädchen geht zu der Ablage und holt aus einer Lade einen Filzstift und ein Blatt Papier. Drüben setzt ein Plätschern ein, in schneller, regelmäßiger Folge. Sie kniet sich auf das Fußteil der Liege, so, daß ihr Po die Fersenmulden füllt, deutet ihm an, daß er am Kopfende Platz nehmen solle. Zwiefalten setzt sich, und das Mädchen grätscht die Beine. So weit, daß ihre Knie links und rechts je ein Stück ausscheren. Dann legt sie das Blatt Papier unter sich, steckt den Filzstift mit der Griffseite tief in den Mund und beugt sich zurück, bis sich ihr Loch auftut, erst oval, dann fast rund. Gebannt sieht er hin, mehr das Schwarze im Auge als den glänzenden Rand. Das Plätschern nebenan bricht ab, er glaubt den Atem von Ritzi zu hören, wie einen Selbstlaut der Stille. Das Mädchen nimmt den Stift aus dem Mund, richtet sich auf und führt ihn ein, bis nur noch die Schreibspitze vorlugt. Dann öffnet sie die Schenkel noch etwas mehr, so

daß der Anfang des Stiftes in der Blattmitte an die Schreib-
fläche stößt, wodurch sofort ein hellrotes Pünktchen entsteht, und schaut ihn gleichgültig an.

What's your name?

Ein leises Röhren unterbricht die Stille, setzt aus, kehrt
wieder und setzt nochmals aus, als laufe Badewasser ab.
Zwischendurch aber Flüstern, fast ein Gewimmer, ... finish
it, finish it ..., und dann im Abflußgegurgel ein Please.

What's your name? fragt sie noch einmal.

Zwiefalten flüstert ihn zu. Das Mädchen hält jetzt mit den
Händen das Papier. Mit dem Unterkörper überträgt sie
Buchstabe um Buchstabe, in einer schlichten Druckschrift.
A und O gelingen ihr leicht, R und N verrutschen etwas. Sie
dreht das Blatt um, läßt ihn lesen. Zwiefalten muß klatschen,
zwei-, dreimal, mit starren Armen, wie die kleinen Auf-
ziehäffchen, die die Tschinellen schlagen. Das Mädchen setzt
sich hin. Sie deutet auf den Stift, drückt die Knie an die
Brust, bis ihre ganze Furche bloßliegt, spannt bestimmte
Muskeln und schießt das Schreibgerät in einem Bogen aus
der Scheide. Ohne sich zu überschlagen, fliegt es auf Zwiefalten zu, er reißt das offene Hemd auseinander, die Spitze
trifft ihn oberhalb des Nabels und hinterläßt einen Strich; er
fängt den Stift, bevor er auf die Hose fällt.

Das Blatt liegt etwas schief. Mit der freien Hand rückt er
es gerade und stößt mit der Unterkante an ihre verwirbelten
Härchen. It's your's, sagt sie und schiebt es ihm zu, und er
bedankt sich und steckt es in sein Anzugjackett, zu der An-
sichtskarte von Chinatown. Das Mädchen steigt von der
Liege und kleidet sich an, Zwiefalten legt den Stift weg und
knöpft sein Hemd zu. Nebenan geht die Tür, im Gang ver-
hallen Schritte. Als es still ist, öffnet sie ihm und führt ihn
hinaus, sagt Watch the step und geht zurück in die Zelle. Daß
Ritzi ihm auflauern könnte, denkt er.

Die Stiege erscheint ihm von oben noch steiler. Er nimmt
Stufe für Stufe, seine Kniegelenke geben nach, er fürchtet, zu
fallen und mit dem Hinterkopf auf die Kanten der einzelnen
Stufen zu schlagen, bis seine Schädeldecke springt; erst vor
der letzten Stufe blickt er wieder auf. Vor ihm steht der Zau-

berer und möchte nach oben. Er macht einen müden Eindruck, und immer noch rinnt ihm der Schweiß durch die Hohlwangen, in vier kleinen Bächen. Excuse me, sagt Zwiefalten, der Zauberer reicht ihm die Hand. Er führt ihn ein paar Schritte und drückt dann eine Klappe beiseite, stößt dazu denselben Laut aus wie nach seinen Tricks. Zwiefalten blickt ins Freie. Auf das erleuchtete Hotelschild, keine fünfzig Meter entfernt. Der Zauberer drängt ihn hinaus und schließt die Klappe wieder, ehe er noch Danke sagen kann.

1983

JEAN BAUDRILLARD

Nach der Orgie

Wollte man den gegenwärtigen Stand der Dinge benennen, so würde ich sagen, wir befinden uns nach der Orgie. Die Orgie ist der explosive Augenblick der Moderne, der Augenblick der Befreiung in allen Bereichen. Politische Befreiung, sexuelle Befreiung, Entfesselung der Produktivkräfte, Entfesselung der destruktiven Kräfte, Befreiung der Frau, des Kindes, der unbewußten Triebkräfte, Befreiung der Kunst. Hochjubeln aller Repräsentations- und Antirepräsentationsmodelle. Es war eine totale Orgie des Realen, des Rationalen, des Sexuellen, des Kritischen und Antikritischen, des Wachstums und der Wachstumskrise. Wir sind alle Wege der Produktion und virtuellen Überproduktion der Objekte, der Zeichen, Botschaften, Ideologien und Vergnügungen gegangen. Heute ist alles befreit, das Spiel ist gespielt, und wir stehen gemeinsam vor der entscheidenden Frage: WAS TUN NACH DER ORGIE?

Heute können wir die Orgie und die Befreiung nurmehr simulieren, so tun, als bewegten wir uns weiterhin immer schneller in diese Richtung, während wir in Wirklichkeit leer durchdrehen, da alle Ziele der Befreiung bereits hinter uns liegen und unser Besessensein und unsere Heimsuchung eben aus dieser Vorwegnahme aller Ergebnisse, aus dieser Verfügbarkeit aller Zeichen, Formen und Wünsche herrührt. Was also tun? Das ist der Zustand der Simulation, in dem wir alle Szenarios nurmehr durchspielen können, weil sie bereits stattgefunden haben – real oder virtuell. Das ist der Zustand der realisierten Utopie, der Zustand aller realisierten Utopien, in dem man paradoxerweise weiterleben muß, als ob sie nicht realisiert wären. Da sie es nun aber sind und wir nicht mehr die Hoffnung hegen können, sie zu realisieren, bleibt uns nur übrig, sie in grenzenloser Simulation zu hyperrealisieren. Wir leben in einer grenzenlosen Vervielfältigung von Idealen, Phantasmen, Bildern und Träumen, die von nun an hinter uns liegen und die wir dennoch in einer gewissen schicksalhaften Gleichgültigkeit weiterproduzieren müssen. [...]

Der geschlechtsspezifische Körper ist heute einer Art künstlichem Schicksal ausgeliefert. Und dieses künstliche Schicksal heißt Transsexualität. Transsexuell nicht im anatomischen Sinn, sondern im allgemeineren Sinn des Transvestiten, des Spiels mit der Vertauschung der Geschlechtsmerkmale und – im Gegensatz zum früheren Spiel der sexuellen Differenz – des *Spiels der sexuellen Indifferenz,* der Nicht-Differenzierung der sexuellen Pole und der Gleichgültigkeit gegenüber dem Sex als Genuß. Das Sexuelle bezieht sich auf das Genießen (das ist das Leitmotiv* der Befreiung), das Transsexuelle auf das Künstliche, ob es dabei nun um Geschlechtsumwandlung oder um das für die Transis charakteristische Spiel der morphologischen, gestischen oder Kleidungszeichen geht. In allen Fällen, ob chirurgische oder semiurgische Operation, Zeichen oder Organ, handelt es sich dabei um Prothesen, und heute, wo es das Schicksal des Körpers ist, Prothese zu werden, ist es nur logisch, daß das Modell der Sexualität die Transsexualität wird und sie überall zum Ort der Verführung wird.

* im Original deutsch

Wir alle sind Transsexuelle. Wie wir potentiell biologische Mutanten sind, sind wir potentiell Transsexuelle. Das ist keine Frage von Biologie. *Symbolisch* sind wir alle Transsexuelle. Sehen Sie sich die Cicciolina an. Gibt es eine wunderbarere Inkarnation des Geschlechts, der pornographischen Unschuld des Geschlechts? Man hat sie Madonna gegenübergestellt, dem jungfräulichen Früchtchen aus Aerobic und einer eisigen Ästhetik, jedes Charmes und jeder Sinnlichkeit bar, einer muskulösen Androiden, die man eben deswegen zu einem Idol der Synthese erheben konnte. Ist Cicciolina nicht ebenfalls eine Transsexuelle? Ihre langen platinfarbenen Haare, ihre schöpflöffelförmigen Brüste, diese Idealformen einer aufblasbaren Puppe, die tiefgekühlte und trockene Erotik der Comics oder Science-fiction und vor allem die Übertreibung des sexuellen Diskurses (nie pervers, nie libertin), die totale Überschreitung, ohne die Schlüssel aus der Hand zu geben; die Idealfrau der rosa Telefone samt fleischfressender erotischer Ideologie, wie sie keine andere Frau heute aufbrächte – außer eben einer Transsexuellen, einem Transvestiten: nur sie leben, wie man weiß, diese übertriebenen Zeichen, diese fleischfressenden Zeichen der Sexualität. Das fleischliche Ektoplasma der Cicciolina verbindet sich hier mit dem künstlichen Nitroglyzerin von Madonna oder dem androgynen und Frankensteincharme von Michael Jackson. Sie alle sind Mutanten, Transis, genetisch barocke Naturen, deren erotischer Look die Unbestimmtheit der Abstammung kaschiert. Lauter »genderbenders«, lauter Überläufer des Geschlechts.

1990

ALMUDENA GRANDES

Lulú

Eines meiner Lieblingsspiele früher war Transvestiten jagen.

Mir war bewußt, daß es ein absurder Zeitvertreib war, albern und obendrein gemein und boshaft, aber ich verschanzte mich hinter meiner Solidarität, einer diffusen Geschlechtersolidarität mit den klassischen Huren, richtigen Frauen mit welken Hängebusen und kariösen Zähnen, die es jetzt immer schwerer hatten bei so viel unlauterem Wettbewerb, die Ärmsten.

Pablo duldete dieses Spiel, er hat mir immer alles erlaubt. Er fuhr dicht an den Bürgersteig heran, im Schrittempo, während ich mich in meinem Sitz klein machte, um keine unnötige Aufmerksamkeit auf mich zu ziehen. Sie sollten nur ihn sehen. Und da kamen sie auch schon aus ihren Schlupfwinkeln hervorgekrochen, wir sahen sie im Schein der Straßenlaternen. Sie bauten sich mit in die Hüften gestemmten Händen nur wenige Meter vor dem Auto auf. Pablo fuhr im Schneckentempo. Sie lüpften ihre Kleider, öffneten die Münder, schnalzten mit den Zungen, und wenn sie dann genau in der richtigen Entfernung standen, zack, beschleunigten wir und versetzten ihnen einen tödlichen Schrecken. Nicht richtig tödlich, denn wir fuhren nie so dicht heran, daß sie ernsthaft glauben mußten, sie würden überfahren werden. Nein, wir wollten nur, eigentlich wollte ich, ich, die Erfinderin dieses Spiels und seiner Regeln, sehen, wie sie aufsprangen, eilig wegliefen, mit all ihren Accessoires, Halsketten, Florentinerhüten und den im Wind flatternden Schals. Sie sahen zu komisch aus, wie sie auf ihren hohen Absätzen schwankten, auf den Arsch fielen, schwer und groß, sie waren noch nicht allzu vertraut mit ihrer Aufmachung. Beim Laufen, mit der Tasche in der Hand und abgespreiztem kleinen Finger, rafften sie die Röcke, wenn sie denn welche trugen. Es war lustig. Einige

beschimpften uns mit haßverzerrten Gesichtern und fuch-
telten mit den Fäusten in der Luft. Und wir lachten, wir
lachten viel, ich habe immer viel mit ihm gelacht, immer,
und mit ihm hatte ich hinterher nie ein schlechtes Gewissen.

1989

RAINER WERNER FASSBINDER

Der Müll, die Stadt und der Tod

2. Szene

Wohnküche, Milieu, realistisch, Franz B. kommt zur Tür rein.

FRANZ B. Nun?

ROMA B. Nicht schlagen.

FRANZ B. Wer schlägt dich? Wer dich liebt, schlägt dich.
   Also? Wer schlägt dich?

ROMA B. Du – liebst mich, also …

FRANZ B. Also schlage ich dich, wenn ich dich liebe. Aber
   ich kann dich nicht lieben den ganzen Tag und die ganze
   Nacht. Und wieder den ganzen Tag. Wieviel? *Roma B.
   steht auf.* Also? Wieviel?! Verstehe. Wieder nichts. Das ist
   schon das dritte Mal diese Woche.

ROMA B. Es war kalt, Franz. Ich habe mir die Beine in den
   Bauch gestanden. Ich habe Gymnastik gemacht, tief geat-
   met. Gebetet zuletzt. Es waren Stunden. Keiner kam. Wie
   verhext.

FRANZ B. Und nun? Wie steh ich da? Kann ich mich sehn
   lassen zwischen den anderen, den erfolgreichen? Kann ich
   ruhigen Gewissens ein Bier trinken? Werden die andern

nicht spüren, das ist einer, dem klebt das Versagen auf der Stirn?

ROMA B. Ich bitte dich um Verzeihung.

FRANZ B. Was soll mir deine Verzeihung? Es ist jämmerlich, solcherart in Demut zu sterben. Gib mir Freiheit, Roma, und Freiheit ist Geld. Samstag ists, die Bank geschlossen. Das Pferderennen wartet. Ich muß tun, was ich tun muß. Geh arbeiten. Schnell und erfolgreich. Und mach!

ROMA B. Es ist kalt, Franz. Die Knie zittern. Ich huste. Tage schon huste ich. Das macht Angst, dieser Husten. Zum Arzt wollt ich gehn und hatte kein Geld.

FRANZ B. Ich lasse nicht mit mir handeln. Ich warte zwei Stunden, dann werd ich dich holen. Daß dir die Demut vergeht.

ROMA B. Ich könnte Miß Violet fragen, oder die Dicke. Nur – diese Kälte, versteh doch.

FRANZ B. Ich will mit verdientem Geld spielen, geliehenes bringt mir kein Glück. Das weißt du. Und redest und redest, und die Zeit vergeht und arbeitet gegen dich.

ROMA B. Ich weiß, du hast recht. Du hast recht und bist gütig und schlägst mich so wenig wie möglich. Und verzeihst mir meine Sünden. Das alles weiß ich. Aber die Kälte, Franz, sie brennt mir den Flaum von der Haut. Wie ein gerupftes Huhn werd ich sein, die goldenen Zähne versetzend. Wem schrei ich um Hilfe?

FRANZ B. Sie verachten dich, weil du dünn bist. Du mußt essen. Sie bezahlen euch nach Gewicht. So red ich seit Jahren. Aber – hörst du mir zu?

ROMA B. Ich höre dir zu. Wenn du sprichst, hör ich dir zu, und noch nachts, wenn du schläfst, versuche ich deinen Atem zu deuten.

FRANZ B. Und kennst mich so wenig?

ROMA B. Ich kenn dich. Und wo ich dich kenne, da machst du mir keine Angst. Aber die dunklen Gedanken, die fremden Gefühle, was versteht eine wie ich schon davon? Das ängstigt mich sehr.

FRANZ B. Und ohne Angst könnt ihr nicht leben. Das hält euch warm, am Leben, die Angst. Wo ihr nicht Angst habt, seid ihr vorlaut, frech und faul. Und Tote, Roma, weinen nicht. Geh jetzt. Tu gut und laß ihn nicht im Stich, der für dich da ist, wie du es brauchst. Geh, Kleines, geh und laß dich ficken. Vergiß die Gummis nicht und nicht die Zeit, die ich dir gab. Und sei gerecht. Auch Männer sind nur Menschen.

Szenenwechsel. Liebestod Tristan und Isolde. Es tanzen As-bach-Lilly und Hellfritz, Tenor. [...]

5. Szene

Franz B. sitzt im Zimmer. Roma B. kommt herein gestürzt.

ROMA B. Franz, Franz, sieh doch. Franz! Geld! Du kannst spielen gehen. Kannst wieder wer sein unter den anderen. Man darf dich nicht länger verachten. Keiner steht über dir, du bist der Größte. Oh, Franz!

FRANZ B. Ein Riese?! Ist das wahr?! Bei dieser Kälte ein Riese?! Was hast du getan dafür?! Reiß die Schnauze auf, Hure, was hast du getan für das Geld?

ROMA B. Nicht Franz. Nicht! Du tust mir weh. Du brichst meinen Arm, Franz, paß auf.

FRANZ B. Was hast du getan für das Geld? Ein Riese bei diesem Wetter. Hast du den Kerl im Arsch geleckt, du Sau, du Hure, hast ihn im Arsch geleckt, Scheiße gefressen?! Machs Maul auf, schrei mir die Wahrheit ins Gesicht, bevor ich dich töte.

ROMA B. Ich hab ihn geliebt –

FRANZ B. *schmeißt sie auf den Boden* Waaas? Du hast ihn geliebt? Du bist die mieseste, ekligste Sau, die ich kenne. Sie hat ihn geliebt. Was wars denn für einer? Ein Millionärssohn? Ein Tennisspieler? Und sowas lieben. Ich spucke auf dieses Geld. Ich spucke drauf.

ROMA B. Es ist ein Jude. Ein dicker, häßlicher Jude. Keiner von denen, die du haßt, Franz, kein Tennisspieler. Einfach ein Judd.

FRANZ B. Und? Was hat er gemacht mit dir? Hat er dich geschlagen? Getreten? Oder was sonst war so viel Geld wert?

Roma B. Nichts als die Liebe.

Franz B. Ist sein Schwanz so groß, daß er so viel zahlt? Hat er dir die Fotze ausgeweitet, das Loch zur Höhle gemacht? Hast du geschrien vor Lust? Hat es Spaß gemacht? Rede!

Roma B. Sein Schwanz ist sehr groß.

Franz B. Na endlich. Wie groß?

Roma B. Zwanzig Zentimeter vielleicht. Eher mehr.

Franz B. Eher mehr! Oh, diese Drecksau. Und weiter?

Roma B. Dick ist er. Sehr dick.

Franz B. Wie dick?

Roma B. Wie eine Bierflasche. Eher noch dicker.

Franz B. Sie hat sich von einer Bierflasche ficken lassen. Diese Weiber! Eine wie die andere. Alles das gleiche. Und weiter?

Roma B. Er hat eine große Ausdauer. Es hat eine gute Stunde gedauert.

Franz B. reißt sie hoch und küßt sie lange. Dann rennt er hinaus. Roma B. sinkt auf dem Boden zusammen und hustet. Frl. Tau kommt herein.

Frl. Tau Ich gehe grade draußen vorbei und höre Sie. Geh doch mal rein, denk ich, vielleicht kannst du helfen.

Roma B. Danke. Aber mir ist nicht zu helfen. Es ist trotzdem sehr lieb von Ihnen. [...]

8. Szene

Lichtwechsel. Im Spot steht Herr Müller und singt: »Davon geht die Welt nicht unter«. Er ist eine eher mittelmäßige Parodie auf Zarah Leander. Als das Licht wieder angeht, sind wir in einem Lokal. Wenige Gäste. Roma B. und der Reiche Jude.

Der Reiche Jude Dieser Mann ist Ihr Vater, nicht wahr? Es war nicht schwer, das herauszufinden. Er hat Sie manchmal besucht, als Kunde, hab ich recht? Bleiben Sie da, setzen Sie sich wieder. Ich bin nicht prüde. Im Gegenteil. Das verleiht Ihnen einen etwas morbiden Reiz. Das müssen Sie sich bezahlen lassen. Ich, wissen Sie, lasse mir alles bezahlen. Jeden Furz, wenn Sie mir diesen abgedroschenen Vergleich gestatten. Sie sollten meinen Rat benutzen. Ich geh durch diese Stadt, als wäre sie nicht chaotisch, unbewohnbar wie der Mond, als wär sie offen, ehrlich, gradeaus. Und lache, bis sich mein Gebiß verfranst. Müller! Ich stelle Ihnen Ihren Vater vor, Sie nehmens mit der Ruhe. Ich wollte Sie bekannt machen, Müller – Frl. B. Zwei liebe Menschen. Übrigens, Sie waren heute wieder wunderbar.

MÜLLER Ja? Danke. An manchen Tagen strengt man sich besonders an.

DER REICHE JUDE Ganz recht, ganz recht. Und weiß warum, nicht wahr?

MÜLLER Man weiß, warum. So stehts geschrieben.

DER REICHE JUDE Die Frau Gemahlin? Auf der Höhe?

MÜLLER Liest Lenin nach wie vor und Marx.

DER REICHE JUDE Es hat schon schlechteres Gedankengut gegeben, wie Sie wissen.

MÜLLER Wie ich weiß.

DER REICHE JUDE Ja, ja – man lernt nie aus. Und immer neue Erfahrungen lösen alte ab. Aus Feinden werden Freunde, wenn sie müssen. Die Tage gehen zur Neige, machen neuen Tagen Platz. Wer sich zu helfen weiß, weiß sich zu helfen und so weiter. Hab ich recht?

MÜLLER Wie immer.

DER REICHE JUDE Danke. Sie können gehn. Und trinken Sie ein Glas auf meine Rechnung. Auch zwei, wenn die Gesundheit es erlaubt. Auf Wiedersehn.

MÜLLER Wiedersehn. Guten Abend, gnädige Frau.

ROMA B. Guten Abend.

DER REICHE JUDE Ein reizender Herr, nicht wahr. Fast könnte man vergessen, daß er Müller heißt.

Das Licht verändert sich. Im Spot stehen Marie-Antoinette und Jim. Sie singen das Duett aus La Traviata. Sie sind nackt.
[...]

10. Szene

Hans von Gluck und Roma B.

Hans von Gluck Er saugt uns aus, der Jud. Trinkt unser
Blut und setzt uns ins Unrecht, weil er Jud ist und wir die
Schuld tragen. Ich grüble und grüble und zerre an meinen
Nerven und sterbe eigentlich aus. Ich wache nachts auf,
und leibhaftig den Tod vor Augen ist mir die Kehle wie
zugeschnürt. Das sind Bilder, sagt mein Verstand, Mythen
aus der Vorzeit der Väter. Und es sticht auf der linken
Seite. Ist es das Herz, frag ich mich, oder die Gallenblase?
Und Schuld hat der Jud, weil er uns schuldig macht, denn
er ist da. Wär er geblieben, wo er herkam, oder hätten sie
ihn vergast, ich könnte heute besser schlafen. Sie haben
vergessen, ihn zu vergasen. Das ist kein Witz, so denkt es
in mir. Und ich reib mir die Hände, wenn ich mir vor-
stelle, wie ihm die Luft ausgeht in der Gaskammer. Und
wieder reib ich die Hände und reibe und stöhne, ach wie
gut, daß niemand weiß, daß ich Rumpelstilzchen heiß. Er
ist immer einen Schritt schneller und läßt den anderen
nichts als Almosen. Die schlechten Objekte, die sich als
unrentabel entlarven. Deine Zeit ist um, flüstert es in mir,
und ich faß mir das hundertstemal ans Herz und verflu-
che dieses System, das mich krank macht, das mich ver-
letzt, wo es mich findet. Und kann einer fliehen mit Im-
mobilien im Gepäck? Sie locken dich mit Sirenengesängen
zurück, deine Grundstücke und deine Häuser, zurück,
um dich zu quälen und zu verletzen. Und einer lacht sich
ins Fäustchen und hat dich schon aufgekauft, noch ehe du
ans Verkaufen dachtest. Und hat die Banken auf seiner
Seite und die Mächtigen dieser Stadt. Und einesteils gibst
du auf, um dich auf der anderen Seite um so mehr an den
Besitz zu klammern, der dir Angst macht. Die Ärzte
lügen dich an, sie stecken alle unter der einen Decke, sie
halten dich so lange am Leben, bis du genügend gelitten hast und irgendwelche Götter genügend im Anblick
deiner Leiden onaniert haben. Sie hassen dich und brauchen dich doch für ihre perversen Lüste, diese Götter, die

nichts sind als Hexen und Feen aus den Alpträumen von Kindern, erfunden, auf dieses Leben vorzubereiten, das tötet. Der Jud versteht sich auf sein Gewerbe, Angst scheint ihm fremd, der Tod kann ihn nicht schrecken, ihn, der kein Leben lebt. Ich weiß, die Zeit ist um. Ich hab Ihnen Ihr Honorar überwiesen. Ich bedanke mich herzlich.

11. Szene

Während sich die Lederkneipe auf der Bühne etabliert, laut über Band: »Spiel noch einmal für mich Habanero« von Caterina Valente. In der Lederkneipe sind alle. Die meisten in Lederkostümen mit Orden und anderem Firlefanz. Marie-Antoinette wartet auf ihren Auftritt. Und Müller ist im Fummel. […]

ROMA B. Vater?

MÜLLER Ja?

ROMA B. Was ist es, daß der Jude mich benutzt, um dich zu bekämpfen?

MÜLLER Er hebt dich empor, um mich zu erniedrigen. Der Gedanke ist einfach.

ROMA B. Hast du ihm denn so weh getan?

MÜLLER Er glaubt, ich hätte Schuld am Tod seiner Eltern.

ROMA B. Und? Ist es die Wahrheit?

MÜLLER Ich habe mich um den Einzelnen, den ich tötete, nicht gekümmert. Ich war kein Individualist. Ich bin Technokrat. Aber es ist möglich, daß ich der Mörder seiner Eltern bin, und ich wäre es gern. Also bin ichs.

ROMA B. Du trägst die Last und bist fröhlich dabei.

MÜLLER Es ist keine Last, der Mörder von Juden zu sein, wenn man die Überzeugungen hat, die ich habe.

ROMA B. Und die Erniedrigungen treffen dich nicht?

MÜLLER Sie gelten nicht wirklich mir, aber es gibt zu denken, was für ein Staat ist das, der zuläßt, was täglich geschieht.

ROMA B. Die Zeiten sind eben anders.

MÜLLER Nicht wirklich. Im Grunde ist alles beim alten und

hat seine Ordnung. Was will man mehr tun als warten. So warte ich drauf, daß meine Rechte auch wieder Recht werden.

ROMA B. Du hast viel Zeit, Vater.

MÜLLER Jahrhunderte, Roma. Wir sterben nicht aus, und jeder Schmerz, der uns zugefügt wird, macht uns freier und stark. Der Faschismus wird siegen.

ROMA B. Mir geht es gut, ich kann mir leisten, was mir Leben bedeutet.

MÜLLER Das sollst du, Roma. Und sollst nicht Skrupel haben wegen des Vaters. Der Vater wird sich retten. Der Vater steht auf der richtigen Seite.

1976

Nachwort

In seinen autobiographischen Aufzeichnungen erinnert sich Wilhelm Reich, wie er als Fünfzehnjähriger erstmals ein Bordell betreten hat. Die Prostituierten seien ihm damals wie »Frauen aus einer anderen Welt« erschienen. Dieser Eindruck, fremden Wesen gegenüberzustehen, ist für Reich offenbar unvergeßlich geblieben; auch seine zahlreichen späteren Bordellbesuche haben ihn nicht auslöschen können. Vielleicht ist das ein Hinweis darauf, wie erwartungsvoll der junge Wilhelm einst den Huren begegnet ist – nämlich in der Hoffnung, etwas sehr Exotisches zu erleben. Eine ähnliche Erwartung hegt auch Prinz Kuckuck, der Held in Otto Julius Bierbaums gleichnamigem Roman: Er wird auf seinem ersten Gang zu den Prostituierten von der bangen Sehnsucht getrieben, in ein »fremdes Land« vordringen zu können.

In solchen Phantasien von Pubertierenden – die aber oft eigentlich die Phantasien Erwachsener über die Phantasien Pubertierender sind – zeigt sich eine wesentliche Eigenart moderner Reden und Schriften über Prostitution: Sie gehen von der Vorstellung aus, daß sich mit der Prostitution eine *Gegenwelt* verbinden müsse. Eine ersehnte, aber gefährliche Gegenwelt, in der alles verkehrt werden kann: Recht in Gesetzlosigkeit, Moral in Unsittlichkeit, Gesundheit in Krankheit, Kultur in wilde Naturhaftigkeit. Die Prostitution erscheint als eine Art ganzjähriger Karneval der bürgerlichen Welt, und der Reiz des Exotischen, den sie vermittelt, führt zurück an die Ursprungsschwellen von Recht, Moral und Kultur. So glaubt 1912 der Sexualwissenschaftler Iwan Bloch, in der modernen Prostitution den »sichtbaren Überrest« primitiven Lebens entdecken zu können, an dem alle bisherige Kulturentwicklung zunichte werde. Diese vermutete Eigenschaft der Prostitution, den primitiven Anfängen der Menschheitsgeschichte inmitten des modernen Lebens zur

Wiederkehr zu verhelfen, qualifiziert sie für Bloch und andere Kulturtheoretiker der Jahrhundertwende als »ältestes Gewerbe der Welt«.

Der Begriff des »ältesten Gewerbes« ist auch heute noch als Schlagwort vertraut. Doch ist inzwischen längst absehbar, daß er einer Vorstellung von Kulturgeschichte entstammt, die sich im 19. Jahrhundert herausgebildet hat und heute mehr und mehr zu neuen Fragen, das heißt zu Gegenfragen herausfordert. Was wird eigentlich ausgesagt, wenn man die Prostitution als »ältestes Gewerbe« bezeichnet und auf diese Weise ihren angeblich archaischen Charakter betont? Oft mag damit die Behauptung verbunden sein, daß es auch in Zukunft keine Gesellschaft ohne Prostitution geben wird. Für Iwan Bloch allerdings steht fest, daß die zukünftige kulturelle Entwicklung sehr wohl zur Abschaffung der Prostitution führen könnte. Um die Unvermeidlichkeit der Prostitution kann es ihm also nicht gehen. Entscheidend ist etwas anderes: daß nämlich die scheinbar archaische Beschaffenheit der Prostitution es erlaubt, ein Szenario zu entwerfen, in dem sich die Kultur nach wie vor im Stadium ihrer Entstehung befindet. Wo die Prostitution einen Platz hat, beginnt die Kulturgeschichte der Menschheit anscheinend notwendig ›von vorn‹.

Wer sich um und nach 1900 öffentlich zum Thema Prostitution äußert, ist nicht selten mit einem außerordentlichen Sendungsbewußtsein begabt. Oft genug wird das Phänomen der Prostitution, als welches die menschliche Urgeschichte sichtbar in die Gegenwart hineinragen soll, mit den Chancen und Risiken des Fortschritts oder des Untergangs der abendländischen Kultur verknüpft. Prostitution erscheint als der Archimedische Punkt, von dem aus soziale Gemeinschaften ihre eigene Korruption und Dekadenz, ihre Primitivität und Degeneration überwinden könnten – oder von dem aus ihre ursprüngliche Vitalität zurückzugewinnen wäre. Was vom Umgang mit der Prostitution abhängt, ist nichts Geringeres als die Neu- oder Wiedergeburt der Kultur.

Für diese Vorstellungen kulturellen Neubeginns stellt die Kulturgeschichte, wie sie seit dem 19. Jahrhundert geschrieben wird, schillernde Bilder bereit. Sie führen zurück zu den Anfängen der abendländischen Tradition, zu den griechischen Hetären, den römischen Kurtisanen, oder zu Messalina, der Gattin des Kaisers Claudius, welche als Priesterin des göttlichen Phallus im Bordell zahllose Männer empfängt; oder sie führen zurück zum Beginn der Neuzeit, in die Renaissance, wo sich in den Kurtisanen Lust und Geist, Trieb und Bildung ursprünglich zu vereinigen scheinen. Die Gestalt der Renaissance-Kurtisane ist um 1900 die beliebteste Figur einer Wiederkehr archaischer Lebendigkeit, einer ursprünglichen Vitalität, welche die kulturelle Entwicklung entweder in sich aufzunehmen oder von der die Kultur sich glücklich abzulösen hätte.

Wie sehr das Thema der Prostitution in der Moderne mit kulturellen Ursprungsphantasien verbunden ist, zeigt sich wohl am deutlichsten daran, daß selbst die Herstellung des Geschlechtsunterschieds immer wieder in Szenarien der ›käuflichen Liebe‹ angesiedelt wird. In den Geschäften der Prostitution, so scheint es, werden der Wert und die Bestimmungen der sexuellen Differenz ausgehandelt. Das wäre der triftigste Grund für den Reiz des Exotischen, den die Prostituierte auf den männlichen Jugendlichen angeblich ausübt: Beim ersten Gang ins Bordell kann und soll er sich seiner Männlichkeit versichern. Und das »fremde Land«, in das er bei dieser Gelegenheit vordringt, wäre das einer zu entdeckenden, sogar von ihm zu bestimmenden Weiblichkeit. Durch die eigene klingende Münze aus der fremden Prostituierten eine Inkarnation seines Wunsches zu schaffen – das ist der bürgerliche Initiationsritus, der dem Jugendlichen die Weihe der Männlichkeit verleiht. In modernen literarischen Texten werden ganze Biographien im Lichte solcher Übergangserlebnisse erzählt. Zwar nehmen sie nicht selten einen unglücklichen Verlauf, und dem Protagonisten bleibt der Eintritt in die geschlechtlich differenzierte Welt der Erwachsenen versperrt. Doch ob als Trauma des Scheiterns oder Glücken der Männlichkeit: Jede Begegnung mit Prostituierten wiederholt die Konstruierbarkeit des Geschlechtsunterschieds als eine besondere Potenz des männlichen Subjekts. In literarischen Darstellungen der Prostitution wird ein Szenario entworfen, in dem das Subjekt seine Männlichkeit allein sich selbst verdanken kann, auch wenn es sich schließlich in heroischer Einsamkeit wiederfindet: »Ihm ist als sei ihm gar nichts von dem Weibe / Doch auch von seiner Mutter nie etwas geschehn« (Wolfenstein).

Das Geschäft der Prostitution bietet also Phantasien Raum, in denen sich das männliche Subjekt von seinem fremdbestimmten (weiblich-mütterlichen) Ursprung lossagen und sich gleichsam aus sich selbst hervorbringen kann. Dieses Muster einer selbsterzeugten männlichen Biographie erfordert es, immer wieder an die Ursprungsschwelle zurückkehren und die Szene der Selbstschöpfung wiederholen zu können. Wie die Prostitution den Kulturtheoretikern als Relikt des Archaischen gilt, von dem aus das moderne Gemeinschaftsleben immer neu seine Entwicklungsrichtung einschlagen kann, so ermöglicht sie auch dem männlichen Subjekt die Rückkehr zum selbstgemeisterten Ursprung seiner Männlichkeit.

Zu diesem Ursprung findet sich in Lebensläufen der Prostituierten die spiegelverkehrte Entsprechung. »Wie sie dazu kamen« – das ist die offenbar entscheidende Frage, mit der sich nach 1900 zahllose Veröffentlichungen beschäftigen. Vor allem scheint von großem Interesse zu sein, die Bedingungen, Prägungen, Schlüsselerlebnisse herauszufinden, aufgrund welcher Frauen dazu gelangen, sich als scheinbar perfekte Anverwandlung an männliche Wünsche, als Produkt männlicher Phantasien anbieten zu können. Die Antworten auf diese Frage fallen unterschiedlich aus, doch haben sie alle einen vergleichbaren Effekt: Die Durchschaubarkeit der Dirnenbiographie, das Wissen um die Ursachen ihres ›Falles‹ sichern den Code der Geschlechterkonstruktionen. Sind es Faulheit und Habgier, die die Hure ausmachen? Ist es krankhafte Lüsternheit oder erblich bedingte Degeneration, die ihr Schicksal bestimmen? Wie immer die Antwort lautet: Dem, der sie geben kann, scheint die Prostituierte verfügbar. Und selbst wenn sie (wie nicht nur die Frauenrechtlerinnen betonen) als armes Opfer sozialer Mißstände oder skrupelloser Verführer der Prostitution verfallen ist, kann dieses Machtverhältnis fortgesetzt werden – durch den Retter, dem die Dirne alles zu verdanken haben wird.

Der Reiz der plausiblen Dirnenkarriere regt die literarische Produktion an, und oft liegen Wissenschaft und Dichtung in diesem Zusammenhang nicht weit auseinander. Welche außerordentlichen Konsequenzen mit diesem Antrieb verbunden werden können, zeigt der Held in Rudolf H. Daumanns Zukunftsroman *Dünn wie eine Eierschale*: Er ist am Ende nicht nur der Befreier einer ehemaligen Bordellinsassin und Tänzerin, sondern wird zugleich zum Erretter der Welt, die beinahe der Machtgier eines skrupellosen Verbrechers anheimgefallen wäre. Zwar ist offensichtlich, daß diese Pointe der Trivialliteratur entstammt, doch läßt sich das Muster, das ihr zugrunde liegt, auch in avancierteren Texten erkennen. In dem Maße, wie die Prostituierte in der Rechnung des männlichen Subjekts aufgeht, kann sie »den Hauch eines freien, künstlerisch verklärten Daseins« erhalten (Heinrich Schurtz). Verkörpert die Dirne einerseits jene archaische Triebhaftigkeit, der die moderne Prostitution eine von den Zeitgenossen als häßlich empfundene Form gibt, so wird sie doch häufig andererseits zur ersten Ankündigung einer besseren, ästhetischeren Welt, die nicht ohne göttlichen Abglanz ist. Der Wiener Schauspieler, von dem Ernst Bloch berichtet, fürchtet daher nicht von ungefähr, in der Prostituierten, an der er achtlos vorübergegangen ist, einen Engel verkannt zu haben. Eine solche zur Religiosität gesteigerte Vergeistigung der Triebe kommt vielleicht am deutlichsten in Berthold Viertels Gedicht *Ein Kuß* zum Ausdruck, wo ein männlicher Passant sich durch den Handkuß einer Hure als »Gottes Ebenbild« erkennt.

Es ist eine seltsame Haltung des Verzichts, geradezu der Keuschheit, die sich hier im Umgang mit der Prostituierten bemerkbar macht. Doch kann diese verklärt erscheinende Handlungsweise kaum darüber hinwegtäuschen, daß sie unbedingt zum Geschäft der Prostitution gehört, daran sogar aktiv beteiligt ist. Der Passant in Viertels Gedicht jedenfalls ist der Meinung, daß der ihm so wertvolle Kuß, den die

Hure auf seinen Handschuh gedrückt hat, möglichst »allen« weitergegeben werden muß. Ohne Zweifel ist dies die Haltung des Zuhälters, dessen Verzicht auf den Körper der mit ihm verbundenen Prostituierten ja nur darauf zielt, möglichst viele andere Männer teilhaben zu lassen. Ob dies aus idealistischen oder finanziellen Motiven geschieht, ändert nichts am Prinzip der Sache. Als Zuhälter scheint dem männlichen Subjekt in jedem Fall eine außerordentlich solide Machtposition zuzukommen; offenbar ist die Prostituierte ihm dermaßen sicher verfügbar, daß er die Konkurrenz anderer nicht fürchten muß. Vielmehr kann er, indem er ›seine‹ Dirne ganz nach Belieben – gönnerhaft oder berechnend – weiterreicht, seinen Status sich selbst und anderen als unumstößlich veranschaulichen. Die Sicherheit dieser Stellung macht schließlich auch denkbar, was der Kriminalpsychologe Traugott Hermann sich so begeistert ausmalt: eine brüderliche Vereinigung der Zuhälter, eine Gemeinschaft von Gleichen, in der sich ein eigener Ehrenkodex und ein besonderes Solidaritätsgefühl entwickeln können.

Im Szenario der Prostitution kann also eine besondere Art des Geschlechterverhältnisses hergestellt werden. Im Rahmen dieses Geschlechterverhältnisses bestünde die charakteristische Haltung des Mannes nicht mehr darin, eine Frau als exklusiven Besitz zu betrachten und sie entsprechend eifersüchtig zu hüten, sondern vielmehr würde ihn kennzeichnen, daß er den Wert der Frau nach der Zahl der vorübergehenden Teilhaber zu schätzen wüßte, die sich mit ihr gewinnen lassen. Für den Mann wäre die Frau nicht länger ein schönes Objekt, welches er idealisieren und ins Private einsperren würde, sondern sie wäre vor allem die Entsprechung der Wünsche von möglichst vielen anderen Männern. Sie wäre eher ein Phantom als eine konkrete Person mit konkreten Eigenschaften. Sie wäre – ökonomisch gesprochen – reiner Tauschwert, eine Art »lebendes Geld« (Pierre Klossowski), das zugunsten des männlichen Subjekts zu zirkulieren hätte.

All dies sind zwar Phantasmen, aber diese Phantasmen motivieren in vielen Texten um und nach 1900 das Interesse am Thema Prostitution, und sie bleiben selbst dort wirksam, wo man sich darum bemüht, ihre Faszinationskraft durch Hinweise auf die mutmaßlichen Realitäten des Prostitutionsgeschäfts zu zerstreuen. Hans Ostwald etwa versucht in seiner Darstellung des »reinen Zuhältertyps« zu enthüllen, welch armer Kerl der Zuhälter in Wahrheit ist: »Zunächst nimmt ihn die Dirne ganz und gar in Beschlag und überwacht ihn mit einer eifersüchtigen, egoistischen, krankhaften Liebe. Er soll den ganzen Tag zu ihrer Verfügung stehen [...]. Gewiß, sie tut alles für ihn und ist stolz darauf, wenn sie ihrem Luden mehr abgeben kann, als andere Dirnen den anderen Zuhältern. Aber dafür glaubt sie auch ein Halsrecht über ihn zu besitzen. Sie hat ihn gekauft, und nun soll er auch ganz allein ihr gehören.« Was Ostwald hier im Dunkel der Halbweltbeziehungen zu entdecken glaubt, ist ein Bild der schlimmsten Ehe-Tyrannei. Die Freiheit und Souveränität des männlichen Subjekts, die die Prostitution verspricht, könne sich, so warnt Ostwald, in ihr Gegenteil verkehren, und dies sei vor allem durch die bedrohliche Umkehrung finanzieller Abhängigkeiten bedingt – einfach dadurch also, daß eine Frau für einen Mann bezahlt. Aber Ostwalds Ausführungen machen zugleich deutlich, warum eine solche Umkehrung der Geldbeziehungen im allgemeinen nicht für möglich gehalten wird oder zumindest die Position der Frau nicht verbessert. Ein Mann, der sich eine Frau kauft, gilt als ganzer Kerl; aber eine Frau, die es nötig hat, sich einen Liebhaber zu kaufen, beziffert mit der Summe, die sie investiert, nur ihren eigenen erotischen Unwert oder ihre mangelnde Liebens-Würdigkeit, die sie mit finanziellen Mitteln auszugleichen hat. Anstatt sich mit Hilfe ihres Geldes von dem üblichen Machtverhältnis der Geschlechter zu emanzipieren, verfestigt die Frau also nur die ihr kulturell zugedachte Position. Sie bleibt reiner Tauschwert – und nun sogar einer, der sich in roten Zahlen schreibt.

Ostwalds auf Abschreckung zielendes Sittenbild scheint also nur den Zweck noch einmal zu bestätigen, der mit dem Geschäft der Prostitution im allgemeinen verbunden wird: Es dient der Selbstkonstruktion des männlichen Geschlechts.

Eine Bedingung wird aber doch sichtbar, ohne die dieses Geschäft für den Mann nicht funktionieren kann: Das Geld darf keine wirklich wesentliche Rolle spielen. Nach der Wertform des Geldes darf sich der Status einer Frau, niemals aber der eines Mannes bemessen. Im Grunde beruhen ja die Effekte der Prostitution auf einem bloßen Trick: auf der unverzichtbaren Illusion, daß sich eine Frau nicht wegen des Geldes, sondern aus persönlichem Interesse am Kunden mit diesem einläßt. Daß eine solche Illusion von allen Beteiligten durchschaut werden kann und vielleicht tatsächlich durchschaut wird, ändert nichts an dem ungeheuren Reiz, sich diese Illusion zu erwerben. Daß der Wert des männlichen Subjekts in der Prostitution – also mit den Mitteln der Geldwirtschaft – als unabhängig von der Wertform des Geldes imaginiert werden kann – darin liegt wohl ein wesentliches Lustmoment der ›käuflichen Liebe‹, und dieses Lustmoment wird allein dadurch gewährleistet, daß es als Privileg des einen, männlichen Geschlechtes gilt. Prostitution bietet, so gesehen, den feierlichen Anlaß, Männlichkeit als Maske überzustreifen und die Herrschaft des Geldfetischs aufzuheben, indem man sie auf das andere, das weibliche Geschlecht begrenzt.

»Solches wurde also sichtbar«, heißt es in Albert Ehrensteins grotesker Erzählung *Tod eines Seebären*: »Im Königreiche Kujavien wie überhaupt in der gesamten Biosphäre sind die meisten Wesen genötigt, durch Einsatz und Preisgabe einzelner Körperteile und Fähigkeiten die übrigen zu ernähren.« Genau diese den Leib zerstückelnde, fragmentierende Wirkung ökonomischer Notwendigkeiten, die im Zeichen des Geldfetischs längst allgemein geworden sind, soll offenbar als typisches Schicksal der weiblichen Prostituierten unschädlich gemacht oder wenigstens abgeschwächt werden. Woran die Prostituierte zugrunde geht, das macht andere zu glücklich Überlebenden oder sogar zu Herren des Laufs der Welt. Vielleicht erklärt sich so das zur Zeit der Jahrhundertwende sehr auffällige Interesse an den Körpern von Prostituierten, die unter der Gewalt ökonomischer Prozesse buchstäblich zerteilt worden sind. Jedenfalls sind die

Masken Ball *(Plakat von Sandor)*

Bilder von ermordeten, zerstückelten oder bei lebendigem Leibe von Krankheit zersetzten Prostituierten in der Literatur oder in der bildenden Kunst seit 1900 kaum mehr zu zählen. Auch die Faszination, die Jack the Ripper, der bekanntlich in den 1880er Jahren mehrere Prostituierte grausam zerstückelte, auf seine Zeitgenossen ausgeübt hat, gehört unbedingt in diesen Zusammenhang.

Daß das Ende von Prostituierten so brutal und gleichsam ›unästhetisch‹ dargestellt wird, ist um 1900 in der Literatur – jedenfalls in der deutschen Literatur – noch etwas völlig Neues. Das hebt auch Else Jerusalem 1909 in einem Kommentar zu ihrem Prostituiertenroman *Der heilige Skarabäus* hervor. Bis dahin, so meint sie, sei dem Leser dieses »häßliche Bild« der Prostituierten ›unter dem Leichentuch weggestohlen‹ worden. Mit dieser Tradition will Jerusalem brechen; und zu denen, die nach ihr diesen Vorsatz am konsequentesten verfolgt haben, zählt sicherlich Gottfried Benn. In seinem Gedicht *Kreislauf* etwa zeigt er einen »Leichendiener«, der einer toten Dirne den mit Gold plombierten Backenzahn herausschlägt. »Denn, sagte er, / nur Erde solle zu Erde werden.« Von der Dirne, die ohnehin nur als Tauschwert gehandelt wird, bleibt also buchstäblich nichts anderes als Gold.

Dieses Interesse am Verschleiß von weiblichen Körpern, aus denen sich, bis sie ganz verschwunden sind, neue Werte schöpfen lassen, verweist aber nicht nur auf Machtverhältnisse zwischen Frauen und Männern. Vielmehr ist dieses Interesse zugleich bezeichnend dafür, wie in der Moderne die Aufrechterhaltung sozialer Ordnungen vorgestellt wird. Durch die Wahrnehmung der Prostitution als Phänomen einer archaischen, wildwüchsigen, auflösenden Lebendigkeit sieht sich die Gemeinschaft gleichsam mit ihren eigenen biologischen Ursprüngen konfrontiert, und deshalb soll eine ganze Reihe von reglementierenden Maßnahmen auf nichts Geringeres zielen, als das Leben selbst unter Kontrolle zu bringen. Die polizeiliche Beaufsichtigung von Prostituierten, die um 1900 wie kaum ein anderes Thema aufgeregt diskutiert wird, ist im Grunde Bestandteil umfassender bevölkerungspolitischer Bestrebungen, die nach und nach im Staat und in der Gesellschaft immer größere Bedeutung gewinnen. Die Prostituierten werden in behördliche Listen eingeschrieben, von den Straßen verwiesen, unter Umständen auch in beaufsichtigte Bordelle gesperrt; sie werden regelmäßigen medizinischen Untersuchungen unterworfen, mit Quecksilbertinkturen zwangsbehandelt; sie werden in Besserungsanstalten und Arbeitshäuser verbracht, manche auch psychiatrisiert; mit einigen werden sogar gefährliche medizinische Experimente angestellt. All dies geschieht im Namen sozialer Hygiene, gesundheitspolitischer Fürsorge, fortpflanzungsfreundlicher Sittlichkeit und überhaupt im Namen möglichst gesunden Bevölkerungswachstums.

Zwar wird die staatliche Reglementierung der Prostitution von vielen Seiten heftig kritisiert. Immer wieder wird hervorgehoben, daß die behördlichen Vorgehensweisen nicht dazu geeignet seien, die Zahl der Prostituierten in den Großstädten zu verringern, ja daß sie nicht einmal dazu hinreichten, auch nur einen nennenswerten Bruchteil der tatsächlich in einer größeren Stadt arbeitenden Prostituierten zu kontrollieren. Insbesondere Vertreterinnen der Frauenbewegung werfen den Behörden und den Befürwortern der Reglementierung vor, durch rigide Überwachungen und falsche Verdächtigungen das weibliche Geschlecht als solches diskriminieren zu wollen. Als besonders unerträglich wird empfunden, daß die Behörden trotz des gesetzlichen Verbots der Kuppelei oftmals eng mit Bordellbesitzern und Mädchenhändlern zusammenarbeiten; und daß überhaupt irgendeine Form der Prostitution als sogenanntes ›notwendiges Übel‹ geduldet oder sogar unterstützt wird, erscheint nicht nur den Frauenrechtlerinnen als Ausdruck schlimmster Doppelmoral. Aber dennoch stellen alle Einwände der zahlreichen Kritiker und Kritikerinnen niemals die Ziele der sogenannten ›Reglementaristen‹ grundsätzlich in Frage: Stets bleibt unbestritten, daß von der Prostitution allergrößte Gefahr für die Gesundheit und die Reproduktion des ›Volkskörpers‹ ausgehe.

Als Inbegriff dieser Gefahr gelten vor allem die Geschlechtskrankheiten, die, so heißt es, hauptsächlich von Prostituierten verbreitet werden. Insbesondere die Syphilis gilt als das Übel, welches die moderne Kultur bereits in ihrem Ursprung als verfehlt erscheinen läßt: Die Syphilis wurde, so vermutet man, an der Schwelle zur Neuzeit durch den aus der Neuen Welt heimkehrenden Christoph Columbus nach Europa eingeschleppt. Zurückgeworfen an den Übergang von der Wildnis zur Kultur, noch im 20. Jahrhundert heimgesucht von der Krankheit der wilden Indianer Amerikas, glaubt man, den Ursprung des modernen Zeitalters neu meistern zu müssen, wenn die Kultur noch Bestand haben soll. In den Worten Brunold Springers: »Das Leben der Menschheit hat – im Lichte der Ewigkeit – keinen Sinn, solange es die Syphilis gibt.« So wird der Kampf gegen die Syphilis aufgenommen, auch wenn man sich selten darüber einig ist, welche Mittel dazu die geeigneten sind. Einigkeit besteht nur hinsichtlich der Notwendigkeit, die Gefahr der Syphilis weitesten Teilen der Bevölkerung zu Bewußtsein zu bringen.

Die Untersuchungen des Psychologen Alfred Adler über Fälle neurotischer Syphilisangst (»Syphilidophobie«) zeigen, wie sehr sich die Erfolge der umfangreichen gesundheitlichen Aufklärungsarbeit in der Psyche einzelner Zeitgenossen verankert haben. Doch die Bedeutungen, welche die Syphilis im psychischen Leben von Individuen erlangt hat, sind nur die subjektiven Stützpunkte sehr viel umfassenderer gesellschaftlicher Machtstrategien, die sich im Namen der Syphilisbekämpfung verstärkt ausbreiten können. Angesichts einer Krankheit, die die Körper zu zersetzen, die Gehirne zu zerstören und sogar das Leben ungeborener Generationen zu bedrohen scheint, steht nicht weniger als die Neubegründung der kulturellen Gemeinschaft auf der Tagesordnung. Der Reiz der zerstückelten Prostituierten, der in Literatur und Kunst so deutlich zum Ausdruck kommt, verallgemeinert sich im Bild einer entsetzlichen Krankheit. In vielerlei Hinsicht dient dieses Bild als gesuchte und endlich glücklich gefundene Darstellung gesellschaftlicher Auflösung, in deren Namen umfangreiche politische Programmatiken entfaltet werden können. Ob Frauenrechtlerinnen, die die Herrschaft männlicher Moral als artgefährdend betrachten; ob technokratische Sozialhygieniker, die für eine rationalisierte Fortpflanzung eintreten; oder ob radikale Antisemiten, denen die ›jüdische Rasse‹ als Ursache aller Krankheiten und sozialen Mißstände gilt: Sie alle sehen in der Syphilis eine sehr willkommene Gefahr. Jedenfalls ist es nicht in ihrem Interesse, diese Krankheit tatsächlich und endgültig zu beseitigen; vielmehr benötigen sie die vielbeschworene ›Lustseuche‹ dringend, um ihre jeweiligen Geltungsansprüche zur allgemeinen Schicksalsfrage zu erheben. Sie alle sind daher auf ihre Weise auch Nutznießer der Prostitution.

In den ersten Jahrzehnten des 20. Jahrhunderts verband sich mit dem Thema der Prostitution die Chance, sowohl geschlechtliche als auch kulturelle Identitäten konstruieren zu können. Die betreffenden Texte sind deutlich von dem Wissen geprägt, daß weder das Geschlecht noch die kulturelle Zugehörigkeit naturwüchsige Merkmale sind, sondern über soziale und symbolische Praktiken hergestellt und beglaubigt werden. Dafür bildete die Prostitution ein wichtiges Szenario. Aus diesem Szenario wurden sowohl Machtbeziehungen zwischen den Geschlechtern als auch Kräfteverhältnisse auf dem größeren Feld sozialer Gemeinschaften entwickelt. Vor allem Männern versprach Prostitution die lustvolle Möglichkeit der geschlechtlichen und kulturellen Selbstinszenierung, der Maskerade. Und ob sie nun tatsächlich zu Prostituierten gegangen sind oder nicht – zumindest haben sie Bücher darüber geschrieben. Und wie Alfred Jarrys Messalina ist ihnen die Prostituierte diejenige Gestalt, »die ganz das Wort verkörpert«: *Gebuchte Lust.*

In den letzten Jahrzehnten des 20. Jahrhunderts ist dieses Wissen um die Inszenierbarkeit der Identitäten immer deutlicher hervorgetreten. Wenn die Prostituierte in Bodo Kirchhoffs Roman *Zwiefalten* sich einen Filzstift in die Vagina einführt, um damit, gleichsam leihweise phallisch bewaffnet, den männlichen Namen des Sextouristen auf einen Zettel zu schreiben, den dieser sich dann wie ein Ausweispapier in die Tasche stecken kann – so ist damit hinreichend deutlich gesagt, daß der Geschlechtsunterschied nur noch ein oberflächliches Spiel von Zeichen zu sein scheint. Und wenn in einem erotischen Roman von Almudena Grandes die Heldin sich aus Solidarität mit den Prostituierten einen boshaften Spaß daraus macht, Transvestiten auf dem Straßenstrich zu »jagen«, weil die armen Huren, die »richtigen Frauen«, mit ihnen nicht konkurrieren können, so kommt darin eine merkwürdige Sentimentalität zum Ausdruck, die zeigt, wie sehr sich die Möglichkeiten der Inszenierung, der Geschlechtermaskerade inzwischen erweitert haben. Im Spiel der Zeichen haben die Unterschiede längst zu flirren begonnen; und vielleicht sind schon alle Differenzen verloren. Jean Baudrillard jedenfalls meint, daß wir alle bereits geschlechtliche Mutanten, symbolische Transsexuelle geworden sind.

Aber es stellt sich die Frage, ob nicht in diesem radikalisierten Zeichenspiel, in dieser verallgemeinerten Maskerade die alten Machtverhältnisse weitergeführt worden sind. Womöglich sind sie in den perfektionierten Schauspielen der Selbstinszenierung nur unsichtbarer. In seinem Theaterstück *Der Müll, die Stadt und der Tod* hat Fassbinder zu zeigen versucht, wie alte Sexual- und Rassenmythen fortleben können. Hier wird das Szenario der Prostitution zur qualvollen Wiederkehr einer verdrängten, vergessen und erledigt geglaubten Vergangenheit. Von daher mag es gerechtfertigt sein, sich einmal an frühe Texte zur modernen Prostitution zu erinnern.

Dietmar Schmidt

Abbildungsverzeichnis

Abb. S. 41 Kurt Beyer: Der Traum des Gymnasiasten. Aus: Magnus Hirschfeld (Hg.): Zwischen zwei Katastrophen. Hanau: Schustek, ²1966, S. 390.

Abb. S. 88 Mascha Prochaska: Nachtgespenster. Aus: Magnus Hirschfeld (Hg.): Zwischen zwei Weltkriegen. Hanau: Schustek, ²1966, S. 378.

Abb. S. 119 d'Ekman: Schwerarbeit. Aus: Magnus Hirschfeld (Hg.): Zwischen zwei Weltkriegen. Hanau: Schustek, ²1966, S. 481.

Abb. S. 147 A. Székely: Die Puffmutter. Aus: Magnus Hirschfeld (Hg.): Zwischen zwei Weltkriegen. Hanau: Schustek, ²1966, S. 373.

Abb. S. 200 Was führt Sie hierher? Flugblatt der Mitternachts-mission um 1910. Aus: Joachim Schlör: Nachts in der großen Stadt. Paris, Berlin, London 1840–1930. München/Zürich: Artemis & Winkler, 1991, S. 222.

Abb. S. 222 Der Pranger. Organ der Hamburg Altonaer Kontroll-mädchen. Titelseite vom 9. Februar 1920. Staatsarchiv Hamburg.

Abb. S. 258 Sandor: Masken Ball. Aus: Magnus Hirschfeld (Hg.): Zwischen zwei Weltkriegen. Hanau: Schustek, ²1966, S. 259.

Quellenverzeichnis

Die in eckigen Klammern angegebenen Jahreszahlen bezeichnen entweder das Erstveröffentlichungsjahr oder – bei nachgelassenen Schriften – die Entstehungszeit. Mit Sternchen versehene Überschriften wurden vom Herausgeber formuliert.

Alfred Adler: Syphilidophobie. Ein Beitrag zur Bedeutung der Phobien und der Hypochondrie in der Dynamik der Neurose. In: A. A.: Praxis und Theorie der Individualpsychologie. Vorträge zur Einführung in die Psychotherapie für Ärzte, Psychologen und Lehrer. München: Bergmann, 1924, S. 108–110.

Jean Baudrillard: Nach der Orgie. In: Transparenz des Bösen. Ein Essay über extreme Phänomene [1990]. Berlin: Merve, 1992, S. 9–10, 27–28. – Mit Genehmigung des Merve Verlages, Berlin.

Walter Benjamin: Bettler und Huren [1932]. In: W. B.: Gesammelte Schriften, Bd. IV, 1. Hrsg. von Tillman Rexroth. Frankfurt/Main: Suhrkamp, 1972, S. 287–288. – © Suhrkamp Verlag Frankfurt am Main 1972.

Gottfried Benn: Dirnen [1913]. In: G. B.: Sämtliche Werke. Stuttgarter Ausgabe. In Verb. mit Ilse Benn hrsg. von Gerhard Schuster. Band II: Gedichte 2. Stuttgart: Klett-Cotta, 1986.

Ders.: Kreislauf [1912]. In: Ebd. Band I: Gedichte 1. Stuttgart: Klett-Cotta, 1986. – Mit Genehmigung der J. G. Cotta'schen Buchhandlung Nachfolger GmbH, Stuttgart.

Alexander Berg: Juden-Bordelle. Enthüllungen aus dunklen Häusern. Berlin: Heichen, 1892, S. 5–10.

Otto Julius Bierbaum: Die Bäume der Erkenntnis [1906/07]. In: O. J. B.: Prinz Kuckuck. Leben Taten Meinungen und Höllenfahrt eines Wollüstlings. Erster Band. München: Müller, 1922, S. 267–276.

Alfred Blaschko: Der Wiener Kuppeleiprozeß. In: Zeitschrift für Bekämpfung der Geschlechtskrankheiten 5 (1906), S. 427–433.

Ernst Bloch: Spuk, dumm und aufgebessert [1969]. In: E. B.: Spuren. Frankfurt/Main: Suhrkamp, 1969, S. 78–80. – © Suhrkamp Verlag Frankfurt am Main 1969.

Iwan Bloch: Die Prostitution. Erster Band. Berlin: Marcus, 1912, S. 1–3.

Hans Blüher: Die Rolle der Erotik in der männlichen Gesellschaft. Eine Theorie der menschlichen Staatsbildung nach Wesen und Wert. II. Band: Familie und Männerbund. Jena: Diederichs, 1919, S. 46–48. – Mit Genehmigung des Eugen Diederichs Verlages, München.

Brief von Frau Geheimrat X. an Frl. Babette Hermann. In: Die Neue Generation 10 (1914), S. 33–34.

Max Brod: Die Erziehung zur Hetäre. In: Die Erziehung zur Hetäre/Ausflüge ins Dunkelrote. Berlin [u.a.]: Juncker, 1909, S. 7–15. – Mit Genehmigung von Ilse Ester Hoffe, Tel Aviv.

Franz Theodor Csokor: Das gelbe Lusthaus. In: F. T. C.: Die rote Strasse. Ein dramatisches Werk in vierzehn Bildern. Weimar: Kiepenheuer, 1918, S. 39–42. – Mit Genehmigung von Irmgard Brož-Rieder, Wien.

Rudolf H. Daumann: Dünn wie eine Eierschale. Berlin: Schützen, 1936, S. 127–131.

Richard Dehmel: Venus Pandemos [1907]. In: R. D.: Gesammelte Werke in drei Bänden. Erster Band. Berlin: Fischer, 1918, S. 278–280.

Eggers-Smidt: Prostituiertenbriefe. In: Zeitschrift für Bekämpfung der Geschlechtskrankheiten 3 (1905), S. 336–350.

Albert Ehrenstein: Tod eines Seebären. In: A. E.: Nicht da nicht dort. Leipzig: Wolff, 1916, S. 60–64. – © 1991 Klaus Boer Verlag, München.

Rainer Werner Fassbinder: Der Müll, die Stadt und der Tod [1976]. In: R. W. F.: Die bitteren Tränen der Petra von Kant/Der Müll, die Stadt und der Tod. Zwei Stücke. Frankfurt/Main: Verlag der Autoren, 1984, S. 64–65, 74–75, 84–85, 88–89, 95–96. – © Verlag der Autoren, Frankfurt am Main 1990.

August Forel: Die sexuelle Frage. Eine naturwissenschaftliche, psychologische, hygienische und soziologische Studie für Gebildete [1905]. München: Reinhardt, [12]1916, S. 353. – Mit Genehmigung des Ernst Reinhardt Verlages, München.

Ilse Frapan-Akunian: Die Retter der Moral. Drama in drei Aufzügen und einem Vorspiel. Leipzig: Reclam, 1905, S. 43–47.

Sigmund Freud: Das Unheimliche [1919]. In: S. F.: Studienausgabe. Band IV. Psychologische Schriften. Frankfurt/Main: Fischer, 1982, S. 259–260. – © S. Fischer Verlag GmbH, Frankfurt am Main 1970.

Eduard Fuchs: Im Frauengäßchen [1909]. In: E. F.: Illustrierte Sittengeschichte. Bd. 2. Renaissance. Teil II. Frankfurt/Main: Fischer, 1985, S. 60–69. – © Fischer Taschenbuch Verlag GmbH, Frankfurt am Main 1985.

Iwan Goll: Die Eurokokke [1927]. In: I. G.: Gefangen im Kreise. Dichtungen, Essays und Briefe. Leipzig: Reclam, 1982, S. 257–261. – Mit Genehmigung des Argon Verlages, Berlin.

Almudena Grandes: Lulú. Die Geschichte einer Frau [1989]. Aus dem Spanischen von Christiane Rasche. München: Goldmann, ²1992, S. 96–97.

Max Gruber: Die Prostitution vom Standpunkte der Sozialhygiene aus betrachtet. Vortrag gehalten im sozialwissenschaftlichen Bildungsvereine an der Wiener Universität am 9. Mai 1900. 2. verbesserte, mit Anmerkungen versehene Ausgabe. Wien: Deuticke, 1905, S. 31, 37–42. – Mit Genehmigung der Franz Deuticke Verlagsgesellschaft, Wien.

Wilhelm Hammer: Dorothea Schwächlich. (Nr. 106 meiner Akten.) In: W. H.: Zehn Lebensläufe Berliner Kontrollmädchen und zehn Beiträge zur Behandlung der geschlechtlichen Frage. Berlin/Leipzig: Seemann, 1905, S. 41–48.

Walter Hasenclever: Der Sohn. Ein Drama in fünf Akten. Leipzig: Wolff, 1917, S. 85–93. – © 1992 by Akademie der Wissenschaften und der Literatur, Mainz.

Traugott Hermann: Die Prostitution und ihr Anhang. Ein Sittenbild aus Deutschlands Gegenwart. Erfahrungen und Mitteilungen eines Kriminalpsychologen aus dem Strafvollzug und der Schutzfürsorge. Allgemein faßlich dargestellt und ernster Beachtung dargeboten. Leipzig: Wallmann, 1905, S. 76–82.

Ödön von Horváth: Der internationale Kongreß zur internationalen Bekämpfung des internationalen Mädchenhandels*. In: Ö. v. H.: Rund um den Kongreß. Posse in fünf Bildern [1929]. In: Ö. v. H.: Gesammelte Werke. Bd. 1. Hrsg. von Traugott Krischke. Frankfurt/Main: Suhrkamp, 1985, S. 259–265, 269–273. – © Suhrkamp Verlag Frankfurt am Main 1985.

Alfred Jarry: Messalina [1901]. Deutsch von Brigitte Weidmann. München: Rogner & Bernhard, 1971. – © Rogner & Bernhard, München 1971.

Else Jerusalem: Die schwarze Katerine*. In: E. J.: Der heilige Skarabäus. Roman. Berlin: Fischer, ⁶1909, S. 121–128.

Dies.: Der Salon Goldscheider. In: Ebd., S. 128–132.

Dies.: Selbstkommentar*. In: Die Zukunft 17 (1909), S. 210–212.

Bodo Kirchhoff: Zwiefalten. Roman [1983]. Frankfurt/Main: Suhrkamp, 1986, S. 118–123. – © Suhrkamp Verlag Frankfurt am Main 1986.

Karl Kraus: Ö.G.Z.B.D.G. In: Die Fackel Nr. 250 vom 14. April 1908, S. 21–28. – © Suhrkamp Verlag Frankfurt am Main.

Cesare Lombroso/Gugliemo Ferrero: Die geborene Prostituirte.
In: C. L./G. F.: Das Weib als Verbrecherin und Prostituirte. An-
thropologische Studien, gegründet auf eine Darstellung der Biologie und Psychologie des normalen Weibes. Hamburg: Verlags-
anstalt und Druckerei A.-G., 1894, S. 549–551.

Erich Mühsam: Meta und der Finkenschafter [1909]. In: E. M.:
Der Bürgergarten. Zeitgedichte. Berlin/Weimar: Aufbau, 1982,
S. 50–54. – Mit Genehmigung der Erich-Mühsam-Gesellschaft,
Lübeck.

Hans Ostwald: Der reine Zuhältertyp. In: H. O.: Ausbeuter der
Dirnen. Leipzig: Müller, 1907, S. 27–29, 41–43.

Oskar Panizza: Prostitution. Eine Gegenwartsstudie [1892]. In:
O. P.: Mama Venus. Texte zu Religion, Sexus und Wahn. Ham-
burg/Zürich: Luchterhand, 1992, S. 221 – 222.

Anna Pappritz: Herrenmoral. Leipzig: Verlag der Frauen-Rund-
schau, [3]1903, S. 9–10.

Dies.: Die Stellung des Reichskanzlers zur Frage der Eugenik und
der Prostitution. In: Der Abolitionist 32 (1933), S. 56–57.

Hermann Popert: Helmut Harringa. Eine Geschichte aus unsrer
Zeit [1910]. Dresden: Köhler, [11]1911, S. 166–173.

Der Pranger. Organ der Hamburg Altonaer Kontrollmädchen
1 (1920), Nr. 1, S. 1–2, Nr. 3, S. 4–5, Nr. 11, S. 5.

Wilhelm Reich: Leidenschaft der Jugend. Eine Autobiographie.
1897–1922 [1919–1937]. Hrsg. von Mary Boyd Higgins und
Chester M. Raphael. Köln: Kiepenheuer & Witsch, 1994,
S. 64–65. – © 1988, 1994 by Verlag Kiepenheuer & Witsch
Köln.

Arthur Schnitzler: Jugend in Wien. Eine Autobiographie
[1915–20]. Frankfurt/Main: Fischer, 1981, S. 84–85. – © 1968
by Verlag Fritz Molden, Wien-München-Zürich. Alle Rechte
vorbehalten S. Fischer Verlag GmbH, Frankfurt am Main.

Ders.: Die Braut [1891/92]. In: A. S.: Die Erzählenden Schriften I.
Frankfurt/Main: Fischer, 1961. – © S. Fischer Verlag GmbH,
Frankfurt am Main 1961.

Heinrich Schurtz: Altersklassen und Männerbünde. Berlin:
Reimer, 1902, S. 191–192.

Alfred Semerau: Veronica Franco*. In: A. S.: Die Kurtisanen der
Renaissance. Ein Beitrag zur Sittengeschichte. Wien/Leipzig:
König, 1926, S. 189–194, S. 206–207.

Brunold Springer: Die genialen Syphilitiker. Verm. 2.–4. Aufl. Berlin: Verlag der Neuen Generation, 1926, S. 1–6.

Ernst Stadler: Die Dirne [1913]. In: E. S.: Dichtungen. Gedichte und Übertragungen mit einer Auswahl der kleinen kritischen Schriften und Briefe. Erster Band. Hamburg: Ellermann, 1954, S. 197.

Alfred Sternthal: »Geleitworte zur Fahrt in das Leben«. In: Zeitschrift für Geschlechtskrankheiten 5 (1906), S. 157–174.

Das Strafgesetzbuch für das Deutsche Reich. Hg. von Theodor Oppenhoff. Berlin 1896, S. 425, 923.

Irma von Troll-Borostyáni: Lieb Mütterchens Sorge. In: I. v. T.-B.: Hunger und Triebe. Novellen. Leipzig: Friedrich, 1900, S. 117–121.

Berthold Viertel: Ein Kuß. In: B. V.: Die Spur. Leipzig: Wolff, 1913, S. 31. – Mit Genehmigung des Verlages für Gesellschaftskritik, Wien.

Frank Wedekind: Die Tagebücher. Ein erotisches Leben. Frankfurt/Main: Athenäum, 1986, S. 41–42. – Mit Genehmigung des Verlages Jürgen Häußer, Darmstadt.

Armin T. Wegner: Des Dichters Lied von den Dirnen. In: A. T. W.: Das Antlitz der Städte. Berlin: Fleischel, 1917, S. 66. – © Peter Hammer Verlag Wuppertal.

Alfred Wolfenstein: Zwischen den Lieben. In: A. W.: Die gottlosen Jahre. Berlin: Fischer, 1914, S. 13.

Glatze, Zopf und Dauerwelle

Ein haariges Lesebuch

Herausgegeben von Kim Bagus und Franz Josef Görtz.
161 Seiten. Mit 6 Abbildungen. RBL 1560. 17,– DM
ISBN 3-379-01560-1

»Was mich heute bei der Friseuse störte: Sie unterbrach das Massieren. Immer gerade dann, wenn es schön wurde, ging sie an die Kasse und notierte da was«, vertraute der Schriftsteller Walter Kempowski seinem Tagebuch an und bewies damit, daß die Dinge, die sich um das Haar des Menschen ranken, von größter Wichtigkeit sind.

Absalom, Struwwelpeter, Rapunzel, Yul Brynner, Gabriele Krone-Schmalz, Claudia Schiffer – nicht aufzuzählen die symbolischen, die magischen und hocherotischen Bedeutungen, die das lange, das fehlende, das dauergewellte, das bürstenkurze, das verzopfte, das gescheitelte Haar besitzt.

Das Lesebuch versammelt Texte verschiedenster Herkunft, von Dichtern, Journalisten, Volkskundlern, Psychoanalytikern und Freidenkern. Im Salon von Kim Bagus und Franz Josef Görtz treffen wir auf Johann Wolfgang Goethe, John Updike, Keto von Waberer, Robert Walser, Woody Allen, Utz Jeggle, John Irving, Anaïs Nin, Robert Gernhardt und etliche andere.